HISTOIRE

DE HENRI

DE LA TOUR D'AUVERGNE

VICOMTE

DE TURENNE,

Maréchal Général des Armées du Roy.

TOME SECOND.

Contenant les Preuves en trois Parties.

HISTOIRE

DU VICOMTE

DE TURENNE,

Maréchal Général des Armées du Roy.

TOME SECOND.

Contenant les Preuves en trois Parties.

A PARIS,

Chez la veuve MAZIERES & J. B. GARNIER, Imprimeurs & Libraires de la Reine, ruë S. Jacques, à la Providence.

M. DCC. XXXV.

AVEC APPROBATION ET PRIVILEGE.

AVERTISSEMENT.

CES *Mémoires écrits de la propre main du Vicomte de Turenne, furent composés après la Paix des Pirennées. L'extréme simplicité du stile marque que celui qui les a faits, conservoit son caractere en tout. On trouvera dans cet Ouvrage, non - seulement des projets de Campagne bien concertés, les vûës profondes d'un Général éclairé, les motifs de sa conduite, les obstacles qu'il rencontre, & les moyens par lesquels il les surmonte : mais on y reconnoîtra encore une* CANDEUR *qui avouë ses fautes sans aucun égard à l'amour propre; une* BONTE' *généreuse qui cache avec soin les défauts de ses concurrens, & même de ses ennemis; une* MODESTIE *rare qui tait ses plus belles actions, ou qui en parle légérement; en un mot, tous les caracteres d'une* AME ELEVE'E, *à qui le* GRAND *&* le BEAU *sont devenus si na-*

turels , qu'elle ignore sa propre vertu , & croit n'a-
voir rien fait que de commun, dans le tems même
qu'elle exécute ce qu'il y a de plus admirable. C'est
ainsi que le Vicomte se dépeint lui-même dans les
Piéces originales qu'on donne ici au Public , pour
prouver la verité de son Histoire.

MEMOIRES

MEMOIRES
DU VICOMTE
DE TURENNE.

LIVRE PREMIER.

DES GUERRES EN ALLEMAGNE.

APRF's le fiége de Thionville (1) que M. le Duc d'Enguien fit avec fuccès, il conduifit lui-même fur les bords du Rhin cinq ou fix mille hommes qui joignirent l'armée d'Allemagne commandée par le Maréchal de Guébriant. Quelque tems après M. le Duc d'Enguien revint à Paris, & M. de Guébriant affiégea Rotewil (2) où il fut grièvement bleffé, & mourut peu de jours après.

M. de Rantzau qui commandoit le Corps de M. le Prince ayant pris le commandement de l'armée, marcha après la prife de Rotewil à Dutlingue (3) où il fut mis en déroute par l'armée de Baviere, & fait prifonnier. Toute la Cavalerie Allemande fe retira avec peu de perte jufqu'au Rhin ; mais l'Infanterie qu'on avoit laiffé dans Rotewil fe rendit à difcrétion, & celle qui étoit dans le Corps de l'armée fut prefque entiérement diffipée.

M. de Turenne étant revenu du fiége de Trin à Paris, M. le Cardinal Mazarin qui commençoit à gouverner, l'envoya querir & lui dit que le Roi le deftinoit pour commander en Allemagne ; de forte qu'il fe tint prêt à partir trois ou quatre jours après, quoiqu'il fût fort incommodé d'un refte de maladie qui avoit duré depuis la fin du fiége de Brifac, fans l'empêcher pourtant d'aller tous les Etés en Campagne. Comme cette défaite de l'armée du Roi & la prife de Rotewil arriverent au mois de Decembre, les ennemis

(1) 10. Août.
(2) 10. Novembre.
(3) 24. Décembre.

n'entreprirent plus rien cette Campagne, & M. de Turenne étant arrivé le même mois à Colmar, y fit venir les Officiers & songea aux moyens de remettre l'armée. (1)

L'Alsace étant trop ruinée, il entra au mois de Janvier dans les montagnes de Lorraine où il mit l'armée en quartiers : il les élargit ensuite par la prise de deux petites Places nommées Luxeul & Vesoul dans la Franche-Comté, où il laissa trois ou quatre Régimens. On reçut dans l'hiver de l'argent de la Cour, avec quoi & l'aide des quartiers, l'armée se mit en bon état, c'est-à-dire la Cavalerie ; car pour l'Infanterie il fut fort difficile de la remettre dans l'hiver.

M. de Turenne étant allé à Brisac, trouva que M. d'Erlac qui en étoit Gouverneur, s'étoit retiré dans une maison de campagne qu'il avoit en Suisse, & avoit laissé une lettre que l'on donna à M. de Turenne quand il arriva dans le Château, par laquelle il lui mandoit que croyant que le Ministre avoit quelque soupçon de lui, il étoit sorti de la Place, & qu'il la lui remettoit entre les mains, le priant de lui envoyer sa femme. M. de Turenne fut un peu surpris de la conduite de M. d'Erlac, qui quittoit un si bel établissement par un soupçon fort mal fondé ; mais croyant qu'il feroit indigne de lui de profiter de l'action de M. d'Erlac, pour se rendre maître de son Gouvernement ; il lui envoya M. de Traci pour le prier de revenir, & trois ou quatre jours après M. d'Erlac revint dans sa Place que M. de Turenne lui remit entre les mains, & en partit quelques jours après (2) J'ai raconté ceci pour montrer combien il est étrange qu'un homme sage comme M. d'Erlac (qui avoit été établi à Brisac par M. le Duc de Weymar, & que l'on croyoit maître dans une Place que la Cour regardoit avec grande jalousie) la quittoit, & en rendoit un autre maître en un instant, sans aucun sujet.

M. de Turenne passa l'hiver dans les montagnes de Lorraine, & au Printems ayant sçu qu'il y avoit deux mille chevaux sous le Général Major Baron de Merci, au-delà de la forêt noire, dans deux bourgs à la source du Danube, il passa le Rhin à Brisac, & ayant envoyé M. Rosen devant avec quatre ou cinq Régimens, il défit cette Cavalerie, prit trois ou quatre cens prisonniers & beaucoup d'Officiers : le reste se sauva auprès de

(1) M. de Turenne passe ici sous silence les généreux efforts qu'il fit pour remettre l'armée ; mais l'Abbé Raguenet qui le sçavoit du Cardinal de Bouillon, & Frémont d'Ablancourt le racontent, & c'est là le premier trait par où le Vicomte se fit connoître aux Weymariens.

(2) L'action est d'autant plus belle, que le Vicomte avoit fort désiré d'être Gouverneur de cette Place.

l'armée des Bavarois qui étoit devant un Château nommé Hohenwiel , AN. 1644.
qu'ils vouloient affamer ou traitter avec le Gouverneur ; la Place étant
presque imprenable par force , à cause de sa situation.

Au mois de Mai , les Bavarois se trouvant en très bon état , à cause des
bons quartiers qu'ils avoient eus , & de la quantité de soldats à qui ils
avoient fait prendre parti après la défaite de l'hiver passé , ils vinrent assiéger Fribourg qui est une Place à cinq heures de Brisac au bord des montagnes de la forêt noire. M. de Turenne , outre la garnison qui étoit de trois
ou quatre cens hommes , y en avoit mis autant , tirés des Régimens d'Infanterie Françoise. Ayant sçu que l'ennemi étoit devant cette Place , il donna
promptement rendez-vous à l'armée auprès de Brisac , où il passa le Rhin ,
espérant qu'il trouveroit les ennemis séparés.

Il pouvoit y avoir dans l'armée du Roi cinq mille chevaux & quatre ou
cinq mille hommes de pied , avec quinze ou vingt piéces de canon , dont
on n'eût pas pû mener un si grand nombre s'il eût fallu faire une longue
marche ; mais comme on n'avoit que cinq ou six lieuës à faire pour approcher de l'ennemi , on les transporta tous. L'armée ayant passé la nuit à Brisac & marché ensuite en diligence , s'approcha à deux heures de l'ennemi
qui fit promptement revenir les fourageurs. M. de Merci ne fut pas sitôt
instruit du passage de l'armée à Brisac qu'il auroit pû l'être. Comme il n'y
avoit que ce seul lieu où on pouvoit traverser le Rhin , il auroit été aisé
d'en être averti par les partis que l'on doit toujours tenir sur un passage :
mais à la guerre il arrive souvent des accidens aux Capitaines les plus ex-
périmentés , contre lesquels on auroit raison de discourir beaucoup , si l'expérience ne faisoit voir que les plus habiles sont ceux qui font seulement
le moins de fautes. L'armée du Roi s'approcha de celle des Bavarois , & les
trouva en bataille dans une plaine près de Fribourg : ils n'avoient eu le
tems que de s'appliquer au siége de la Place où ils étoient depuis huit jours ,
mais point encore de se saisir des postes avantageux qu'ils avoient négligés ,
ne croyant point que l'armée du Roi pût être en état de venir si-tôt à eux.
M. de Turenne voyant qu'une montagne qui commandoit la plaine où étoit
leur armée , & qui pouvoit donner communication à Fribourg n'étoit
point occupée par l'ennemi , ordonna aux Régimens de Montausier & de
Mezieres qui faisoient un bataillon de mille hommes , d'y marcher , & fit
avancer le reste de l'Infanterie pour les soutenir.

L'ennemi s'étant apperçu qu'on marchoit vers cette montagne , envoya
commander à quinze ou vingt mousquetaires qui étoient en garde à demi-

 côte, de monter fur le fommet de la montagne : ils y arriverent avant les deux Régimens François, & firent une décharge fur eux comme ils montoient. Les François qui ne voyoient pas le derriere, croyant que toute l'Infanterie de l'ennemi arrivoit fur cette montagne, prirent l'épouvante, & marchant en défordre par des lieux fort rudes, deux Enfeignes commencerent à defcendre avec leurs drapeaux, & aulfi-tôt tout le bataillon au lieu de monter cotoya la montagne, & les ennemis eurent le tems de faire une feconde décharge à laquelle tout le bataillon plia & defcendit la montagne. M. de Turenne qui étoit au bas, & qui commençoit à faire monter d'autres Régimens, voyant le bataillon qu'il avoit envoyé revenir en confufion, & que cela avoit donné le tems à d'autre Infanterie de l'ennemi de monter à cette montagne, ne fongea plus à ce deffein, & commença à fe retirer à une petite hauteur à trois ou quatre cens pas de là, afin de s'y mettre en bataille. Il y eut pendant quelque tems un peu de confufion, dont l'ennemi eût pû profiter, s'il n'eût pas été appliqué à s'emparer de ce pofte.

M. de Turenne fe campa fur la hauteur, fit caffer les deux Enfeignes qui avoient donné l'épouvante, & demeura quelque tems dans ce pofte à la vûe des ennemis qui continuerent le fiege. Il y eut encore quelques efcarmouches & un combat de Cavalerie affez confidérable, où fept ou huit cens chevaux de l'ennemi furent défaits : mais l'armée de l'ennemi étant beaucoup plus forte que celle du Roi, (1) M. de Merci qui en étoit General continua le fiege, & M. de Turenne ayant manqué cette premiere occafion, ne crut pas qu'il eût raifon de rien hazarder pour la fecourir, & fe retira à une heure & demie de là dans le tems que la ville capituloit. Il pouvoit y avoir cinq ou fix cens hommes commandés par M. de Kanofski, qui fe retira à Brifac, après la capitulation.

M. de Turenne eut nouvelle en ce tems là que M. le Duc d'Enguien avoit ordre de marcher à Brifac avec fon armée qui étoit compofée de fix mille hommes de pied & de trois mille chevaux (2). Ce Prince ayant paffé le Rhin vint au Camp de M. de Turenne qui pouvoit être à quatre ou cinq heures de Brifac.

L'armée de l'ennemi après la prife de Fribourg étoit demeurée dans fon Camp : on l'envoya reconnoître auffi-bien que tous les chemins dans les montagnes & dans les bois, pour tâcher de fe mettre entre Fribourg & les Bavarois & defcendre par-là dans la plaine. M. le Duc d'Enguien réfolut

(1) Le Comte de Merci frere du Baron.
(2) Le Marquis de la Mouffaie dit qu'il y avoit quatre mille chevaux dans l'armée du Duc d'Enguien.

d'attaquer avec son armée des postes où M. de Merci avoit trois ou quatre Regimens d'Infanterie sur une hauteur à la tête de son Camp, & ordonna à M. de Turenne d'aller avec l'armée qu'il commandoit par les bois & les montagnes, pour tâcher d'entrer dans la plaine où l'ennemi étoit, & le prendre par le flanc. On convint d'attaquer trois heures devant la nuit.

M. le Prince ayant fait attaquer la hauteur avec son Infanterie fut repoussé au commencement : mais après, y étant allé lui-même avec beaucoup de vigueur & avec des Corps qui soutenoient ceux qui avoient été repoussés, il emporta ces postes & défit ces trois ou quatre Regimens où il y avoit plus de deux mille hommes (1) & y perdit beaucoup de gens, & la nuit étant survenüe il s'arrêta au même endroit.

M. de Turenne à la tête de son armée entra dans le défilé, & s'approcha de la plaine où les ennemis étoient en bataille : il les chassa d'abord d'un bois & puis d'une haie, & les repoussa de poste en poste jusqu'à l'entrée de la plaine. Les Bavarois perdirent beaucoup de gens & se retirerent à quarante ou cinquante pas au plus de notre Infanterie, ayant toute leur Cavalerie & leur Corps d'Infanterie de la seconde ligne pour les soutenir. Les deux armées demeurerent ainsi l'une devant l'autre, les Bavarois n'osant plus venir aux mains contre ces Regimens qui les attendoient avec leurs piques, & les François n'osant entrer plus avant dans la plaine, n'ayant point de Cavalerie pour les soutenir.

On combattit de cette façon plus de deux heures avant la nuit avec grande perte de côté & d'autre. L'Infanterie du Roi avoit derriere elle le bois qui donnoit un grand prétexte pour se retirer ; mais elle ne s'affoiblit point, quoiqu'on ne pût jamais faire entrer qu'un escadron de Cavalerie pour la soutenir, n'y ayant pas d'espace pour se mettre en bataille.

La nuit ne fit point cesser le combat, & les troupes de part & d'autre demeurerent avec un feu continuel à la distance de quarante pas jusqu'au jour, pendant plus de sept heures. Dans cet endroit il y eut de l'armée du Roi plus de quinze cens hommes hors de combat, & de celle de l'ennemi plus de deux mille cinq cens. M. de Roqueserviere Sergent de bataille y fut blessé à mort : M. d'Aumont Lieutenant General y agit très bien.

Un peu devant le jour on vit que leur mousqueterie se rallentissoit :

(1) M. de la Moussaie & Puffendorf font monter l'armée de Merci à quinze mille hommes dont il y avoit, selon le dernier, neuf mille fantassins : il falloit donc qu'il y eût plus de trois mille tués à cette action, puisqu'il n'y avoit que deux mille cinq cens tués à l'attaque du Vicomte, douze cens dans la seconde journée & très peu à la troisième, & cependant il ne s'en étoit retiré que six mille de toute l'armée de Merci, selon le Vicomte.

 c'eſt qu'ils avoient laiſſé quelques gens pour tirer , afin qu'on ne s'apperçût pas de leur retraitte ; toute leur armée marchant vers une montagne qui eſt proche de Fribourg. Ils avoient appréhende avec raiſon que M. le Prince ayant été empêché de marcher plus avant par la nuit , le jour venant ne les attaquat dans la plaine de ſon côté. Comme il fit aſſez clair pour voir d'une diſtance de cent pas , on fit avancer quelques ſoldats dans la plaine qui dirent que l'ennemi s'étoit retiré ; & le jour devenant plus grand , M. de Turenne déboucha dans la plaine , & vit auſſi M. le Prince qui y entroit de ſon côté. Les armées s'étant jointes , M. le Prince ne jugea pas à propos que l'on marchât ce jour là à la montagne , où les Bavarois s'étoient campés de nouveau , qui n'étoit pas à plus d'une heure de leur premier Camp. Il alla ſeulement ſe promener aſſez proche de la montagne , où les ennemis ayant déja logé leur canon , tirerent pluſieurs coups ſur ceux qui s'avançoient.

Il eſt certain que ſi on eût marché à eux , qu'on les eût trouvé en grande confuſion : mais l'Infanterie de l'armée du Roi étoit ſi abbatue par le combat de toute la nuit , & par la quantité d'Officiers & de ſoldats tues ou bleſſés , qu'elle n'étoit pas en état d'entreprendre aucune action conſidérable. On demeura ce jour-là dans le Camp , & on dit que la plûpart des Officiers Généraux de l'ennemi étoient d'avis de prendre ce tems pour ſe retirer par les montagnes derriere Fribourg , & y laiſſer une garniſon ; néanmoins M. de Merci l'emporta : il y demeura , y fit abbattre quelques bois pour empécher l'accès , & fit faire de petits travaux aux lieux les plus avantageux.

Le lendemain de très grand matin , l'armée que M. de Turenne commandoit ayant l'avant-garde , il détacha ſept ou huit cens mouſquetaires commandés par M. de l'Echelle Sergent de bataille de l'armée de M. le Prince , (qui tenoit la place de M. de Roqueferviere bleſſé le jour auparavant) & huit ou dix eſcadrons de Cavalerie conduits par M. Deubatel (1) Lieutenant Général avec quatre petites pièces de campagne qui marcherent à la tête du Corps de l'armée. Comme on approcha de la montagne où étoit l'ennemi , on y trouva quelques mouſquetaires qui gardoient de petits poſtes avantageux , & qui ſe retiroient vers leurs Corps quand ils étoient preſſés , pendant que l'ennemi tiroit beaucoup de canon.

La marche ayant été fort courte , quand on ſe trouva dans cet état , il n'étoit au plus que huit heures du matin , de ſorte qu'on avoit beaucoup de tems , étant dans les grands jours de l'été. On réſolut qu'en s'ouvrant

(1) Peut-être eſt-ce le même que le Marquis de la Mouſſaie nomme du Tubal.

fort

An. 1644.

fort à la main droite, on feroit place à l'armée de M. le Prince (que commandoit fous lui M. le Maréchal de Gramont) pour doubler à la gauche, & on fe mettroit en telle difpofition que la montagne pourroit être attaquée en même tems par divers endroits. Tortes les troupes de l'ennemi, tant Cavalerie qu'Infanterie, s'étant retirées & refferrées vers la montagne après une affez grande efcarmouche, on fit alte. Le canon de la montagne ne faifoit pas beaucoup de mal, parceque les troupes Françoifes n'étoi.nt pas dans un défilé.

Dans ces entrefaites, un Officier de Flextein qui étoit commandé avec cinquante chevaux pour aller voir la contenance de l'ennemi, fur une hauteur à côté de l'armée du Roi, vint avertir M. de Turenne qu'il voyoit une grande confufion parmi les Bavarois, & que leur bagage marchoit. M. de Turenne le dit à M. le Prince, lequel croyant que l'on ne s'éloigneroit pas trop pour voir cela, & que l'on pourroit s'en fervir pour la difpofition de l'attaque, il s'y en alla & M de Turenne avec lui, ayant dit aux troupes en paffant devant elles, que l'on reviendroit incontinent, & qu'il falloit attendre celles d M. le Prince avant que d'attaquer.

Il y avoit environ deux mille pas du lieu où étoient les troupes de la droite, jufqu'à la hauteur où étoit cet Officier de Flextein. Comme l'on étoit à regarder la contenance de l'armée des ennemis qui paroiffoient en grande confufion, on entendit une grande falve qu'ils faifoient, & en même tems un bruit de trompettes & de timballes. M. d'Efpenan qui commandoit l'Infanterie de M. le Prince arrivant au bas de la montagne, & voyant un petit travail affez avancé dans lequel l'ennemi avoit quelques moufquetaires, & par lequel on n'avoit pas jugé néceffaire de commencer une attaque, envoya quelque Infanterie pour s'en faifir, fans attendre les ordres de M. le Prince, ni de M. le Maréchal de Gramont ; penfant, à ce que je crois, que la chofe n'auroit pas une fi grande fuite, ou peut-être auffi pour fe faire valoir par quelque petite action. C'eft ce qui obligea l'ennemi à faire une fi grande décharge de la montagne fur ces troupes qui s'avançoient en même tems.

Le Corps de l'avant-garde de M. Doubatel où étoit M. de l'Echelle (aux quels M. de Turenne avoit parlé en allant avec M. le Prince, & dit expreffément qu'il ne falloit bouger de fon pofte, & qu'il reviendroit incontinent) commença à marcher vers la montagne, & ayant paffé quelque abatis de bois que l'ennemi avoit fait, s'avança vers un travail où étoit M. de Merci avec tout le Corps de fon Infanterie, qui n'étant attaqué que par ce côté-là à caufe que la chofe étoit faite fans ordre, s'y oppofa avec tout ce qu'il avoit. C'eft en cet état-là que M. le Prince & M. de Turenne revenant avec lui trouverent les chofes, y ayant couru à toute bride fur le bruit que l'on avoit entendu.

Il n'y avoit perfonne de l'armée de M. le Prince arrivé, que ce peu de moufquetaires dont M. d'Efpenan s'étoit fervi pour prendre ce petit travail, & toute l'Infanterie de M. de Turenne qui ne montoit pas à trois mille hommes, n'étoit pas engagée contre ce Fort, mais étoit affez loin de-là fans ordre de ce qu'ils avoient à faire. M. le Prince demeura avec ce premier Corps qui étoit déja repouffé, tout proche de cette redoute de l'ennemi, & ainfi, comme on peut juger, très expofé, n'y ayant qu'un Régiment de Cavalerie qui étoit celui de Flextein pour foutenir cette Infanterie, & qui étoit fous le feu de toute l'Infanterie de l'ennemi avec une conftance admirable, & auffi il y perdit la moitié de fes gens.

M. de Turenne alla à fon Infanterie qui n'étoit pas engagée, pour aider à la retraitte de ceux qui avoient attaqué; ou pour attaquer, s'il en étoit encore tems, & que ceux-ci ne fuffent pas entiérement repouffés. Comme il avançoit, l'état de la chofe fit connoître que tout ce qu'il y avoit à faire étoit de demeurer ferme un peu hors la portée du moufquet, & attendre l'Infanterie de M. le Prince.

On demeura en cette pofture affez long-tems, parcequ'il en faut béaucoup pour donner ordre à une attaque dans des lieux difficiles & qui ne fe voient pas bien les uns les autres. Enfuite M. le Prince trouva bon que M. de Turenne allât avec fon Infanterie: M. le M. de Gramont devoit donner par le flanc, ou foutenir avec la Cavalerie, fi l'attaque eût réüffi. On marcha droit à l'abatis de bois qui étoit dans le milieu de la montagne, & vis-à-vis de la gauche où étoit l'armée de M. le Prince. Les Régimens de Cavalerie de Turenne & de Traci foutenoient l'Infanterie de M. le Prince, qui fut repouffée après un combat très opiniâtre où cette Cavalerie fit des merveilles en endurant le feu fans s'ébranler.

M. de Turenne qui avoit M. de Tournon auprés de lui, manda diverfes fois à M. le Prince que quelque chofe que l'on fouffrit il tâcheroit de ne pas fe retirer entiérement qu'il ne fût nuit. Il eft certain que fi l'ennemi eût pû juger bien fainement de la confufion des troupes du Roi, toute l'armée étoit perduë, au moins toute l'Infanterie. Celle de M. de Turenne fut menée auffi à cette montagne dans le tems que celle de M. le Prince attaquoit; mais les foldats étoient fi rebutés, qu'ils s'approcherent fort peu de l'ennemi.

Ce dernier combat dura bien deux heures, & finit à la nuit, l'ennemi ne bougeant point de fon pofte. Les Bavarois y perdirent beaucoup de monde, & entre autres, Gafpard de Merci Général Major, frere du Comte : mais leur perte ne fut pas fi grande que celle des armées du Roi dont l'Infanterie fut prefque toute ruinée. Cependant comme l'ennemi avoit prefque perdu la moitié de fon Infanterie deux jours auparavant, & qu'il n'avoit pas paffé celui-là fans grand échec, il ne lui reftoit gueres d'Infanterie. Sans cet ac-cident qui arriva par l'attaque de M. d'Efpenan contre l'ordre , & qui mit tout en confufion, l'Infanterie des deux armées du Roi donnant de front à la montagne, felon la difpofition que l'on y alloit mettre, l'armée de l'ennemi étoit perduë & ne pouvoit pas réfifter. Dans l'armée Françoife il y eut un très grand nombre d'Officiers de tués ; M. de l'Echelle & M. de Mauvilli Sergens de bataille , & prefque tous les Commandans des Corps & une partie des Officiers de l'Infanterie.

La nuit ayant féparé les deux armées qui n'étoient qu'à cinquante pas l'une de l'autre , au moins les Corps plus avancés, celle du Roi retourna au Camp dont elle étoit partie. On envoya à Brifac un nombre infini de bleffés , & on en fit venir des vivres ; & le lendemain ou deux jours apres on apprit que l'armée de l'ennemi ayant délogé de cette montagne, & laiffé garnifon à Fribourg , marchoit dans le *Schwartz-Walt* qui eft la forêt noire, pour aller au pays de Wirtemberg. Comme le pays par où il falloit paffer eft plein de grands défilés où on a de la peine à faire marcher du bagage, on réfolut de partir avec l'armée pour furprendre les ennemis , & pour cet effet M. Rofen fut commandé avec huit efcadrons , & partit trois ou quatre heures avant l'armée. Comme il étoit très bon Officier & fort expérimenté , il eut ordre ou d'attaquer quelques troupes que l'ennemi avoit féparées pour la facilité de fa marche, ou d'arrêter le Corps de l'armée en le harcellant, & par-là , donner le tems à l'armée du Roi de s'avancer.

L'armée du Roi partit à la pointe du jour, laiffant fon bagage avec quel-ques troupes pour le garder, en fuivant la route de M. Rofen qui étoit parti vers le minuit. Après qu'on eut marché cinq ou fix heures dans des pays très difficiles & où fouvent il falloit que les cavaliers miffent pied à terre pour paffer à la file, on arriva fur une petite hauteur. M. le Prince y étoit & l'armée de M. de Turenne avoit l'avant-garde. On vit à un quart de lieuë de-là les troupes de M. Rofen dans un vallon , & fur le haut d'une montagne (que M. Rofen, à caufe qu'il étoit dans le fond , ne pouvoit pas voir) cinq ou fix mille hommes au plus , qui étoit toute l'armée de l'enne-

AN. 1644. mi qui fe retiroit. On vit un peu après M. Rofen avec fes huit efcadrons
qui faifoient bien fix cens chevaux, qui commença à fuivre l'ennemi, &
monter cette montagne qui étoit affez étenduë. M. de Turenne par l'ordre
de M. le Prince envoya en diligence la Berge qui étoit un Gentil-homme
à lui, pour dire à M. Rofen que c'étoit toute l'armée de l'ennemi qui
marchoit fur la montagne. Avant qu'il arrivât auprès de M. Rofen, lui qui
ne voyoit que quelques troupes de l'arriere-garde, s'en étoit fi fort approché, que M. de Merci voyant qu'il n'étoit pas foutenu, & que la premiere
troupe de l'armée du Roi étoit à un quart de lieuë de là, & que l'on défi-
loit un à un pour former le premier efcadron (ce qui, comme on fçait,
conforme un très grand tems) tourna avec tout le Corps de fes troupes
contre M. Rofen : mais quelques efcadrons de l'ennemi ayant voulu s'avancer devant leur Infanterie, la Cavalerie de M. Rofen les repouffa, & les
fuivant en ordre, trois ou quatre bataillons firent une décharge fur lui, ce
qui arrêta fa Cavalerie fans néanmoins la mettre en confufion : fe voyant
très proche du Corps des ennemis & leur front incomparablement plus
grand que le fien, il commença à fe retirer. Deux ou trois efcadrons de la
feconde ligne foutinrent les premiers qui furent fort peu ébranlés par un fi
grand feu, & après avoir perdu quatre ou cinq étendarts, ils fe retirerent
affez doucement en ordre.

La Cavalerie des ennemis n'ofa pas les pouffer vigoureufement de peur
de s'éloigner trop de leur Infanterie ; ou bien parce qu'étant encore étonnés des combats des jours précédens, leur principal deffein fut de fe retirer fans combattre. Ces premiers efcadrons de Rofen ayant été foutenus
par ceux de la feconde ligne, & tout le Corps de l'ennemi Cavalerie &
Infanterie continuant à marcher contre eux & étant à quarante ou cinquante pas les uns des autres, ils fe retirerent environ cinq ou fix cens
pas mêlés avec l'ennemi qui fe fervoit plus du feu de fon Infanterie que
de fa Cavalerie. C'eft une des adions que j'aie jamais vûës où les troupes
ont témoigné le moindre étonnement pour en avoir tant de fujet ; ce qui
feroit impoffible à d'autres troupes qu'à celles qui ont vû beaucoup de batailles, & qui ont eu fouvent du bonheur & du malheur. L'ennemi qui
vit qu'il y avoit déja deux efcadrons de l'avant-garde de l'armée du Roi
formés fur la hauteur où j'ai dit qu'ils défiloient, commença à s'arrêter,
& un peu après à prendre fa marche pour fe retirer.

La Cavalerie de Rofen qui avoit été repouffée n'étant point en état de
fuivre l'ennemi, parcequ'il n'y avoit point de Corps affez confidérable

de l'armée du Roi qui eût passé le défilé pour la soutenir, fit alte ; & M. de Merci se retira vers un bois qui étoit à douze ou quinze cens pas du lieu du combat ; d'où il prit sa marche par les montagnes vers le pays de Wirtemberg.

On eut avis de quelques bagages de l'ennemi, qui étoit avec trois ou quatre cens chevaux à une heure de là, qui prenoit une autre marche que ce Corps de M. de Merci : M. Doubaret, qui étoit Lieutenant Géneral de la Cavalerie Allemande, s'y en alla avec quatre ou cinq Régimens de Cavalerie ; & comme les troupes de l'ennemi qui étoient avec ce bagage les virent, ils se retirerent vers le Corps de l'armée, & perdirent peu de leurs gens : tous ces bagages furent pillés ; mais une partie des chevaux qui les menoient se sauva. On logea cette nuit là dans les montagnes sans avancer. Comme tout ce qui restoit d'Infanterie étoit accoutumé à avoir son pain, & non pas à le faire, comme les vieilles troupes qui ont servi long-tems en Allemagne, on ne pouvoit pas suivre l'ennemi dans le pays de Wirtemberg, où on n'avoit pas de magazins, & on ne s'éloigna pas du Rhin. Après avoir envoié M. de Palluau Maréchal de Camp dans l'armée de M. le Prince, prendre un petit Château qui incommodoit Fribourg, on retourna avec l'armée par le même chemin par lequel on étoit venu, & on se logea aux environs du même Camp dont on étoit parti pour suivre l'ennemi dans la montagne. Beaucoup d'Officiers furent d'avis d'attaquer Fribourg, où l'ennemi avoit laissé cinq ou six cens hommes de garnison, & d'acheve. la Campagne par cette action. Les affaires étant dans une telle situation, que si on eût demeuré encore quelques jours auprès de Fribourg, le manque de fourages auroit obligé la Cavalerie à repasser le Rhin ; on crut que l'esprit où étoit l'ennemi & son éloignement du bord du Rhin, devoient faire songer à des choses plus considérables que de reprendre Fribourg : ainsi M. le Prince trouva à propos que M. de Turenne allât à Brisac, pour concerter avec M. d'Erlac, qui en étoit Gouverneur, des moyens de faire descendre sur le Rhin de l'artillerie, des munitions de guerre & de vivres pour attaquer Philisbourg, pendant que l'armée iroit par le Marquisat de Bade, laissant le Rhin à gauche pour investir la Place, ce qui fut mis en exécution ; & les batteaux ayant été chargés avec deux ou trois cens mousquetaires pour escorter ce convoi, descendirent le Rhin, ceux de Strasbourg leur ayant donné passage sous leur pont. L'armée laissa tous ses blessés qui étoient en très-grand nombre à Brisac, commença à marcher vers Philisbourg ; & n'ayant aucune nouvelle de l'ennemi, qui étoit à plus de vingt heures de-là dans des quartiers pour se racommoder, on envoia des sauvegardes dans beaucoup de petites Villes, & dans quelques-unes les bagages de quelques Régimens de Cavalerie, avec les Cavaliers à pied, & l'on alla investir Philisbourg avec l'Infanterie, qui n'étoit pas composée en tout de plus de cinq mille hommes de pied, & de la Cavalerie qui se trouva en bon état, le reste ayant été envoyé, comme j'ai déja dit, dans des quartiers.

Il y avoit dans la Place six ou sept cens hommes de pied, & environ quatre-vingt chevaux : on employa les premiers jours à faire un chemin pour aller aux batteaux qui venoient de Brisac ; les bords du Rhin étant fort remplis de bois & de petites isles. Aussi-tôt qu'on eut fait débarquer le canon & les munitions de guerre & de bouche, on ouvrit deux tranchées ; une de l'armée de M. le Prince, & l'autre de M. de Turenne.

Les assiegés firent le second ou le troisième jour une sortie sur la tranchée de M. le Prince, dont ils étonnerent au commencement la tête ; mais on se remit peu de tems après : l'Infanterie étoit tellement rebutée de tous les combats donnés à Fribourg, qu'assurément on n'auroit pas réussi à prendre une Place qui auroit fait une grande résistance. Les deux tranchées se continuerent jusques sur le fossé, avec assez peu de perte : M. de Tournon, qui étoit Maréchal de Camp dans l'armée de M. le Prince, y fut tué : c'étoit une personne de grande qualité, & il n'y avoit pas de jeune homme qui eût plus d'ambition & de mérite.

Les ennemis ne firent point de résistance à leur contrescarpe, qui n'étoit pas palissadée, ni en état de se bien défendre : mais comme ils avoient une petite fausse-braie, un fossé plein d'eau, assez large & profond, & beaucoup de canon ; ils crûrent qu'ils empêcheroient long-tems les assiegeans à passer le fossé : mais comme on avoit quantité de fascines, & que le canon avoit été logé des deux côtés sur la contrescarpe, pour tirer aux flancs, on avança la galerie, c'est-à-dire, la digue de fascines, (qui n'étoit pas couverte comme en Hollande) bien près de leur fausse-braie : ce que l'ennemi voyant, & que l'on seroit attaché le lendemain au corps de la Place qui n'étoit pas revêtu, ils battirent la chamade.

Durant le siége, dès qu'on eût fait un pont sur le Rhin, avec les batteaux qui étoient venus de Brisac ; on fit passer douze ou quinze cens hommes au delà du Rhin, qui prirent Germesheim, où il y avoit une petite garnison. On s'approcha ensuite de Spire, qui en est à deux ou trois lieuës ; la Ville qui est fort grande, se trouvant sans garnison, se rendit, n'y ayant de ce côté du Rhin aucun Corps des ennemis.

Le Gouverneur de Philisbourg ayant capitulé fous les conditions ordinaires, que la garnifon fortiroit armée, & feroit menée à Hailbron, Ville
Impériale à douze heures de-là, M. le Prince entra dans Philisbourg avec
M. le Maréchal de Gramont. Le lendemain de la prife de la Place, M.
de Turenne paſſa le Rhin avec toute la Cavalerie Allemande, & cinq cens
moufquetaires commandés ; & ayant appris que les Efpagnols qui tenoient
Frankendal, Place de l'Electeur Palatin à trois heures de Spire, attendoient quelque Cavalerie du côté de Luxembourg, il y envoya M. de
Flexfteim avec trois Régimens, qui rencontra le Colonel Savari avec cinq
cens chevaux, qui vouloit entrer dans la Place : il le prit prifonnier, &
défit une partie de fes gens. M. de Turenne continua fa marche vers
Wormes, qui fe rendit, n'y ayant perfonne dans la Place ; & ayant paſſé
outre, Oppenheim fe rendit auſſi. Craignant que l'ennemi ne fît entrer
quelqu'un dans Mayence, qui eſt le pofte de deſſus le Rhin le plus confidérable, à caufe du voifinage de Francfort, & de la communication que
cette Place donne avec les Heſſiens ; il marcha jour & nuit fans bagages,
& arriva le matin aſſez proche de la Place, dans laquelle il fçavoit qu'il
n'y avoit point de garnifon de l'Empereur ni de Baviere ; mais feulement
quelques gens que le Chapitre entretenoit. Il envoya promptement un
Trompette avec un Gentilhomme, pour parler à Meſſieurs du Chapitre.

Dans le même tems M. de Turenne apprit qu'il y avoit mille Dragons
de l'armée de Baviére, fous le Colonel Wolfs qui étoit de l'autre côté du
Rhin, & demandoient à Meſſieurs de Mayence des batteaux pour y entrer : ce qui l'obligea à approcher plus près de la Ville avec fes troupes,
& à envoyer d'autres perfonnes à Meſſieurs du Chapitre, pour les preſſer
de députer quelqu'un pour venir traitter ; ce qui fut fait. M. de Turenne
leur dit que s'ils ne mandoient promptement à ces troupes de Baviére de
fe retirer, qu'il ne continuëroit plus le traitté ; & que s'il voyoit le moindre batteau paſſer en deça de l'eau, qu'il feroit attaquer la Place de tous
les côtés. Ils réfolurent de capituler, n'y ayant point de Chef pour leur
faire prendre aucune réfolution vigoureufe. Auſſi-tôt les Dragons de l'armée de Baviére fe retirerent ; & M. de Turenne manda à M. le Prince qui
étoit demeuré à Philisbourg, l'état auquel étoient les chofes, lequel s'y
en vint en diligence, accompagné de beaucoup d'Officiers : il figna la capitulation, qui étoit auſſi avantageufe pour le Chapitre & les Bourgeois
qu'ils le pouvoient fouhaiter. L'Electeur qui étoit dans le parti de l'Empereur, s'étoit retiré à Francfort, fçachant le fiége de Philisbourg. Il y avoit

une petite Place nommée Binghen , à quatre heures de Mayence , dans le bas du Rhin , qui se rendit en même tems ; & à douze ou quinze lieuës de là on reçut des sauvegardes , hors au Château de Creutznac , où il y avoit deux cens hommes.

M. le Prince demeura quatre ou cinq jours à Mayence , & y reçut un Envoyé de Madame la Landgrave de Hesse , & beaucoup de Députés des lieux qui sont aux environs ; & y ayant laissé trois ou quatre cens hommes sous le Vicomte de Courval , qui se mirent dans la Citadelle qui ne valoit rien , & où on a beaucoup fait travailler depuis ; il s'en retourna à l'armée qui étoit à Philisbourg , où on ramena toutes les troupes que M. de Turenne avoit emmenées à Mayence. On laissa aussi peu de gens à Oppenheim dans le Château , & deux ou trois cens hommes dans Wormes

On ne mit point de plus fortes garnisons dans ces Places ; parcequ'il n'y avoit point d'ennemis de ce côté du Rhin , hors dans la Ville de Frankendal , où il y avoit sept ou huit cens hommes. M. de Lorraine avoit seulement laissé deux ou trois cens hommes dans Landau , qui est une Ville Impériale à quatre heures de Philisbourg : M. le Prince trouva à propos d'envoyer M. d'Aumont Lieutenant Géneral dans l'armée de M. de Turenne , pour la prendre avec trois ou quatre mille hommes commandés , & quatre piéces de canon. Le lendemain de la tranchée ouverte , M. d'Aumont y reçut une grande blessure dont il mourut , après s'être fait porter à Spire. Il avoit servi cinq ou six ans en France de Maréchal de Camp , & n'avoit été fait Lieutenant Géneral que cette Campagne là en Allemagne. C'étoit une personne de grande qualité , nourri dans la Cour , & qui étoit assez capable & dans la guerre , & dans ce qui regardoit le progrès de sa fortune : il vivoit fort bien avec M. de Turenne , & mourut avec beaucoup de fermeté.

Comme on apprit sa mort à Philisbourg , M. le Prince trouva bon que M. de Turenne s'en allât au siége , où il y avoit eu peu de gens tués , & la Place se rendit deux ou trois jours après : M. le Prince y vint faire un tour durant le siége. On envoya la garnison dans des Châteaux que M. de Lorraine tenoit dans les montagnes ; & y ayant laissé deux ou trois cens hommes , tout se rejoignit au Corps à Philisbourg , dont M. le Prince obtint à la Cour le Gouvernement pour M. d'Espenan. Le mois d'Octobre étant assez avancé , M. le Prince se retira en France avec son armée , passant par Keyserslouter & Deux-Ponts , & marchant droit à Metz , & ne laissa que quelques Régimens d'Infanterie nouveaux , dont les Officiers de l'armée

mée d'Allemagne retinrent avec beaucoup de peine les soldats, les Officiers
François ayant eu leur congé. Toute la Cavalerie Françoise, qui n'étoit
plus en état il y avoit déja quelque tems, s'en retourna, & cinq ou six des
plus vieux Régimens. M. de Turenne demeura à Philisbourg avec l'armée, & fit prendre garde autant qu'il le pût sur le pont, qu'il ne passât
plus personne dès que M. le Prince eût fait passer ceux qu'il vouloit ame-
ner avec lui.

Quelques jours après, M. de Merci qui commandoit l'armée de Baviére,
& qui s'étoit rafraichi, & l'avoit racommodée dans le pays de Wirtemberg, sçachant que M. le Prince avec une bonne partie de l'armée s'en
étoit retourné en France, rassembla ses troupes, marcha vers Heidelberg,
& envoya prendre quelques Dragons que M. de Turenne avoit mis dans
Manheim, qui est une grande Place sur le Rhin presque toute démolie :
ensuite il fit passer le Rhin à quelques troupes, & fit semblant d'y faire un
pont de batteaux, dans le dessein d'attirer l'armée du Roi pour couvrir toutes ces Places de nouvelle conquête, où il y avoit peu de garnison, comme Spire, Wormes & Mayence, & ainsi dégarnissant Philisbourg, de l'attaquer, en se logeant entre le Rhin & la Place ; ce qui est aisé à faire, y
ayant un espace de plus d'une portée de mousquet.

M. de Turenne voyant qu'il étoit nécessaire de repasser le Rhin pour
couvrir ces Places, laissa deux mille hommes de pied dans un Camp sous
Philisbourg, pour en empêcher le siége ; & ayant pris quelques mousquetaires commandés avec toute sa Cavalerie, il repassa le Rhin, marcha à
Spire, & envoya promptement mille chevaux dans Wormes & Mayence
pour renforcer ces garnisons.

La Place de Frankendal qui est entre Spire & Wormes, incommodoit
beaucoup la communication de ces deux Places : M. de Turenne craignit
que M. de Merci en repassant le Rhin à Manheim, ne s'en servît comme
d'un magazin, & n'en tirât du canon & des munitions pour reprendre
Wormes & Mayence, ce qui assurément eût été fort aisé ; mais M. de Merci
n'en fit rien, par des raisons que l'on ne peut pas bien pénétrer, dont
je crois que la meilleure est que l'armée de Baviére a toûjours craint
de passer le Rhin, & de se ruiner par le manque de fourages & de vivres,
qui étoit si grand, que de Philisbourg à Mayence en deçà du Rhin, il n'y
avoit rien de semé, & rien à manger pour les chevaux que dans les Villes.
Il est certain d'ailleurs que Wormes & Mayence étoient si foibles de garnison qu'elles n'eussent pas tenu deux jours ; mais il arrive souvent qu'on ne

 ſçait pas l'état des choſes : c'eſt ce qui empécha auſſi M. de Merci de faire paſſer le Rhin à tout ſon Corps : il n'y eut que peu de troupes qui vinrent en deçà , & tout le Corps demeura entre Heidelberg & Manheim.

Les choſes demeurerent quelques jours en cet état ; & M. de Turenne voyant qu'il n'y avoit plus à craindre que l'armée de Baviére paſſât le Rhin, & que toute la Cavalerie ſe ruinoit faute de fourages, garda ſeulement trois ou quatre Régimens de Cavalerie ſans bagage, qu'il mit dans les Villes à qui il faiſoit fournir quelque paillée , & fort rarement de l'avoine , & envoya tout le reſte de ſa Cavalerie dans les montagnes de Lorraine , ayant écrit à la Cour pour leur faire donner des quartiers d'hiver dans ce pays , & dans les Evéchés de Metz , Toul & Verdun , gardant toute l'Infanterie avec lui en Allemagne , & laiſſant un Corps de deux mille hommes ſous Philis-bourg , juſqu'à ce qu'il ſçût que l'armée de Baviére fût ſéparée ; ce qui ne fut que dans le mois de Décembre.

Peu de tems après que M. de Turenne eut renvoyé cette Cavalerie , il apprit que M. de Lorraine paſſoit la Moſelle avec cinq ou ſix mille hommes, & avoit inveſti un eſcadron de Cavalerie dans Caſtelaun , & un autre dans Simeren , deux petites Places dans le Hundſtruck , à quatre ou cinq heures de la Moſelle , où M. de Turenne avoit envoyé ces deux eſcadrons pour trouver du fourage. Celui de Caſtelaun demeura dans cette petite Place , qui ne fut point attaquée : celui de Simeren ſe retira à Mayence avec peu de perte. M. de Turenne qui ne pouvoit plus faire revenir ſa Cavalerie , & auſſi qui ne pouvoit pas prendre celle qu'il avoit poſtée dans les Villes du Rhin , M. de Merci étant encore enſemble au delà , s'en alla vers Mayence avec quatre ou cinq cens chevaux , & apprit en chemin que M. de Lorraine avoit attaqué Bacharach , qui eſt une petite Place ſur le Rhin où il y avoit cent hommes de garniſon : il n'étoit pas en état de la ſecourir ; néanmoins il étoit bien aiſe de faire croire à M. de Lorraine qu'il y marchoit avec beaucoup de gens. Etant arrivé près de Binghen , qui n'en eſt qu'à trois heures , il envoya des partis & des ſauvegardes en divers lieux pour prépa-rer des vivres pour l'armée , & fit même entrer quelques uns de ſes Gardes dans le Château , qui criérent aux Lorrains que l'armée venoit : M. de Lor-raine leva le ſiége , & ſe retira au delà de la Moſelle. Il étoit demeuré deux cens hommes dans le Château de Creutznac , qui a au deſſous une aſſez jolie Ville ; & ce Château étant un poſte très conſidérable entre le Rhin & la Moſelle , M. de Turenne crut qu'en logeant ſon Infanterie dans la Ville , & ayant le couvert & des vivres , il feroit le ſiége durant l'hiver aſſez commodément. Il y demeura en effet avec mille hommes de pied & deux AN. 1644. cens chevaux ; & en quinze ou feize jours, le Château fe rendit après une affez grande réfiftance.

Ce fut environ vers le milieu du mois de Décembre que les quartiers furent donnés en Lorraine, en Alface & le long du Rhin, où le pays étoit fi ruiné, qu'en vingt lieuës on ne pouvoit pas trouver à nourrir un cheval, hors dans les grandes Villes qui étoient fort miférables par les quartiers d'hiver des Lorrains, & en quelque petit Château, où il demeuroit quelque homme de qualité, qu'on ne vouloit pas entiérement achever de ruiner.

M. de Turenne crut qu'il étoit bon qu'il n'allât pas à la Cour pendant l'hiver, afin d'être en état de fe mettre en campagne plutôt ; & M. le Cardinal l'ayant trouvé bon, il demeura à Spire : de là il envoya prier M. de la Ferté Gouverneur de Lorraine, de hâter le payement des quartiers d'hiver aux troupes ; M. de la Ferté le fit très ponctuellement dans tous les lieux de fon Gouvernement, & leur fit donner trois mois de paye. De cette maniére, la Cavalerie qui montoit à cinq mille chevaux, & l'Infanterie à cinq ou fix mille hommes de pied, avec douze ou quinze piéces de canon, furent prêts vers la fin du mois de Mars, de repaffer le Rhin fur un pont de batteaux que l'on fit faire à Spire.

M. de Turenne avoit preffé le tems de fe mettre en campagne, à caufe que l'armée de Baviére avoit détaché un Corps de trois ou quatre mille hommes pour fortifier l'armée de l'Empereur, fous le commandement de M. de Baufchemberg Général de l'artillerie, & de Jean de Wert dans la bataille de Tabor, où M. Torftenfon défit & prit prifonnier le Général Hatzfelt, après avoir dans le commencement de la même année ruiné l'armée de l'Empereur (1) dans divers combats, par une fuite de conduite fondée fur une grande expérience, & accompagnée d'un grand courage & d'un grand jugement ; ce qui eft fort fupérieur au gain d'une bataille. L'armée du Roi ayant donc paffé le Rhin, on fut trois ou quatre jours à fe mettre enfemble vers Phortzheim, petite ville du pays de Wirtemberg, à trois ou quatre heures de la riviere de Nekre, derriere laquelle étoit M. de Merci, avec un Corps, à ce que je crois, de fix ou fept mille hommes, n'ayant point hâté fes recruës, & ayant laiffé rafraîchir fes troupes dans des lieux un peu éloignés, en attendant que la faifon fût avancée, & que les herbes donnaffent plus de commodité à fon armée de fe raffembler. M. de Tu-

AN. 1645.

____
(1) Cette armée étoit commandée par le Général Galas.

 renne ayant appris qu'il y avoit des gués à la riviere , partit de bon matin ,
& y étant arrivé , se campa de bonne heure non pas vis à vis du lieu où les
ennemis étoient logés , mais à deux heures plus bas , & la passa sans nulle
difficulté.

M. de Merci qui ne crut pas que son armée étoit en état, se retira vers la
Suabe ; & M. de Turenne ayant suivi sa marche , passa auprès d'Hailbron ,
où les ennemis avoient garnison , & arriva à Suabeschal avant M. de Merci,
qui avoit ses Maréchaux des logis à la porte de la Ville : mais comme M.
de Turenne fit promptement avancer ses Dragons , les bourgeois ouvrirent
les portes , comme ils le font toûjours au plus fort , & à celui qui arrive le
premier. Comme il n'avoit avancé aux portes de la ville qu'avec la Cavalerie , & qu'il avoit laissé son Infant. rie à trois heures de là , avec le bagage
qui n'avoit pas pû suivre , a cause de la longue marche ; il craignit que M.
de Merci ayant nouvelle de sa séparation , n'envoyât attaquer cette Infanterie , avec laquelle il n'étoit demeuré que deux Régimens de Cavalerie :
ainsi après avoir laissé ses Dragons pour garder la porte , il retourna promptement la nuit au lieu où il croyoit que l'Infanterie seroit demeurée. M. de
Merci ne doutant point que ce ne fût toute l'armée qui étoit arrivée à Suabeschal , avoit continué à marcher plus avant vers Dinkespuhel & Feuchtwang. On ne laissa pas néanmoins quand l'Infanterie fut arrivée de continuer à suivre les ennemis , laissant le bagage dans la Ville : mais sans l'ap-
préhension que l'on eut pour l'Infanterie , je suis persuadé que si la Cavalerie eût marché d'abord après M. de Merci , qu'elle l'eût arrêté dans sa
marche , qu'elle eût donné tems à l'Infanterie de venir , & que l'on eût
combattu avec grand avantage : on se contenta de suivre l'ennemi cinq ou
six lieuës sans aucune rencontre considérable que de quelques petits partis.
M. de Turenne étant revenu à Suabeschal , y demeura deux ou trois jours ;
d'où il marcha vers la riviere du Tauber à Mariendal , autour duquel il y
a plusieurs petites villes d'où l'on peut tirer beaucoup de subsistance : il s'y
arrêta , afin d'avoir derriere lui la Hesse , dont il esperoit dans l'été tirer
des troupes pour avancer dans l'Allemagne. Il paroissoit aussi que l'on s'é-
loignoit plus de l'ennemi qui étoit vers Feuchtwang , & l'on croyoit qu'il
se separeroit pour se rafraichir , ayant tout le derriere libre du haut Palatinat & de la Baviére.

Dès que l'armée fut arrivée à Mariendal , comme c'étoit dans la fin du
mois d'Avril & qu'il n'y avoit point encore d'herbes , on pressa for. M. de
Turenne de permettre que la Cavalerie se séparât dans les petites villes , où

on laisseroit son bagage au premier ordre, & qu'on viendroit promptement **AN. 1645.**
au rendez-vous. Pour dire vrai, le trop de facilité à ne point faire pâtir la
Cavalerie, faute de fourage; la grande envie qu'ils se missent promptement
en bon état, plusieurs Officiers assûrant que chacun dans son lieu acheteroit
des chevaux pour les démontés, & aussi l'éloignement de l'ennemi qui étoit
à près de dix heures de là, les partis rapportant qu'ils étoient séparés, FIRENT
RE'SOUDRE M. DE TURENNE MAL A PROPOS (1) à les envoyer dans de
petits lieux fermés. Il retint néanmoins l'Infanterie & le canon à une demi-
lieuë de Mariendal, & envoya M. Rosen avec quatre ou cinq Régimens à
Rotembourg sur le Tauber, qui est à plus de quatre heures de Mariendal;
mais les autres Régimens étoient à deux & trois heures plus loin.

Le lendemain que l'ordre fut donné pour se séparer, M. de Turenne
voyant bien qu'il n'y avoit point assez de certitude de la séparation de l'ennemi, pour avoir donné lieu à la résolution prise, envoya ordre à M. Rosen
de se rapprocher avec les Régimens; & hors ce qui étoit à deux heures plus
loin, il fit revenir les autres Régimens, excepté nouveau Rosen & Vouf-
vors qui étoient extrêmement loin, l'un pour observer l'armée de Baviere
& l'autre vers la Franconie à cause de la garnison de Schweinfurt. Le premier ne fut pas assez diligent pour rejoindre, & l'autre n'eut presque pas
de nouvelles du combat.

M. de Turenne étant presque dans la certitude que l'ennemi feroit la marche que l'on apprit qu'il fit, alla se promener le jour avant le combat avec
la grande garde à trois lieuës sur le chemin par lequel l'ennemi pouvoit
l'attaquer : étant revenu fort tard, & M. Rosen s'étant rapproché avec plus
de la moitié de la Cavalerie, il apprit à deux heures après minuit par un
parti, que l'ennemi avec tout le Corps de l'armée avoit quitté Feuchtwang
& marchoit droit à lui; c'étoit le deuxième de Mai. En même tems il
envoye ordre aux Régimens de Cavalerie qui étoient à deux ou trois heures
de là, de marcher, & il dit à M. Rosen de monter à cheval & de s'en
aller à la grande garde, & faire assembler promptement en-deçà du bois
toutes les troupes qui en étoient proche : malgré cet ordre M. Rosen
passe le bois qui pouvoit avoir cinq ou six cens pas, & mande à la Cavalerie
de le venir joindre au-delà du bois; ce qu'il n'eût pas fait assûrément s'il
eût crû l'armée de l'ennemi si proche; car il est certain que si elle se fût
mise ensemble en-deçà du bois, on se seroit retiré sans combattre.

M. de Turenne qui n'avoit pas demeuré plus d'un quart d'heure dans le

____
(1) Voi'à le stile des grands hommes : ils avoüent ingénuement leurs fautes, & ne les
dissimulent point quand la vérité le demande.

 quartier pour donner ſes ordres à toutes les troupes, monte à cheval, & ne trouvant plus la grande garde, la ſuit au travers du bois, & étant au-delà, il vit ſept ou huit Régimens de ſa Cavalerie, qui compoſoient ce qu'il y avoit d'arrivé, que M. Roſen mettoit en bataille, & jettant la vûë plus loin il y it l'avant-garde de l'ennemi qui ſortoit d'un autre bois ſur un aſſez grand front à un petit quart-d'heure de lui. Quoique la choſe fût aſſez ſurprenante, & qu'elle ne préſageoit rien de bon dans la ſuite, il ne crut pas qu'il y eût rien à faire qu'à ſe mettre en bataille avec une partie de l'armée, comme ſi elle y avoit été toute, n'ayant pas encore aſſez de gens enſemble pour marcher à l'ennemi, ſon Infanterie ne commençant qu'à arriver. L'ennemi étoit trop proche pour changer de poſture & ſe mettre derriere le bois : ainſi il ne ſongea qu'à ſe ſervir de l'avantage du lieu, & y ayant un petit bois à main droite de la plaine où étoit la Cavalerie, il y mit ſon Infanterie qui n'étoit pas compoſée de plus de trois mille hommes. M. de Smitberg & M. du Paſſage la commandoient, & comme ce lieu-là ſervoit comme d'aile droite, il ſe contenta de laiſſer deux eſcadrons derriere ce bois, & mit toute ſa Cavalerie ſur une ligne avec deux eſcadrons de ſeconde ligne à la main gauche du grand bois. M. Roſen ſe mit tout à fait à l'aile droite de cette ligne, & M. de Turenne à la gauche.

On attendit l'ennemi en cette poſture, lequel en peu de tems deſcendit dans la plaine, & mettant ſon Infanterie au milieu des deux ailes de ſa Cavalerie, M. de Merci qui étoit Général de l'armée, ſe met à la tête & marche droit au bois, ayant par ce moyen ſon aile gauche qui ne pouvoit pas bien agir qu'il ne fut maître du bois : mais comme il ne pouvoit pas d'abord voir la ſituation du lieu, il mettoit ſon armée en bataille comme on fait d'ordinaire. Comme il fut à cent pas du bois, & que l'Infanterie n'avoit point encore fait de décharge, M. de Turenne marcha avec ſa Cavalerie au-devant de l'aile droite de l'ennemi dont tous les eſcadrons furent rompus, & la ſeconde ligne fut ébranlée. Dans ce même tems, l'Infanterie de l'ennemi avançant vers le petit bois, celle de l'armée du Roi ne fit qu'une décharge & ſe jette en confuſion dans le bois : ainſi l'aile gauche de l'ennemi trouva le moyen d'avancer à la faveur du bois que ſon Infanterie avoit gagnée. La Cavalerie de l'armée du Roi qui ne voyoit plus devant elle que trois eſcadrons de réſerve de l'ennemi, la premiere & ſeconde ligne étant en confuſion, apperçut tous ſes fantaſſins qui avoient jetté les armes, & les eſcadrons de l'ennemi qui ſe formoient derriere elle. En même tems la confuſion commença à s'y mettre & bientôt après la déroute entiere : M. Roſen y fut pris, ayant très bien fait ſon devoir & toute la Cavalerie auſſi. M. de

Turenne se retira dans le grand bois, ayant été fort pressé par deux cavaliers **AN. 1645.** de demander quartier, & ayant percé tout au travers avec deux ou trois personnes avec lui, il trouva au-delà du bois trois Régimens de Cavalerie, Duras, Beauveau & Traci arrivés ; & par malheur quantité de cavaliers ayant fait saigner leurs chevaux à cause de la saison, les Régimens ne purent monter assez-tôt à cheval pour venir au combat.

A ces Régimens il s'y joignit bien douze ou quinze cens chevaux des Régimens qui avoient été rompus, & M. de Turenne les ayant mis en bataille vouloit aller contre les ennemis, s'ils eussent promptement passé le bois : mais voyant qu'ils se donnoient assez de tems pour se remettre en posture après le combat, & que toute son Infanterie étoit perduë, & qu'il ne restoit que trois Régimens qui n'eussent pas combattu, il aima mieux sauver ce qui restoit, quoiqu'il le fit avec assez de peine. Ainsi il commanda à M. de Beauvau de marcher avec son Régiment & toute la Cavalerie Allemande qui restoit du combat droit au Mein, & lui donna ordre de s'arrêter à l'entrée du pays de Hesse ; ce qui pourroit être à quinze ou seize heures de-là : il demeura lui-même avec ses deux Régimens de Duras & Traci, pour la retraitte & pour donner aux autres le tems de passer le Tauber, où il y avoit divers gués, ce qui se fit comme il l'avoit pensé. Aussi-tôt qu'il vit toute cette Cavalerie assez loin pour n'être plus en danger, il songea à se retirer aussi. Les ennemis ayant apperçu ces deux Régimens qui se retiroient seuls, vinrent de tous côtés pour leur couper le chemin : mais M. de Turenne se retira avec assez d'ordre jusques sur le Tauber qui étoit dans la même campagne, & l'on repoussa deux ou trois fois les ennemis qui vouloient suivre par le même gué par lequel on avoit passé. A la fin en ayant trouvé divers autres, on fut obligé de prendre son chemin avec de petites troupes après avoir perdu une partie des étendarts. Ces deux Régimens, particuliérement celui de Duras qui avoit l'arriere-garde, fit dans cette occasion tout ce qui se peut de hardi & de vigoureux. M. de Turenne se retira d'abord avec quinze ou vingt Officiers ou Cavaliers, & peu de tems après avec une troupe de cent ou cent cinquante chevaux, avec laquelle ayant marché toute la nuit & passé le Mein à gué, il alla le lendemain vers le soir rejoindre sa Cavalerie vers la Hesse. L'ennemi prit une grande partie de l'Infanterie, tout le bagage, dix pièces de canon & douze ou quinze cens cavaliers ou Officiers de Cavalerie. M. de Montausier, M. de Smithberg & M. du Passage furent pris, & l'ennemi demeura quelques jours sans bouger.

M. de Turenne croyant que quelque Corps de Cavalerie pourroit le fuivre, demeura un jour ou deux dans le bois avec douze ou quinze cens chevaux : mais n'ayant rien vû paroître, il avança jufques fur les frontiéres de la Heffe, où Madame la Landgrave lui envoya promptement M. Geis qui commandoit fes troupes, avec deux de fes Confeillers, pour tâcher à lui perfuader de fe retirer vers le Rhin, lui alléguant qu'il affureroit par-là les Places qu'il avoit laiffées dégarnies, & qu'il joindroit plutôt les troupes que l'on devoit envoyer de France pour le renforcer. Mais ces Confeillers taifoient la principale raifon qui pouffoit la Landgrave à fouhaitter que l'armée marchât vers le Rhin : c'étoit qu'elle craignoit d'attirer la guerre dans fon pays, & ne vouloit pas mettre fi-tôt fon armée en campagne : mais M. de Turenne qui fçavoit que ce qu'il faifoit étoit le feul moyen de faire que toutes les troupes Heffiennes le joigniffent, & de faire fortir M. Konigfmarc de fes quartiers, s'opiniâtra à ne pas changer de réfolution, & lui manda que fi l'ennemi marchoit à lui qu'il fe retireroit tout au travers de la Heffe, & qu'à quelque prix que ce fût, il n'iroit point vers le Rhin & entreroit plutôt vers le pays de Brunfwic. Il fit auffi fçavoir la même chofe à M. Konigfmarc qui étoit dans fes quartiers à dix ou douze lieuës derriere Caffel fur le Wefer. Ce Général avoit les mêmes intentions que les Heffiens, de ne point fe mettre fitôt en campagne, & ne fouhaittoit point que la guerre fût attirée vers ces quartiers-là ; mais la fermeté de M. de Turenne le fit réfoudre à fe remettre enfemble.

M. de Turenne ayant fait retirer fes troupes dans la Comté de Waldec, alla jufques à Caffel, où il reçut beaucoup de civilités de Madame la Landgrave, & connut que tout ce qu'il avoit oüi dire d'elle étoit véritable, qu'elle avoit beaucoup de jugement, de courage & de conduite en toutes fes actions. Elle fit raffembler fes troupes qui montoient à fix mille hommes, laiffant fes Places remplies, & M. Konigfmarc qui avoit plus de quatr. mille hommes s'avança auffi fans perdre de tems.

M. de Turenne ayant eu nouvelle que M. de Merci s'étant approché avoit attaqué Kinchaim (1) petite Place à l'entrée de la Heffe, manda au Gouverneur que s'il pouvoit tenir cinq ou fix jours, qu'il feroit fecouru ; ce qui lui fit prendre la réfolution de ne fe pas rendre, quoiqu'il y eût une affez grande bréche faite. Les François ayant joint M. Konigfmarc & les Heffiens, marcherent droit à l'ennemi qui leva le fiége environ le dix ou douziéme jour après que la bataille de Mariendal avoit été donnée. M. de

_____

(1) On n'a pû lire dans l'original le nom de la ville affiégée, mais Puffendorf l'appelle Kirchaim.

Turenne

Turenne pouvoit avoir de refte trois ou quatre mille chevaux & feulement douze ou quinze cens hommes de pied qu'il avoit ramaffés ; l'ennemi s'étant retiré vers la Franconie, les trois armées demeurerent quelques jours dans le pays de M. le Landgrave de Darmftadt. Dans ce tems-là on eût nouvelles que M. le Duc d'Enguien avec fept ou huit mille hommes marchoit vers le Rhin, ce qui obligea M. de Turenne joint avec M. Konigfmarc & les Heffiens d'aller dans le pays de Darmftadt & de-là dans le Bergftras pour le joindre.

M. d'Enguien paffa le Rhin vers Spire, & il fut réfolu que les armées jointes marcheroient vers le Nekcre & que l'on tâcheroit d'arriver à Heilbron avant l'ennemi. On marcha en grande diligence avec un gros Corps de Cavalerie d'avant-garde à une heure d'Heilbron, où l'on vit l'armée ennemie qui arrivoit de l'autre côté du Nekcre, & qui fe mettoit en bataille fur un côteau de vignes auprès de la ville : ce qui fit faire alte à l'avant-garde. On attendit l'Infanterie qui étoit affez éloignée, & l'on campa ce foir en ce lieu. Voyant qu'on ne pouvoit pas attaquer Hailbron ni paffer le Nekcre en cet endroit-là, toute l'armée des ennemis y étant oppofée ; on marcha à Vimpfen, petite ville fur le Nekcre à deux heures au-deffous d'Hailbron ; on mit promptement le canon en batterie, & la ville fe rendit. Il me femble qu'il n'y avoit pas plus de trois cens hommes dans la Place.

L'ennemi voyant que l'on avoit par ce moyen un paffage fur le Nekcre, laiffa une bonne garnifon à Hailbron, fe retira & alla camper à Feuchtwang, où il fit quelques retranchemens. L'armée du Roi laiffant peu de gens dans Vimpfen paffa le Nekcre : M. Konigfmarc voyant les ennemis éloignés & bien aifes d'être à part en Franconie, feignit d'être mécontent de M. le Prince fans aucun fujet légitime, (1) s'en fépara fans prendre congé de lui, marcha deux jours vers le Mein fans s'arrêter, & on n'eut plus aucune nouvelle de lui. C'eft un homme nourri dans la guerre, accoutumé aux grands commandemens, affez glorieux & intéreffé, & qui veut que toutes chofes dépendent fi fort de lui, qu'il s'accomode difficilement avec fes fupérieurs, & tend toujours à fe féparer. Au refte c'eft une perfonne qui a de grands talens pour la guerre & qui a fervi très dignement la Couronne de Suède. M. de Turenne ne peut que fe louer de la façon dont il en ufa avec lui, en recevant fes ordres avant que M. le Prince fut arrivé.

Après fon départ les Heffiens demeurans avec nous, on marcha à Rot-

(1) Le Vicomte cache toujours les fautes des autres, en relevant les fiennes.

 tembourg fur le Tauber , où l'on féjourna quelques jours. M. de Merci fe retira plus avant dans le pays vers Dinkefpuhel , où il laiffa trois ou quatre cens hommes & fe campa à trois ou quatre lieuës de-là derriere des bois. Peu de jours après , l'armée du Roi arriva auprès de Dinkefpuhel & forma le deffein de l'attaquer ; on fit avancer des moufquetaires dans des maifons ruinées & l'on y ouvrit quelque tranchée : mais avant minuit un Officier prifonnier qui s'étoit fauvé de l'armée de Baviere , vint avertir M. de Turenne que M. de Merci croyant que l'armée du Roi s'attacheroit au fiége de Dinkefpuhel , marchoit toute la nuit , & étoit à deux heures de-là , derriere les bois. M. de Turenne alla promptement en avertir M. d'Enguien qui réfolut de laiffer tout le bagage avec deux ou trois Régimens de Cavalerie , & de partir incontinent avec toute l'armée , pour fuivre M. de Merci.

On partit à une heure après minuit : M. de Turenne avoit l'avant-garde & on traverfa un bois : M. d'Enguien y étoit & avoit laiffé M. le Maréchal de Gramont avec fon armée à l'arriere-garde. En fortant du bois le jour étoit déja affez grand pour voir une petite troupe des Bavarois ; & peu de tems après en la pouffant, on découvrit quelques efcadrons ennemis , lefquels ayant vû la tête de notre avant-garde , fe retirerent en diligence vers le Corps de leur armée , dont ces troupes étoient l'avant-garde : deforte que fi l'on ne fût pas parti de trop bonne heure , on les eût trouvé dans la marche , & par conféquent en fort mauvaife pofture. Ils s'arrêterent derriere plufieurs étangs , fe mirent auffi-tôt en bataille , & ayant placé leur canon commencerent à faire des travaux à leur tête & à fe retrancher.

L'armée du Roi fe mit auffi en bataille au fortir du bois ; mais elle ne put aller à eux que par des défilés. On fit avancer le canon qui les incommoda affez ; mais le leur qui étoit déja placé nous fit beaucoup plus de mal. La journée fe paffa toute entiére à fe canonner de part & d'autre avec affez de perte. Le lendemain deux heures devant le jour nous nous retirâmes par le même chemin par lequel nous étions venus : c'étoit par un défilé dans le bois. L'ennemi ne fuivit qu'avec quelque Cavalerie , & il n'y eut qu'une efcarmouche , quoiqu'il y eut un tems auquel il eût pû défaire une partie de notre arriere-garde. On repaffa donc le bois & on alla joindre le bagage auprès de Dinkefpuhel où l'on campa : mais ne jugeant pas à propos de s'arrêter à une fi petite Place , on réfolut de marcher à Nordlingen & d'y arriver avant l'ennemi ; ce qui étoit fort aifé. Le lendemain l'armée partit de bonne heure , & ayant marché deux ou trois heures , arriva vers les neuf heures du matin dans la plaine affez proche de Nordlingen : n'y voyant rien paroître, on réfolut de faire alte avec quel-que intention d'y camper, mais pas encore avec ordre de décharger le bagage ni de tendre les tentes. Comme M. de Turenne s'avança dans la plaine avec une petite garde, & que M. le Prince alla auſſi ſe promener fort près de-là avec un autre, il tomba ſur un parti Allemand qui rodoit & emmena deux ou trois priſonniers qui dirent, que l'armée de l'ennemi paſſoit un ruiſſeau à une heure de-là pour s'approcher de Nordlingen. M. de Turenne joignit promptement M. le Prince, & ayant appris qu'il n'y avoit point de ruiſſeau entre le lieu où l'ennemi paſſoit & celui où l'on étoit, on envoya à l'armée pour ordonner que perſonne ne s'écartât. M. le Prince & M. de Turenne s'avancerent encore avec peu de gens pour reconnoître & apprendre plus certainement ce que faiſoit l'ennemi, & s'il continuoit ſa marche. La plaine eſt ſi raze & s'étend ſi loin, que l'on ne craignoit pas de s'avancer avec peu de gens.

M. de Merci qui commandoit l'armée de Baviere à laquelle s'étoit joint un Corps de ſix ou ſept mille hommes de l'Empereur, commandé par le Général Gléen, étant arrivé ſur le bord d'un ruiſſeau à neuf heures du matin ; & jugeant, comme il étoit vrai, que l'armée du Roi étoit campée auprès de Nordlinghen que nous voulions aſſiéger, crut qu'en paſſant ce ruiſſeau ſans bagage il pourroit avec ſûreté s'approcher de Nordlinghen, à cauſe des montagnes & des avantages qu'il pouvoit prendre avec ſon armée : il ſe perſuada auſſi qu'on ne l'attaqueroit point ce jour-là, & qu'ainſi il auroit le tems de ſe retrancher, ce qu'il étoit accoutumé de faire en grande diligence, n'ayant ordinairement à la ſuite de ſon armée d'autres chariots que ceux de munition de guerre & ceux dans leſquels étoient les outils. Il continua donc ſa route & ſe poſta à trois ou quatre cens pas du ruiſſeau ſur une montagne (1), qui, à l'endroit où il l'abordoit étoit aſſez haute, mais qui deſcendoit inſenſiblement vers un village (2). Pour ſe ſervir du lieu ſelon la force de ſon armée & la ſituation du terrain, il commença à ranger ſon aile droite compoſée d'un Corps de l'Empereur & de quelques unes de ſes troupes, depuis l'endroit de la montagne qui approche le plus du ruiſſeau juſqu'au village, ayant deux Régimens d'Infanterie & ſon canon au lieu où commençoit ſon aile droite. Dans l'endroit où l'aile droite finiſſoit, l'Infanterie s'étendoit en bataille derriere le village, & dans l'action combattit preſque toute pour le défendre ; mais au commencement il ne fut occupé que par quelques mouſquetaires commandés

(1) Montagne de Vineberg.
(2) Le village ſe nomme Allerheim.

 dans l'Eglise & au clocher. Enfuite de l'Infanterie qui étoit fur deux lignes, de même que la Cavalerie, l'aile gauche compofée de la Cavalerie de Baviere, & commandée par M. Jean de Wert finiffoit vers un petit château un peu élevé (1) autour duquel il y avoit de l'Infanterie qui fermoit la gauche de l'armée, de même que ces deux Régimens d'Infanterie fermoient la droite. L'efpace entre le village & le château étoit une plaine où fe pouvoient bien tenir douze ou treize efcadrons. C'eft en cet ordre que fe mit M. de Merci, tant pour combattre que pour camper fi on n'étoit pas venu à lui.

M. le Prince ayant vû que l'armée de l'ennemi paffoit le ruiffeau, manda aux troupes de fe tenir prêtes à marcher, & étant confirmé par les partis & par fa vûë même que l'ennemi ne s'éloigneroit pas trop de vouloir combattre, il paffa l'endroit derriere lequel il avoit un grand avantage & manda à toute l'armée de marcher. Sur le midi, l'armée s'avança dans cette grande plaine; & vers les quatre heures du foir on vint en préfence: il fallut affez de tems pour s'étendre & fe mettre en état de combattre. Ce village qui étoit devant l'armée ennemie donnoit avec raifon différentes penfées ou de l'attaquer ou de marcher vers les deux ailes avec la Cavalerie feulement: mais comme la chofe n'eft pas affez fûre d'attaquer des ailes fans pouffer en même tems l'Infanterie qui eft au milieu, on ne jugea pas à propos, quelque difficulté qu'il y eût à attaquer le village, d'aller au combat avec la Cavalerie, fans que l'Infanterie marchât de même front: & comme le village étoit plus de quatre cens pas plus avancé que le lieu où étoit leur armée, on crut qu'il falloit faire alte avec les deux ailes pendant que l'Infanterie combattroit pour emporter les premieres maifons de ce village, & s'en rendre maître, ou du moins d'une partie. Pour cet effet, on fit avancer le canon afin qu'on ne fût pas endommagé de celui de l'ennemi, fans l'incommoder avec le nôtre: mais comme celui qui eft placé a beaucoup d'avantage fur ceux qui marchent, à caufe qu'il faut toujours atteler les chevaux pour avancer, ce qui fait perdre beaucoup de tems, celui de l'ennemi incommodoit plus qu'il ne recevoit de dommage.

En cette difpofition l'Infanterie de l'armée du Roi marcha droit au village; l'aile droite étant oppofée à l'aile gauche de l'ennemi dans la plaine, & l'aile gauche à la droite de l'ennemi qui étoit fur cette montagne, laquelle defcendoit infenfiblement au village. L'Infanterie

____

(1) Puffendorf & tous les autres difent que le château étoit fur une hauteur ou colline nommée la colline d'Allerheim.

An. 1645.

trouva affez peu de réfiftance aux premieres maifons; mais quand elle entra plus avant, trois ou quatre Régimens de l'ennemi (dont une partie occupoit le cimetiere & l'Eglife, & l'autre avoit percé les maifons) firent un fi grand feu, qu'elle s'arrêta tout court, & commença à plier: on la feconda d'autres Régimens; & M. de Merci qui étoit derriere le village, fit foutenir la fienne par d'autres Corps: ainfi le combat devint fort opiniâtre, avec beaucoup de perte de part & d'autre; mais moins de celle de l'ennemi, à caufe qu'il étoit logé dans les maifons percées: & même pendant que fa premiere ligne combattoit dans le village, la feconde travailloit fur la hauteur. Ces expédiens ne réüffirent point; mais ils montrent beaucoup d'habileté & de fang froid dans le Géneral. M. le Prince vint fouvent dans le village, y eut deux chevaux bleffés fous lui, & plufieurs coups dans fes habits. Il laiffa M. le Maréchal de Grammont à l'aile droite de fa Cavalerie. M. de Turenne faifoit auffi ce qu'il pouvoit pour faire avancer l'Infanterie qui étoit dans le village proche de fon aile. M. de Bellenave, Maréchal de Camp de fon armée, y fut tué: M. de Caftelaun Maréchal de bataille dans celle de M. le Prince, fut très dangereufement bleffé, auffi bien qu'un très grand nombre d'Officiers. Dans le fort, & fur la fin de ce combat, M. de Merci, Géneral de l'armée de Baviere, reçut un coup de moufquet, dont il mourut fur le champ; & je crois que quand l'aile gauche de l'ennemi que commandoit Jean de Wert avança contre la Cavalerie de M. le Prince, qu'on ne fçavoit pas fa mort: le combat ayant duré plus d'une heure dans le village, où quelques efcadrons étoient employés pour feconder l'Infanterie, l'aile gauche de l'ennemi commença à marcher.

On a fouvent dit qu'il y avoit eu quelques fautes en paffant quelques foffés qu'il y avoit entre les ailes, mais je ne trouve pas cela confidérable; car toute l'aile droite de l'armée du Roi étoit en bataille, & voyoit devant elle celle de l'ennemi, laquelle en venant au petit pas au combat, ne trouva pas grande réfiftance. Quoique M. le Maréchal de Grammont y fit tout ce qui fe pouvoit, il fut fait prifonnier, n'ayant pû faire le devoir à la feconde ligne, non plus qu'à la premiere. (1)

M. le Prince qui étoit fort proche du village, paffa à l'aile de M. de Turenne, lequel voyant que l'attaque du village ne réüffiffoit point, & que la Cavalerie de l'aile gauche de l'ennemi marchoit à la Cavalerie Françoife, s'avança avec fon aile vers la montagne, & ayant parlé un inftant avec M.

(1) L'Hiftorien du Vicomte a ajoûté ici quelques circonftances, qu'il a trouvées dans les Mémoires du Maréchal de Grammont.

 le Prince, il lui dit, que s'il lui plaifoit de le foûtenir avec quelques efcadrons de la feconde ligne & les Heffiens, qu'il marchoit pour aller à la charge : M. le Prince y ayant confenti, M. de Turenne continua de monter la montagne à la tête du Régiment de Flextein. Etant à cent pas de l'ennemi, il vit en fe tournant que toute la Cavalerie Françoife & l'Infanterie qui avoit été pouffée du village, étoit entiérement mife en déroute dans la plaine.

Comme M. de Turenne continuoit à monter la montagne avec huit ou neuf efcadrons de front, l'Infanterie que l'ennemi avoit aux deux extrémités de l'aîle fit une décharge, & le canon eut loifir de faire trois ou quatre décharges, les premieres à balle, & la derniere avec des cartouches, dont le cheval de M. de Turenne fut bleffé, & il en eut un coup dans fa cuiraffe, & une partie des Officiers du Régiment de Flextein, & le Colonel même, furent bleffés avant que de venir à la charge contre un Régiment de Cavalerie qui étoit devant lui. Cela n'empêcha pas que toute l'aîle étant marchée d'un front, ne renversât toute la premiere ligne de l'ennemi avec plus ou moins de réfiftance de quelques efcadrons ; & la feconde ligne de l'ennemi foûtenant la premiere qui étoit renverfée, le combat fut fort opiniâtre : on n'avoit qu'un efcadron ou deux dans la feconde ligne ; & les Heffiens qui étoient à la réferve, étoient un peu loin : cela fut caufe que l'on fût un peu pouffé, mais fans déroute ; car les efcadrons étoient toûjours en ordre, & même quelques-uns avoient de l'avantage fur ceux de l'ennemi ; mais leur grand nombre l'emportoit.

Les Heffiens arriverent, & M e Prince à leur tête agiffoit avec autant de courage que de prudence. La Cavalerie Weymarienne voyant les Heffiens approcher, fe rallia, & on chargea tout d'un tems tout le Corps de la Cavalerie ennemie, qui s'étoit mis fur une feule ligne ; on la rompit ; tout le canon qui étoit fur cette montagne fut pris, & les Régimens d'Infanterie qui étoien. avec l'aîle droite furent défaits, & le *Géneral* de l'armée de l'Empereur, nommé Gleen, pris.

D'un autre côté, toute la Cavalerie de M. le Prince, premiere & feconde ligne, & même fa réferve commandée par le Chevalier de Chabot, & toute l'Infanterie qui s'en étoit fuie dans la plaine, étant chaffée du village, fut entiérement défaite : Jean de Wert laiffa fuivre la victoire de ce côté là par deux Régimens, qui pofferent nos troupes deux lieuës jufqu'au bagage, & revint pour feconder fon aîle droite, ou pour arrêter la déroute. Si au lieu de retourner par le même endroit, en laiffant le village à main gauche, ils euſſent marché dans la plaine droit à la Cavalerie Weymarienne & Heſſienne, l'on n'auroit pas été en état de faire aucune réſiſtance, & le déſordre ſe feroit mis très facilement dans notre aîle gauche ainſi enveloppée.

Comme la Cavalerie de M. de Wert commença à revenir derriere le village, le ſoleil étoit déja couché, & la nuit venant incontinent après, les deux aîles qui avoient battu ce qui étoit devant eux, demeurerent en bataille l'une devant l'autre; & comme la Cavalerie de l'armée du Roi étoit un peu plus avancée que le village, quelques Régimens de l'ennemi qui étoient dans le Cimetiere & dans l'Egliſe ſe rendirent à M. de Turenne, & ſortirent de-là ſans armes à l'entrée de la nuit, ſans ſçavoir que leurs troupes n'étoient pas à cinq cens pas de-là.

La Cavalerie demeura une partie de la nuit fort proche l'une de l'autre dans la plaine, les gardes avancées de part & d'autre n'étant pas à cinquante pas l'une de l'autre. A une heure après minuit l'armée des ennemis commença à ſe retirer, n'en ayant pas plus de raiſon que celle du Roi, ſi ce n'eſt qu'ils avoient perdu leur Géneral: on n'entendit pas beaucoup de bruit, car ils n'avoient pas de bagage: je crois qu'ils n'emmenerent que quatre petites piéces de canon; tout le reſte qui étoit douze ou quinze, demeura ſur le champ de bataille. A la pointe du jour on ne vit plus perſonne, & on ſçût que les ennemis s'étoient retirés vers Donawert, petite ville où il y a un pont ſur le Danube à quatre heures de-là. M. de Turenne les pourſuivit juſqu'à la vûë de Donawert, avec deux ou trois mille chevaux.

L'armée du Roi y eut toute ſon aîle droite battuë, & toute ſon Infanterie entierement miſe en confuſion, hors trois bataillons Heſſiens qui étoient à la réſerve, & je crois qu'il y eut bien trois à quatre mille hommes de pied tués ſur la place. De l'armée de l'ennemi toute l'aîle droite fut battuë, trois ou quatre Régimens d'Infanterie qui étoient mêlés avec elle, défaits, deux qui ſe rendirent dans l'Egliſe; beaucoup de gens tués dans le village, & preſque tout ſon canon pris. Pour parler de la perte des hommes, je crois que celle que fit l'armée du Roi fut plus grande que celle de l'ennemi. M. le Maréchal de Grammont fut pris d'un côté, & le Géneral Gleen de l'autre, & un très grand nombre d'Officiers & beaucoup d'étendarts: notre Cavalerie Allemande des vieux Corps, fit très bien, comme auſſi les Régimens de Duras & de Traci.

On fut quelques jours ſans pouvoir mettre enſemble plus de douze ou quinze cens hommes de pied de toute l'Infanterie Françoise. Après avoir demeuré un jour ou deux auprès de Nortlinghen, M. le Prince sçachant que les Bourgeois y étoient les plus forts, & que l'ennemi n'y avoit que quatre cens hommes, résolut de l'attaquer : les habitans de la Ville demanderent à capituler dès la premiere nuit, & on renvoya la garnison à l'armée de l'ennemi ; mais je crois qu'on retint leurs armes. On demeura sept ou huit jours à Nortlinghen, qui est une assez grande & bonne ville, où l'on se racommoda beaucoup : on y trouva des armes, assez de chevaux pour les équipages, des harnois, & beaucoup de médicamens pour les blessés. Après y avoir laissé une fort petite garnison, on alla attaquer Dinkespuhel, qui ne se défendit que trois jours. Quand on vouloit se rapprocher du Neckre & du Rhin à cause de l'état de l'armée, & pour pouvoir toucher quelque argent, M. le Prince tomba malade auprès de Dinkespuhel, & suivit la marche de l'armée jusqu'auprès de Hailbron, d'où on lui donna de la Cavalerie pour l'emmener à Philisbourg, où il fut fort malade : il s'en retourna de-là en France, laissant M. le Maréchal de Grammont pour commander son armée, laquelle demeura jointe avec celle d'Allemagne que commandoit M. de Turenne. Ils se camperent auprès d'Hailbron : comme l'ennemi y avoit mille hommes de garnison, & qu'il y avoit jetté encore quelque Infanterie, l'on ne se crût pas en état de l'assieger, & on demeura autour de la Place huit ou dix jours pour attendre quelques convois de Philisbourg & de l'argent. Quand ces convois furent arrivés, on avança avec l'armée par la Comté de Hohenloe jusqu'à Suabeschal, à dessein d'y attendre l'hyver, & de prendre des quartiers dans la Suabe, en poussant l'armée de Baviére au delà du Danube. L'armée de l'ennemi se tenoit assez près du Danube au commencement ; mais un peu après elle vint camper à cinq ou six heures de l'armée du Roi, pour empêcher les fourages. On demeura douze ou quinze jours en cette disposition, jusques assez avant dans le mois d'Octobre.

Les Suédois avoient gagné au commencement de la Campagne la bataille de Tabor, & avoient ensuite assiegé Brin. Ils y trouverent une si grande résistance, qu'ils y ruinerent leur armée, & furent contraints de se séparer de Ragotski (1) Prince de Transilvanie, qui étoit venu à leur secours, & avec l'assistance duquel ils n'avoient pû réüssir à la prise de la Place. Le siége de Brin assez proche de Vienne, avoit obligé l'armée de l'Em-

(1) Il se sépara des Suédois, fit la paix avec l'Empereur, & se retira dans la Hongrie, selon Puffendorf, *de rebus Suecicis.*

percur

pereur de couvrir ses pays héréditaires ; mais quand le siége fut levé, l'armée des Suédois se retira vers la Siléfie pour se rafraichir. Ce fut en ce tems que M. de Baviére voyant que l'armée du Roi avançoit vers le commencement de l'hiver en Allemagne, & craignant qu'elle n'y prit ses quartiers, envoya demander du secours à l'Empereur, le menaçant de s'accorder avec le Roi, s'il ne lui envoyoit promptement un renfort confidérable. M. l'Archiduc partit avec fix ou fept mille chevaux & quelques dragons, ne menant point d'Infanterie à caufe de la longueur du chemin, & de la diligence qu'il vouloit faire ; & fe couvrant du Danube qu'il laiffoit à fa main droite, il vint à grandes journées à Donavert.

L'armée du Roi étoit toûjours campée auprès de Suabelchal ; & on apprit par un Officier qui fortoit de prifon, qu'il venoit un Corps confidérable de l'armée de l'Empereur joindre celle de Baviére ; ce qui obligea M. de Turenne de convenir avec M. le Maréchal de Gramont qu'il falloit fe retirer vers le Neckre, & de-là vers le Rhin. Quelques heures après, le même bruit fut confirmé par quelque Cavalerie qui étoit à Dinkefpuhel ; ce qui hâta encore davantage la marche. On décampa quatre heures avant la nuit, cinq ou fix heures après avoir fait partir le bagage ; on marcha par la Comté de Hohenloe vers le Neckre, vis-à-vis de Vimpfen, où l'on avoit laiffé garnifon depuis fa prife ; & quoique la riviere ne fut prefque pas guéable, en une nuit & un jour on paffa avec toute l'armée à la nage, la Cavalerie portant l'Infanterie en croupe : le grand front rompant l'eau, la rendoit moins rapide, quoique profonde. On perdit quelque bagage, mais peu de foldats, & on fe trouva auprés de Vimpfen. Comme on craignit que l'ennemi ne paffât à Heilbron, & ne rencontrât l'armée du Roi dans fa marche, on fe hâta de gagner Philisbourg.

Jean de Wert qui avoit paffé à Heilbron avec un Corps de Cavalerie, n'ofant pas attaquer l'armée, quoiqu'elle marchât avec une affez longue file, elle arriva fous Philisbourg, où elle féjourna deux jours : comme il n'y avoit point encore de batteaux pour faire un pont fur le Rhin, M. de Turenne croyant qu'il n'y avoit que le Corps de Cavalerie de M. de Wert qui eût paffé le Neckre, & que le refte de l'armée de l'Empereur & de Baviére ne s'avanceroit point quand ils fçauroient l'armée du Roi fous Philisbourg, dit à M. le Maréchal de Gramont que l'on pouvoit aller vers Graben, à deux heures de-là, & qu'il efperoit prendre encore fes quartiers fans repaffer le Rhin : M. le Maréchal de Gramont y confentit, ne voulant point faire aucune difficulté fur ce qui faciliteroit les moyens d'hiverner en

e

 Allemagne , & même voûlant toûjours laiſſer à M. de Turenne en s'en retournant , les troupes du Corps de M. le Prince qu'il lui demanderoit :
ainſi on marcha ſans repaſſer le Rhin vers Graben , à deux heures de Philisbourg ; & ayant ſéjourné un jour entier , on apprit vers le ſoir que toute
l'armée de l'ennemi marchoit vers Philisbourg. Comme il n'y avoit que
ce paſſage là pour aller repaſſer le Rhin , on partit à l'entrée de la nuit ;
& comme à la pointe du jour l'arriere-garde de l'armée du Roi approchoit
de Philisbourg , on vit l'avant-garde de l'ennemi arriver dans la plaine , à
une de nie heure de la Place. On reſſerra en même tems toute l'armée entre la Place & le Rhin , & on commença à s'y retrancher.

M. l'Archiduc avec ce Corps de l'Empereur & toute l'armée de Baviére,
ſe campa à une demie heure de la Place , où il demeura deux jours , pendant leſquels on vit venir des batteaux de Spire ; mais n'en ayant pas la
quantité qu'il falloit pour faire un pont , on ne fit paſſer que la Cavalerie
& le bagage à la faveur du retranchement & du canon de la Place ; ce
que voyant l'armée de l'ennemi , il marcha vers Vimpfen , où on avoit laiſſé
M. de Rochepaire avec ſix cens hommes , & le gros canon de l'armée.
M. de Turenne qui étoit demeuré ſous Philisbourg avec toute ſon Infanterie & un peu de Cavalerie , fit faire un pont , ſi tôt que la quantité de batteaux néceſſaire fut venuë , manda promptement à ſa Cavalerie de revenir
à Philisbourg , & ſupplia M. le Maréchal de Gramont , qui étoit allé à Landau , de lui envoyer ce qu'il y avoit de François de Cavalerie ; ce qu'il fit :
mais il ne vint pas plus de cinq cens chevaux de la Cavalerie Allemande ,
une partie ayant refuſé à leurs Officiers de marcher. Ainſi le deſſein ne pût
pas réüſſir : ſans cet accident on eût défait toute l'Infanterie de l'ennemi ,
qui prit Vimpfen en ſept ou huit jours par compoſition , & ſe retira enſuite dans ſes quartiers.

Les deux armées de l'Empereur & de Baviére s'étant ſéparées , M. de
Turenne repaſſa le Rhin ; il ne crût pas à propos de châtier les Régimens
Allemans , tous les corps étant coupables ; & auſſi il eſt certain que quand
il leur envoya l'ordre de revenir ſur le Rhin , il ne les en croyoit pas ſi
éloignés qu'étoit le lieu où ſes ordres les trouverent. M. le Maréchal de
Gramont s'en retourna en France avec toute l'armée de M. le Prince ; &
M. de Turenne ſçachant que l'armée de Flandre étoit fort occupée , & qu'il
n'y avoit point de troupes dans le Luxembourg , réſolut dans le mois de
Novembre d'aller à Treves , ſçachant qu'il y avoit fort peu de garniſon :
n'ayant pas pû mener plus de quinze cens hommes de pied & toute la Ca-

valerie, il écrivit à M. le Cardinal, pour le fupplier de lui envoyer quelques Regimens de l'armée de M. le Prince, qui étoit auprès de Metz ; ce qu'il fit, mais il ne fe trouva pas plus de fept ou huit cens fantafins qui pouvoient marcher. On fit auffi tranfporter par le Hundftruck deux ou trois piéces de canon avec beaucoup de peine. M. de Turenne après avoir fait avertir M. l'Electeur de Tréves qui étoit à Coblentz de fe rendre à Tréves, s'approcha de la Place, & l'ayant invefti du côté de Luxembourg par un Corps de Cavalerie, elle fe rendit la feconde nuit de l'ouverture de la tranchée.

M. de Turenne y remit M. l'Electeur, & y féjourna fept ou huit jours ; il fit faire un réduit auprès du pont où il laiffa cinq cens hommes ; donna des quartiers le long de la Mofelle, & retourna fur le Rhin au Château d'Obervefel, devant lequel il avoit laiffé M. du Tot Maréchal de Camp, après un affez long blocus, ce Château fe rendit ; toute l'armée ayant été diftribuée le long du Rhin & de la Mofelle, & quelque Cavalerie envoyée en Lorraine, M. de Turenne retourna au commencement de Février à la Cour.

M. le Cardinal Mazarin étoit alors maître des affaires : le Roi étoit fort jeune, & la Reine mere avoit une entiere confiance en M. le Cardinal. Comme M. de Turenne étoit fort bien avec lui, il approuvoit prefque tous fes projets de Campagne, & principalement dans une guerre éloignée de la Cour comme celle d'Allemagne. Ainfi il avoit trouvé bon que M. de Turenne concertât avec M. Torftenfon Général des Suédois, que les armées de France & de Suéde fe joigniffent au commencement de la prochaine Campagne, pour remédier aux inconvéniens que l'expérience avoit appris être prefque infaillibles pendant leur féparation. Les deux armées agiffant toûjours féparément, l'une vers les pays héréditaires, & l'autre le long du Rhin, ou dans le Cercle de Suabe ; l'armée de l'Empereur & celle de Baviére étant au milieu, envoyoient des fecours contre celle qui les preffoit le plus, & rendoient prefque infructueux tous les avantages que l'on avoit par des combats : comme le fruit principal que l'on peut tirer des victoires eft de gagner un pays pour avoir des quartiers, & d'augmenter fon armée en diminuant celle de l'ennemi, qui avec un peu de patience fe ruine peu à peu ; on ne pouvoit pas tirer ce fruit, parce que le renfort que les armées ennemies fe renvoyoient mutuellement, faifoit perdre tous ces avantages ; au lieu que l'armée de France & de

Suéde fe joignant , pouvoient fe concerter de maniere à ne fe féparer plus, que fuivant les mouvemens des armées oppofées , & dans une diftance à pouvoir fe rejoindre quand celles des ennemis fe mettroient enfemble. Ainfi M. de Turenne concerta avec M. Torftenfon , que vers le mois de Mai il viendroit avec l'armée Suédoife dans la Heffe , & que l'armée du Roi paffant le Rhin au-deffous de Mayence, fe joindroit vers la Comté de Naffau.

L'incommodité de la goutte & une longue indifpofition , obligerent M. Torftenfon à fe retirer en Suéde , apres avoir acquis , depuis la mort de M. Banier , toute la réputation qu'un grand homme peut avoir par le gain de diverfes batailles , par la ruine d'une grande armée ennemie qu'il réduifit à rien , & par une eftime générale de prudence, de cœur & d'habileté : il laiffa le commandement de l'armée à M. Wrangel , qui ayant paffé une partie de l'hiver à prendre quelques petites Places vers la Weftphalie , fe trouva en Heffe au commencement du Printems.

M. de Turenne demeura fix femaines à la Cour : M. de Bouillon fon frere étoit à Rome, & fes affaires n'étant pas encore ajuftées, M. le Cardinal offrit à M. de Turenne le Duché de Château-Thierri qui devoit entrer dans l'échange de Sedan , en l'affurant que fon acceptation ne nuiroit pas aux affaires de Monfieur fon frere , & que l'on donneroit une autre Terre à fa place ; mais M. de Turenne, perfuadé que cet avantage rallentiroit , s'il n'empêchoit pas la conclufion de l'échange de Sedan , convint avec M. le Cardinal qu'il ne prendroit rien , jufqu'à ce que les affaires de Monfieur fon frere fuffent achevées. Il retourna donc au mois d'Avril fur le Rhin , fit affembler toute l'armée dans le commencement de Mai, & fit defcendre un pont de bateaux auprès de Bacharach , pour aller joindre les Suédois dans la Heffe. Après avoir tout concerté pour cette jonction, M. le Cardinal Mazarin lui envoya un Gentilhomme nommé Saint-Aignan , pour lui dire que M. de Baviére ayant donné affurance à Meffieurs les Plénipotentiaires à Munfter, que fon armée ne joindroit pas celle de l'Empereur , fi celle du Roi ne paffoit pas le Rhin ; le Roi lui commandoit de ne pas traverfer ce fleuve : le même Gentilhomme lui fit entendre que la penfée de la Cour étoit d'affiéger Luxembourg. M. de Turenne croyant que ce feroit la perte entiere des affaires d'Allemagne, fe contenta de ne pas paffer le Rhin, pour ne point contrevenir fi promptement à un ordre exprès , & deux jours après que ce Gentilhomme fut retourné , le pont de bateaux rompit par une grande crue d'eaux.

Pendant qu'on le racommodoit , M. de Turenne apprit que l'armée de l'Empereur & de Baviére s'étant jointes en Franconie , marchoient droit aux Suédois dans la Hesse , & jugea que sa jonction avec eux étoit impossible en passant par le pont de Bacharach. Connoissant qu'il n'avoit point d'autre passage sur le Rhin que dans les villes que Messieurs les Etats de Hollande tenoient , il envoya quelques Régimens d'Infanterie à Mayence où il laissa M. du Passage , partit deux jours après qu'il sçut la marche de l'ennemi , manda à M. le Cardinal par un Sécrétaire la résolution qu'il prenoit , & alla passer la Moselle cinq ou six heures au-dessus de Coblents à gué , & de-là par le pays de Cologne & de Meurs à Rhimberg & ensuite à Wesel , ayant envoyé un Gentil-homme à M. le Prince d'Orange & à Messieurs les Etats pour leur demander le passage.

Il y avoit douze ou quatorze jours de marche d'où il étoit parti jusqu'à Wesel , où il trouva Madame de Longueville qui alloit à Munster ; il marcha deux jours avec l'armée sur la route de cette Princesse , & de-là passant par Lipstadt que les Hessiens tenoient , il envoya avertir M. Wrangel (qui étoient aux frontiéres de la Hesse) du tems qu'il pourroit le joindre. L'armée avoit marché plus d'un mois à fort grandes journées , durant lequel tems celle de l'Empereur & de Baviere ayant approché des Suédois , n'osa pas les attaquer à cause des postes avantageux qu'ils prirent. Il y eût quelques petits combats , mais pas un de considérable ; & M. Wrangel se gouverna avec beaucoup de prudence & de résolution. Comme les armées ennemies sçurent que l'armée de France approchoit , ils se retirerent à cinq ou six heures des Suédois & se camperent auprès de Fridberg , petite ville , dans laquelle ils mirent deux ou trois cens hommes. L'armée du Roi joignit celle des Suédois qui se mirent en bataille à son arrivée. Il y avoit plus de dix mille chevaux & six ou sept mille hommes de pied , & bien soixante piéces de canon. M. de Turenne soupa chez M. Wrangel avec beaucoup de réjouissance , & ayant seulement séjourné un jour à cause du manque de fourage , l'armée du Roi prit l'avant-garde le premier jour , & M. de Turenne donna le mot ; ensuite il le donnoit par écrit pour une semaine & M. Wrangel pour l'autre , se l'envoyant ainsi l'un chez l'autre par quelque ajudant , sans qu'il y eût jamais aucune division : on marcha en deux jours près des ennemis qui étoient campés au lieu que j'ai dit. Ils faisoient alors trois salves , pour le jour , à ce que je crois , de la naissance de l'Empereur , & on voyoit par-là que leur Corps étoit considérable . Ils avoient bien quatorze mille chevaux , dix mille hommes de pied

 & plus de cinquante piéces de canon. On s'approcha à un quart de lieuë d'eux, & on ne jugea pas à propos de les attaquer dans un Camp où ils étoient peu retranchés, mais fort avatageufement poftés.

Après quelque efcarmouche, le jour que l'armée arriva près d'eux, on vint camper fort proche des murailles de Fridberg, où ils avoient trois ou quatre cens hommes de garnifon : comme ceux de la ville tiroient à l'entrée de la nuit fur des foldats qui dans le tems du campement vont querir du bois, je ne doute pas que l'ennemi ne crut que l'on faifoit des approches avec intention d'afliéger la Place dont la prife n'eût été gueres diffi_ cile : mais à l'entrée de la nuit M. de Turenne & M. Wrangel ayant conféré enfemble fur ce qu'il feroit plus avantageux de faire, ils fe débattirent quelque tems fi l'on n'iroit pas par le Bergftras en laiffant Francfort à main gauche, pour tâcher d'arriver à Heilbron devant l'ennemi, & avoir enfuite une entrée dans le pays de Wirtemberg. On jugea enfin que l'ennemi ayant un chemin plus court à faire, y arriveroit avant nous; & qu'ayant toujours le Danube & le bon pays derriere lui, il n'abandonneroit jamais que ce qu'il auroit ruiné. Au contraire l'armée Françoife & Suédoife n'ayant derriere elle que les bords du Rhin qui eft un pays entiérement épuifé, feroient au commencement de l'hiver contraintes de reprendre chacune fes anciens quartiers, & de laiffer à l'armée de l'Empereur & de Baviere les leurs qui étoient outre les pays héréditaires, les Cercles de Suabe, de Franconie & la Baviere qui font des pays fans comparaifon meilleurs que les bords du Rhin, le pays de Turinge & de Brunfwic, où les armées Françoife & Suédoife avoient accoutumé de fe retirer. Cette différence donne des avantages pour la prochaine Campagne, parceque les foldats viennent chercher les armées qui font dans les bons pays, & que l'on y rétablit facilement ceux que l'on a. Après avoir été quelque tems en fufpens, il fut réfolu que l'on envoiroit mille chevaux avec cinq cens dragons pour fe faifir du pofte de Bonnameis qui eft un petit bourg à deux heures de Francfort fur la petite riviere de Nid, laquelle étant paffée fans que l'ennemi s'y oppofât, on pourroit enfuite arriver auffi-tôt qu'eux à la riviere du Mein, ou les combattre en chemin s'ils prenoient cette marche,

Les troupes étant arrivées à Bonnameis, & n'y trouvant que quelques dragons qui défendoient le paffage, s'en faifirent & du bourg. Un Corps de Cavalerie de l'ennemi que commandoit M. de Wert étant arrivé un peu tard, & voyant le pofte pris, fit alte affez proche de-là. Les armées jointes marcherent le lendemain trois heures devant le jour : celle du Roi avoit l'avant-garde, & ayant cotoyé dans la nuit & dans le commencement du jour celle de l'ennemi, on ne leur vit prendre d'autre résolution que de se mettre sous les armes. On a un peu blâmé M. l'Archiduc d'avoir été trop long à prendre parti, ce qui lui coûta bien cher : car pendant qu'il faisoit alte dans son camp, l'armée marchoit toujours ; & ayant trouvé le poste de Bonnameis occupé par ceux que l'on avoit envoyé devant, on fit promptement raccomoder le passage, & M. de Wert qui s'étoit avancé pour s'en saisir, commença à se retirer vers le gros de l'armée ennemie.

Cependant on passa quoiqu'avec beaucoup de difficulté en divers endroits, & M. Konigsmarc ayant trouvé un passage à main gauche que l'armée Françoise avoit laissé, pour pouvoir passer par un plus grand front, renversa plusieurs troupes de M. de Wert qui se retiroient. Comme il n'étoit que deux heures après midi, quoique l'on eût bien fait six heures de chemin avec une grande armée & un très grand bagage, on marcha encore trois heures ce jour-là, toujours en intention de couper à l'ennemi le chemin du Mein ; ce qui réussit par la lenteur à se résoudre : de sorte que le soir on arriva entre Francfort & Hanau en un lieu qui ôtoit le moyen à l'ennemi de pouvoir se retirer vers le Mein sans combattre.

L'armée étant partie deux heures devant le jour au mois d'Août, avoit fait neuf heures de chemin. Comme on avoit commandé au bagage de prendre tout à fait la main droite, & qu'il étoit couvert, on ne s'en mit pas beaucoup en peine & il arriva le lendemain. Ainsi les ennemis avec toutes les forces de l'Empire se virent en un jour hors d'état de pouvoir plus aller ni en Franconie, ni en Suabe, ni en Baviere, ayant toute l'armée confédérée entre eux & ces Pays-là. Mais comme on craignoit qu'à la faveur d'une petite riviere qui coule vers Hanau, ils ne pussent encore marcher vers Afchaffembourg qui est sur le Mein ; on partit le lendemain avant le jour avec une partie de l'armée, commandant au reste de suivre, quoique fort affoiblie par la marche du jour précédent, & l'on arriva à une petite ville sur ce ruisseau. Les ennemis y avoient mis quelques gens & le lieu étant assez proche du derriere de leur Camp, il y avoit apparence qu'ils alloient marcher pour gagner Afchaffembourg : mais comme ils virent l'armée ennemie passer de grand matin, ils firent alte dans leur Camp, leur bagage attelé, retirerent leurs troupes de cette petite ville & défendirent le ruisseau sur lequel elle est située avec quelques gens commandés.

L'armée Françoise & Suédoise arriva toute sur le midi auprès de ce ruisseau, & ayant fait venir du canon & fait retirer un escadron Impérial qui

 le fouffrit avec un patience incroyable, l'ennemi demeura de nouveau
dans fon Camp. Les chofes avoient ainfi entiérement changé de face dans
une feule journée. Comme il y avoit un p.tit bois qui couvroit une partie
du Camp des Impériaux, on ne voyoit pas bien leurs mouvemens : auffi-
tôt qu'ils virent qu'on leur avoit pris le devant, ils firent marcher leur
bagage vers Fridberg & fuivirent à l'entrée de la nuit le même chemin
tirant vers la Heffe, dans le deffein apparemment, s'ils avoient été pour-
fuivis, d'aller vers la Weftphalie ou vers Cologne. On balança quelque
tems quel parti on prendroit de les fuivre ou de profiter de l'occafion de
prendre des poftes confidérables dans les Cercles de Franconie, de Suabe
& de Baviere. Il eft certain que fuivant le premier parti on les auroit ramené auprès de Cologne avec quelque perte dans leur retraitte : mais
comme l'Empereur & M. de Baviere avoient le tems d'envoyer des ordres
dans les Pays que je viens de dire, & qu'il n'y avoit point de tems à perdre,
les affaires étant changées en un quart-d'heure, on réfolut de marcher vers
le Mein.

M. de Turenne fit joindre M. du Paffage qu'il avoit laiffé vers Mayence,
quand il prit ce grand tour par Wefel avec deux mille hommes & marcha
à Afchaffembourg, qui eft un beau paffage fur le Mein, dans lequel il y
avoit deux cens hommes qui fe rendirent incontinent. Après avoir paffé le
Mein, l'armée Françoife prit la droite, & la Suédoife la gauche marchant
à huit ou dix lieues l'une de l'autre. La premiere affiégea Schorendorf
qu'elle prit en trois jours & alla à Lawingen fur le Danube, que perfonne
ne gardoit : l'autre prit Nordlinghen, marcha à Donawert où elle paffa
le Danube comme la Françoife à Lawinghen, y ayant des ponts dans ces
deux lieux, & trouvant des vivres abondamment par tout. Les Suédois
laifferent garnifon dans Nordlinghen & lesFrançois dans Schorendorf & dans
Lawinghen, en paffant & fans féjourner. Les Suédois traverferent le Lech
fur le pont de Rain qui n'eft qu'à trois ou quatre lieues de Donawert &
inveftirent la Place dans laquelle M. de Baviere avoit mis douze ou quinze
cens hommes de milice, qu'on appelle chaffeurs parcequ'ils ont une ca-
faque verte.

M. de Turenne fçachant qu'il n'y avoit perfonne dans Ausbourg, envoya M. de Beauveau avec cinq cens chevaux pour parler à ceux de la
ville, ayant paffé lui-même à Lawinghen avec l'armée. Ceux d'Ausbourg
firent entrer M. de Beauvau, laiffant les Cavaliers à la porte & commencerent à parler de la compofition pour fe mettre entre les mains des
François

François & des Suédois. Dans ce tems M. Wrangel, qui avoit commencé les **AN. 1646.** approches de Rain & avoit trouvé de la réfiftance, comme il arrive ordinairement les premiers jours quand on a affaire à des milices, envoya prier M. de Turenne d'y marcher promptement, lequel croyant que ceux d'Ausbourg tireroient peut-être la négociation en longueur, tandis qu'une des deux armées étoit engagée au fiége de Rain, s'y en alla en diligence, & fit revenir M. de Beauvau : comme la tranchée des Suédois étoit ouverte depuis trois ou quatre jours, il en ouvrit une le foir qu'il arriva : la feconde ou troifième nuit, fe trouvant tout proche d'un baftion, ceux de dedans ayant battu la chamade de fon côté qui étoit le plus avancé, la garnifon fortit au nombre de près de deux mille hommes qui avoient beaucoup tiré & s'étoient fort mal défendus.

M. Wrangel parla fouvent dans le tems du fiége de Rain avec M. de Turenne fur celui qui mettroit un Gouverneur dans Ausbourg : il étoit d'accord de partager la garnifon ; mais il ajouta que le feu Roi de Suéde ayant tenu cette Place, il reftoit quelques droits aux Suédois pour y commander plus qu'au Roi. Je crois que la penfée que les François s'en rendant les maîtres voudroient y mettre quelqu'un pour y commander, fut une des principales raifons qui obligea M. Wrangel à preffer tant M. de Turenne de venir à Rain : néanmoins il n'y eût jamais de conteftation aigre entre M. de Turenne & M. Wrangel ; & je penfe que l'affaire eût été réglée de cette façon, que l'on eût tiré au fort à qui mettroit un Gouverneur dans la Place : Mais comme la ville de Rain fût renduë, où les Suédois mirent garnifon, on apprit que Royer étant parti de Memmingen étoit entré avec douze ou quinze cens hommes dans Ausbourg : on ne laiffa pas d'y marcher pour voir fi l'on ne pût l'inveftir dans les fept ou huit jours de tems qu'il falloit, avant que les armées Impériale & Bavaroife puffent entrer dans la Baviere, ayant pris le tour par la Turinge (1) & par le haut Palatinat. On repaffa le Lech, on prit fes quartiers auprès d'Ausbourg, & l'on ouvrit deux tranchées du côté des François & une des Suédois : on trouva que le foffé étoit fort large & fort profond, & les difficultés à paffer étoient d'autant plus grandes qu'on manquoit de toutes les chofes néceffaires, comme il arrive dans une armée de campagne. On n'avoit pas perdu plus de cinq ou fix cens hommes, & l'on étoit déja fur le bord du foffé, quand on apprit que les armées Impériale & Bavaroife étoient à deux

_____

(1) Puffendorf dit par la Franconie, la Turinge paroît un grand détour pour une armée qui étoit preffée.

f

heures de-là : on avoit fçu tous les jours les journées qu'elles faifoient, & leur marche avoit été moins rapide qu'elle ne dût l'être : on réfolut de ne quitter le fiége qu'à la derniere extrêmité. On voyoit bien que fi l'armée ennemie s'approchoit de la riviere, qu'on ne pourroit pas garder les poftes entre la riviere & la ville, & qu'ainfi la Place feroit fecourue : mais comme on efpere toujours qu'un ennemi ne fera pas tout ce qu'il peut, on vouloit attendre qu'il prît la refolution de marcher jufques-là avant que de lever le fiége. On fit brûler beaucoup de villages pour l'empêcher d'approcher, de peur de manquer de fourage. Le même jour que les armées Impériale & Bavaroife arriverent, M. de Turenne & M. Wrangel pafferent l'eau de leur côté avec deux mille chevaux & de l'Infanterie derriere pour efcarmoucher les Impériaux dans la plaine & les empêcher d'approcher de la riviere : dans l'efpérance que cet expédient réüffiroit, on fit retrancher le Régiment de Turenne au-delà de l'eau, qui en dix heures fit un fort fur lequel on mit du canon. Les ennemis ayant repouflé quelques unes de nos troupes qui étoient dans le bois à la tête du fort, n'oferent l'attaquer : mais la nuit s'approchant, ils s'étendirent pour fe camper tout le long de la riviere où l'efpace étoit fi étroit que l'on n'y pouvoit demeurer de l'autre côté entre ladite riviere & la ville, que dans une tranchée ; c'eft ce que l'on avoit fait quand il n'y avoit point d'armée ennemie : mais lorfqu'elle fut arrivée fur les bords du Lech, on ne pouvoit plus y refter à caufe des deux feux de l'ennemi & de la Place, ni même défendre le paffage de la riviere ni la tranchée.

Au commencement de la nuit, on retira ce qui étoit dans cette tranchée, & on mit toute l'armée enfemble entre le quartier des Suédois & des François. On retira le canon des batteries, & ayant envoyé le bagage avec les bleffés & le gros canon à la pointe du jour dans une plaine à une heure d'Ausbourg, on lui commanda d'y faire alte ; on commença à marcher à deux heures de foleil ; les ennemis entrant en même tems dans la ville par le côté de la riviere qui étoit guéable & que l'on avoit abandonné : il ne s'y pafla rien de confidérable. Quand on fe fut retiré à une heure de la ville, on fe mit en bataille & on tira deux coups de canon pour montrer que l'on étoit réfolu à combattre, fi l'ennemi vouloit s'avancer. Ce ftratagême eft plus utile pour encourager le commun des foldats, que pour les gens plus éclairés, qui fçavent bien que quand une armée déloge avec beaucoup de canon & de bagage de devant une Place, & qu'elle paffe de grandes campagnes, l'on peut la combattre avantageufement. Après avoir demeuré tout le jour en ce lieu-là, on alla camper à deux heures d'Ausbourg, & le lendemain après avoir fait marcher le bagage, on alla à une heure & demie de Lawingen, où on résolut de camper pour faire fortifier la Place : en effet, les François & les Suédois entreprirent de faire chacun quatre Ravelins autour de la ville, qui est dans une très belle assiéte, & qui n'a que des murailles sans rampart, mais un pont sur le Danube : on y envoya deux ou trois mille hommes y travailler tous les jours, qui mirent en douze ou quinze jours tous ces ravelins en défense ; & M. de Turenne mit dans la Place le sieur de Grotius avec huit cens hommes de son armée.

Dans ce tems-là l'armée de l'Empereur & de Baviere commandée par M. l'Archiduc étoit entre Ausbourg & Landsberg, où M. de Baviere envoya beaucoup de chevaux pour remonter les cavaliers ; des armes, des souliers & des habits à l'Infanterie. Les deux armées s'avancerent au commencement de Novembre vers Memminghen avec intention de s'approcher d'Ulm, & d'en tirer des vivres à la faveur des Places d'Heilbron, de Tubingen & d'Ausbourg qu'ils tenoient dans la Suabe & dans le pays de Wirtemberg ; & ayant une armée plus forte que celle des François & Suédois, ils espéroient de s'approcher de nous qui avions consommé tous nos fourages auprès de Lawinghen, & de nous faire retirer jusques dans la Franconie, leur laissant tous les quartiers de la Suabe, Lawinghen, Rain, Schorendorf & Nordlingen tellement abandonnés, que dans l'hiver ils s'en seroient rendus maîtres sans faire de siéges : de cette maniere toute la Campagne auroit été renduë inutile, au commencement de l'hiver qui est le tems qui décide en Allemagne, parcequ'il rend maître d'un pays à la faveur duquel l'on peut raccommoder & refaire une armée.

M. de Turenne & M. Wrangel prévoyant bien que de la résolution qu'ils prendroient, dépendoit le bon ou mauvais succès des affaires d'Allemagne, résolurent, quoique l'armée fut fort diminuée par les fatigues & la perte des chevaux, le manque d'armes & d'habits dans l'Infanterie, & malgré les neiges & les mauvais chemins, de marcher à l'ennemi auprès de Memmingen pour le combattre, ou pour voir en présence quel parti ils devoient prendre. Dans cette vûë on délogea d'auprès de Lawingen & contre l'opinion de la plûpart des Officiers & la croyance de toute l'armée qui s'imaginoit qu'on retourneroit dans la Suabe & de-là en Franconie : on fit une petite journée en avant, & le lendemain on s'approcha à une heure de l'ennemi qui demeura dans son poste. Comme il avoit de grands défilés & des marais devant lui, on ne crut pas devoir l'attaquer & l'on marcha vers

 Landsberg & la Baviere. M. de Turenne & M. Wrangel laiſſerent tout un-
jour deux mille chevaux devant l'ennemi pour couvrir leur marche & pour
leur perſuader qu'on alloit l'attaquer, & par-là l'empêcher de troubler notre paſſage. On aſſûre que rien n'a jamais tant aigri ni tant excité M. de
Baviere à faire la paix, que de voir l'armée des Confédérés au commencement de l'hiver envoyer des partis aux portes de Munick, & de n'avoir
point de nouvelles des armées de l'Empereur & de la ſienne, pour qui il
avoit fait de ſi grandes dépenſes, & qu'il croyoit, comme il étoit vrai,
beaucoup ſupérieure à la nôtre.

On cotoya une partie du jour l'armée de l'ennemi, & ayant envoyé le
bagage vers le Lech, on marcha enſuite en grande diligence juſques auprès
de Landsberg, où l'on trouva le pont des ennemis qui n'étoit pas rompu.
On fit paſſer deſſus quelques troupes à la hâte, & ayant ſçu qu'il n'y avoit
que cent chevaux dans Landsberg, qui eſt une fort mauvaiſe Place, & que
l'ennemi y avoit tous ſes vivres, on la fit ſommer & on l'obligea à ſe
rendre : ſans perdre de tems on fit paſſer pendant la nuit & le jour ſuivant
toute l'armée ſur le pont que les ennemis avoient laiſſé, & on envoya
trois mille chevaux aux portes de Munich, où étoit M. de Baviere qui
n'avoit plus aucune communication avec ſon armée.

Les ennemis s'étant apperçu aſſez tard que l'on marchoit vers le Lech,
voulurent ſuivre ; mais ils apprirent que l'on avoit paſſé la riviere & que
Landsberg étoit pris. Ils furent bien embaraſſés à prendre une réſolution :
à la fin ils s'approcherent d'Ausbourg, & enſuite faute de vivres & de
fourages ils ſe retirerent dans la Baviere, & les armées Françoiſe & Suédoiſe ſéjournerent auprès de Landsberg près de cinq ſemaines.

M. de Baviere ne voulut pas voir M. l'Archiduc qui marcha vers Ratis-
bonne avec l'armée de l'Empereur, & laiſſa l'armée de Baviere dans ſon
pays. L'Electeur irrité prit alors la réſolution de faire la paix, & de laiſſer aux
Confédérés tout l'Empire, pourvû qu'il conſervât ſes Etats. Cette réſolution
à laquelle la néceſſité l'avoit réduit, eût eù un grand ſuccès ſans les meſures
que les affaires de Flandre obligerent M. le Cardinal Mazarin de prendre,
à quoi ſe mêlerent auſſi beaucoup de cabales de Religieux du côté de Rome, ſous prétexte que la ruine de la Maiſon d'Autriche étoit celle de la
Religion Catholique en Allemagne ; ce qui n'étoit pourtant qu'une fauſſe
couleur : car le Roi eût maintenu les Catholiques en Allemagne de même
que la Maiſon d'Autriche, eût empêché les Suédois de faire aucun changement dans les conſtitutions de l'Empire, & auroit accordé aux Proteſtans
les mêmes libertés dont la Maiſon d'Autriche les laiſſoit joüir.

L'armée quitta enfin Landsberg, & se rapprocha de Memmingen, avec intention de vivre de ce côté du Danube autant que l'on pourroit, afin qu'il restât assez de pays au delà pour y demeurer jusqu'au Printems. Cependant M. de Turenne fit prendre par M. d'Hocquincourt le Château de Tubingen ; & ayant appris que les ennemis avoient quelque Corps près de Rain, M. Wrangel & lui y allerent avec cinq ou six mille chevaux, & défirent sept ou huit cens de l'ennemi. M Wrangel s'avança aussi près de Lindau qu'il ne trouva pas à propos d'assieger.

Dans ce tems-là M. de Baviére ayant fait proposer à Munster le dessein qu'il avoit de s'acommoder avec les Couronnes confédérées, M. de Croissi vint trouver M. de Turenne ; & le lieu d'Ulm ayant été choisi pour le traitté, M. de Bauschemberg Géneral de l'artillerie, y vint de la part de M. de Baviére, & M. de Traci & M. de Croissi de la part du Roi. Les armées demeurerent quelque tems assez proche du lieu des conférences ; à la fin il fut conclu que M. de Baviére mettroit (1) Heilbron entre les mains du Roi, & Memmingen entre les mains des Suédois, & promettoit de se séparer entiérement des interéts de l'Empereur, de ne le point assister de ses troupes, de donner passages & vivres à celles du Roi pour aller dans les pays héréditaires.

En ce tems-là, l'Empereur se trouvoit avec quatre ou cinq mille hommes de pied & cinq ou six mille chevaux : les armées Françoise & Suédoise au contraire, montoient à treize ou quatorze mille hommes de pied, & à vingt mille chevaux, après avoir été racommodées. Le cœur de l'hiver & la grande distance qu'il y a de la Suabe dans les pays héréditaires empêcherent qu'on ne pût se servir qu'au printems de cet avantage.

Après que la paix fut faite avec M. de Baviére, l'armée du Roi se mit en quartier, dans les pays qui lui tomberent en partage des conquêtes qu'elle avoit faites la Campagne précédente avec les Suédois. Comme l'armée de l'Empereur se trouva fort affoiblie par la séparation de celle de Baviére, elle se retira dans les pays héréditaires, non pas tant pour se rafraîchir que pour s'éloigner des Confédérés.

Cette foiblesse des ennemis engagea la Cour à retirer l'armée d'Allemagne, ayant été sollicitée par les partisans de Baviére, qui suggeroient que la continuation de la guerre contre l'Empereur alloit entiérement à la ruine de la Religion Catholique ; que les Suédois seuls profiteroient de cette

____

(1) L'Historien du Vicomte a crû devoir suivre ici les articles du traitté d'Ulm, cités dans le Recueil des traittés & négociations.

 décadence de l'Empire ; que le Roi retirant fon armée, on laifferoit les
chofes dans un équilibre que la France devoit fouhaiter ; de forte que ni
la Maifon d'Autriche ni les Suédois ne feroient les maitres ; & que M. de
Baviére les voyant affoiblir tous deux, & confervant fon armée, feroit
toûjours pancher la balance du côté que la France fouhaiteroit. Le befoin
que le Roi avoit de troupes en Flandre, à caufe du grand Corps qu'on avoit
envoyé fous M. le Prince en Catalogne, obligeoit auffi à prendre ce parti.
M. de Turenne avoit remontré au contraire par divers Envoyés, que la
perte de la Maifon d'Autriche étoit prefque fûre par la réünion des armées de France & de Suéde, & par la féparation de celle de Baviére, qui
avoit laiffé l'armée de l'Empereur prefque réduite à rien : qu'on remédie-
roit bien à la crainte que la France avoit de rendre les Suédois trop puif-
fans, par le partage qu'on feroit des conquétes ; que la France tenant une
partie de l'Allemagne, & confervant l'amitié de M. de Baviére, fe rendroit
arbitre des affaires en Allemagne ; que fi on en fortoit avec l'armée, on
laifferoit M. de Baviére maitre des affaires, & en état de fe tourner contre
les Suédois quand il voudroit.

Malgré toutes ces raifons, M. de Turenne eut ordre de marcher en Flandre ; il avoit bien prévû que la Cavalerie Allemande feroit difficulté de le
fuivre, à caufe de cinq ou fix montres (1) qui étoient dûës. Ce qu'il
avoit repréfenté à la Cour, qui ne fe trouvant point en état de donner
aucune fomme confidérable, promit feulement une montre, laquelle même
à caufe de la difficulté que firent les Marchands d'accepter les lettres de
change, ne fut pas prête au tems que l'armée devoit marcher : M. de Turenne pour y remédier, envoya la Cavalerie dans des bons quartiers, leur
diftribua tout le pays, les traitta le mieux qu'il lui fut poffible, & s'en alla
avec l'Infanterie Françoife prendre Hoeft & Stenheim & d'autres petites
Places qui affuroient fes conquétes le long du Rhin : après quoi il reçut
un ordre exprès de ne point perdre de tems pour marcher en Flandre. M.
de Turenne avoit crû que les principaux Officiers de la Cavalerie Allemande devoient être contens, ayant fait M. de Flextein Général Major,
donné le Gouvernement de Schorendof à M. de Roufmaorns, & obtenu à
la Cour pour M. Rofen, qui étoit forti depuis peu de prifon, la charge
de Lieutenant Général de la Cavalerie qu'avoit M. Doubatel. L'armée eut
rendez-vous à Philisbourg, où elle paffa le Rhin fans faire aucune difficulté ; & on marcha entre Strasbourg & Saverne, où M. Rofen qui n'avoit

(1) Montre fignifie un *mois de paye.*

bougé de chez lui depuis fa fortie de prifon, vint trouver M. de Turenne. **An. 1647.**

Le repos que la Cavalerie avoit eu dans fes quartiers, le voifinage de la maifon de M. Rofen où les Officiers alloient de tems en tems, & l'éloignement de M. de Turenne qui ne pouvoit pas y avoir l'œil, firent faire à beaucoup d'Officiers force raifonnemens contre le voyage de France : M. Rofen y portoit auffi les efprits, non pas peut-être qu'il fouhaitât une entiére mutinerie, mais afin que la grande difficulté que les Allemans feroient de marcher en Flandre, obligeât la Cour ou à leur payer les montres dües, ou à les laiffer en Allemagne. Le lendemain que M. Rofen fut arrivé, on donna ordre à tous les Régimens de paffer la montagne de Saverne ; & M. de Turenne ayant M. Rofen avec lui, apprit en approchant de Saverne que le vieux Régiment de Rofen ne vouloit pas marcher : il y envoya M. Rofen, dont il n'avoit aucun foupçon, & enfuite il y alla lui-même ; & n'ayant rien pû obtenir d'eux, il paffa la montagne avec l'Infanterie, & envoya ordre à toute la Cavalerie de marcher, perfuadé que s'il s'arrétoit pour la mutinerie de ce Régiment, ce retardement donneroit lieu aux autres d'en faire de même. Il ne paffa de la Cavalerie Allemande que le Régiment de Turenne : le vieux Régiment de Rofen ayant envoyé auffi-tôt aux autres Régimens Allemans, ils fe joignirent tous à lui en deux heures. Le lendemain, les principaux Officiers de l'armée vinrent trouver M. de Turenne, & demanderent toutes les montres dües : il leur fit connoître qu'il étoit impoffible qu'ils puffent toucher de l'argent avant que d'entrer en Campagne ; mais s'ils marchoient, il leur promettoit de tirer toutes les affurances de la Cour pour leur entier payement. Ils s'en retournerent avec cette réponfe. Le lendemain, il envoya M. Rofen & M. de Traci pour leur repréfenter le préjudice que leur réfiftance apporteroit aux affaires du Roi, & même au payement de leurs montres, s'ils laiffoient paffer la Campagne fans rendre aucun fervice à la France.

Quand Meffieurs Rofen & Traci furent arrivés auprès de la Cavalerie, les Officiers d'entr'eux qui avoient été les plus liés avec M. Rofen, lui remontrerent que l'affaire étoit à un point, qu'il n'y avoit plus d'accommodement à efperer ; & que s'il ne prenoit le parti de fe mettre à leur tête qu'ils en choifiroient quelqu'autre, & qu'ainfi il demeureroit parmi les François fans aucune confidération : M. Rofen prit le parti de demeurer avec eux, difant que les troupes le retenoient par force ; mais M. de Traci vint retrouver M. de Turenne, qui ayant vû partir la même nuit le bagage de M. Rofen pour aller joindre la Cavalerie révoltée, ne douta plus qu'il ne fut de concert avec les Allemans. Le lendemain sa maniere d'agir en envoyant des ordres par tout le pays, & en se faisant reconnoître des troupes comme Géneral, fit voir bien clairement son dessein. Il envoya quérir des batteaux à Strasbourg que les habitans lui accorderent, à cause des menaces qu'il leur fit de brûler tous leurs villages s'ils les lui refusoient ; il marcha ensuite pour repasser le Rhin. M. de Turenne ayant appris ses démarches, fit neuf lieuës d'Allemagne en un jour, avec trois mille hommes de pied & les quatre Régimens de Cavalerie Françoise, & le sien Allemand, & arriva tout auprès de cette Cavalerie qui commençoit à passer le Rhin. Fort étonnés de la promptitude de sa marche, & de le voir si près d'eux, ils envoyerent des Officiers députés, qui dirent que si on laissoit la Cavalerie repasser le Rhin comme ils l'avoient promis, qu'ensuite ils feroient tout ce que M. de Turenne leur commanderoit : il fut quelque tems en doute s'il les chargeroit ou leur permettroit de repasser le Rhin ; ils étoient en telle confusion qu'il n'y avoit rien à craindre à prendre le premier parti : le procédé même de M. Rosen, que M. de Turenne avoit toûjours traitté si favorablement, méritoit un juste ressentiment; mais la promesse que la Cavalerie faisoit de retourner au service du Roi, & l'éloignement qu'avoit M. de Turenne de vouloir prendre une vengeance particuliére, lui firent consentir à permettre que les mutins repassassent le Rhin ; après quoi ils se séparerent en diverses caballes. M. Rosen n'étant plus leur maître, une partie des Officiers voulut revenir servir le Roi ; mais les cavaliers ne voulant plus les suivre, & craignant le châtiment, élûrent des cavaliers pour les commander, & ne reconnurent plus leurs Officiers.

Pendant ce tems là, la Campagne s'avançant en Flandre, M. de Turenne y envoya les quatre Régimens François de Cavalerie qui lui restoient, & s'en alla avec douze ou quinze personnes avec lui, au lieu où étoient les Allemans, jugeant bien que dans la confusion où ils étoient, personne n'auroit assez de crédit pour lui faire un déplaisir. Il passa le pont de Strasbourg, & s'en alla au quartier de M. Rosen, où étoient logés quatre Régimens de Cavalerie ; M. Rosen vint au devant de lui avec beaucoup d'Officiers, fort embarassés au commencement. M. de Turenne alla dîner avec lui dans une hôtellerie au bout du pont de Strasbourg, dans le dessein de le mener promptement en deça du pont, & ainsi se saisir de lui ; mais le nombre d'Officiers qui étoient avec M. Rosen ayant empêché M. de Turenne d'exécuter ce dessein, il résolut d'aller coucher au quartier

de

de M. Rofen, & d'attendre un tems plus propre. Les Régimens qui étoient AN. 1647. au quartier de M. Rofen fçachant la venuë de M. de Turenne, monterent à cheval, & fe retirerent avec une grande confufion ; mais ayant été affurés que M. de Turenne venoit coucher dans leurs quartiers fans aucunes troupes avec lui, ils revinrent vers le foir. M. de Turenne foupa chez M. Rofen, avec quantité d'Officiers ; & dans la bonne chere & le vin toutes chofes furent oubliées en apparence. Quoique les cavaliers fuffent dans les quartiers avec les Officiers, ils ne laiffoient pas néanmoins d'avoir des Députés (c'eft ainfi qu'ils les appelloient) choifis d'entr'eux pour les commander ; & les Officiers n'avoient plus de part aux réfolutions qu'ils prenoient. On avertit M. de Turenne à minuit que les Cavaliers vouloient marcher vers le Marquifat de Baden, pour s'éloigner davantage du pont de Strasbourg. Refolu de s'en aller avec eux, il marcha avec tous les Officiers à la tête des efcadrons, & envoya les quartiers maîtres au logement avec la garde, n'y ayant aucun Officier qui eut du crédit ; ce qui eût parû aux perfonnes qui n'en fçavoient pas le fond, une chofe contrefaite à plaifir, pour diffimuler quelque intention contraire à ce qui paroiffoit.

On marcha deux jours de cette façon ; & le troifième comme on penfoit féjourner, toute la Cavalerie fe trouva à neuf heures du matin au quartier géneral : ils envoyerent des Députés à M. de Turenne, pour lui demander les montres dûës : il monta à cheval, s'en alla les trouver, & leur dit à la tête des efcadrons, que de demander un argent comptant, c'étoit demander l'impoffible, & qu'en repaffant le Rhin ils iroient au devant de leur payement : ils demanderent à M. de Turenne s'il leur en répondoit ; lui ne voulant s'engager à rien qu'à ce qui pouvoit être exécuté, ne leur donna d'autre parole que de payer la montre qui étoit prête, & de faire ce qu'il pourroit afin qu'ils fuffent payés du refte. Après cette réponfe ils firent femblant de vouloir fe faifir de la perfonne de M. de Turenne, lequel voyant bien la chofe être hors d'apparence, demeura avec eux, & leur commanda de fe retirer dans leurs quartiers d'où ils étoient partis le matin. M. Rofen qui étoit toûjours avec M. de Turenne, perdoit tous les jours fon crédit auprès de tous les Officiers principaux de ce Corps : comme on ne s'adreffoit plus à lui pour aucun commandement, il en fut beaucoup choqué, & tâcha de perfuader à M. de Turenne de fe retirer à Stolhoffen, lui repréfentant le peu de fûreté qu'il y avoit pour lui, & qu'il envoyeroit de-là fes ordres avec la même autorité qu'étant préfent. M. de Turenne ne voulut point s'éloigner des troupes, & logeoit toûjours chez

AN. 1647. M. Rosen n'ayant aucun équipage, mais seulement quatre personnes avec lui, afin d'ôter tout soupçon : mais aussi M. Rosen n'avoit pas un si grand crédit qu'il ne fut aisé de voir que les troupes ne prendroient pas son parti quand il seroit arrêté.

On arriva à huit lieuës de Philisbourg, dans une petite ville nommée Etlingen, où un Régiment d'Infanterie des mutins faisoit la garde : M. de Turenne fit venir la nuit cent mousquetaires de Philisbourg, leur commanda de se trouver à la pointe du jour à l'ouverture de la porte, s'y en alla lui-même, personne n'étant levé dans le quartier, en laissa cinquante à la porte, ordonna à la garde de poser les armes, & envoya les cinquante autres chez M. Rosen ; après l'avoir fait lever, il le fit marcher à l'instant à Philisbourg, le faisant embarquer sur le Rhin à deux lieuës du quartier. Il envoya quérir en même tems tous les Officiers qui commandoient les Régimens de Cavalerie, à qui il dit qu'il avoit fait arrêter M. Rosen, & leur commanda de ne le plus reconnoître. Il trouva une parfaite obéïssance dans tous les Officiers, qui promirent qu'ils feroient ce que M. de Turenne leur commanderoit. La même mutinerie demeura cependant parmi les Cavaliers ; mais depuis la prise de M. Rosen, il ne leur resta personne pour les commander : tous les Officiers jusqu'aux Caporaux demeurerent auprès de M. de Turenne ; deux Régimens même rentrerent dans le devoir, & ne voulurent point suivre les autres, qui marcherent vers la Franconie, ayant élû des Chefs parmi les mutinés.

M. de Turenne les suivit avec tous les Officiers, & avec quelques escadrons ; & au bout de deux jours il les atteignit dans la vallée du Tauber : comme c'étoit un pays serré, il ne craignit point de les approcher, quoiqu'ils fussent en beaucoup plus grand nombre ; eux qui croyoient qu'il n'osât les attaquer, commencerent à défiler pour gagner une montagne. M. de Turenne les ayant vû, fit charger leur arriere-garde : les autres qui étoient engagés dans le passage voulurent rebrousser en diligence ; mais on les mit en telle confusion qu'on les rompit entiérement : M. de Turenne pensa être pris à une premiere charge qu'il avoit faite avec quinze ou vingt chevaux : on tua deux ou trois cens hommes, & on en prit autant de prisonniers : ce qui étoit engagé par delà le passage s'en alla en diligence à la rivière du Mein, & une partie de ce débris, hors quatre Régimens, joignit quelque tems après les Suédois.

Comme la campagne n'étoit pas achevée en Flandre, où M. de Turenne avoit envoyé la Cavalerie qui lui restoit après la mutinerie des Allemans,

Il racommoda avec ce débris tous les Régimens, hors deux, mit des Officiers dans toutes les Compagnies, & leur donna des Cavaliers qui avoient été pris, ou qui s'étoient venu rendre après le combat des mutinés. Il marcha ensuite dans le Luxembourg avec son Infanterie & ces Régimens racommodés ; mais il reçut ordre de la Cour de ne pas passer outre, & d'y faire seulement une diversion, en prenant quelques méchans Châteaux ; ce qu'il fit, & obligea M. Bec de se séparer de l'armée de Flandre, avec un Corps de quatre ou cinq mille hommes.

L'hiver approchant, & ôtant tout moyen aux uns & aux autres de rien faire dans ce canton, M de Turenne apprit que les choses étoient bien changées en Allemagne, & que M. de Bavière voyant l'Empereur pressé par les Suédois, avoit rompu le traitté fait avec les deux Couronnes, & avoit envoyé son armée joindre celle de l'Empereur, poussé les Suédois jusques dans le pays de Brunswick, regagné beaucoup de pays que l'on avoit conquis quand les armées de France & de Suéde se joignirent l'année d'auparavant. Cette nouvelle obligea la Cour de lui envoyer des ordres de retourner en Allemagne. Ayant appris sur sa route que la garnison de Frankendal assiegeoit Wormes, il envoya un Corps de Cavalerie qui en fit lever le siége, & marcha vers Mayence, & prit dans sa marche le Château de Falkstein : il fit faire un pont sur le Rhin auprès d'Oppenheim, & demeura dans le pays de Darmstat bien avant dans le mois de Janvier, en attendant que les Suédois fussent en état de marcher ; mais l'état de leur armée ne le permettant pas, & ayant besoin de quelque tems pour remettre & remonter leur Cavalerie, M. de Turenne fut obligé de se retirer vers Strasbourg.

Ayant eu permission d'aller à la Cour, & ayant distribué des quartiers en Lorraine pour l'armée, il étoit prêt à partir pour la France, lorsque Madame la Landgrave de Hesse lui envoya un Gentilhomme, qui avoit ordre de lui dire que l'armée des Suédois étoit en état de marcher, pourvû que celle du Roi repassât le Rhin pour la joindre. C'étoit un grand contre-tems d'être obligé de marcher huit jours par le pays dont il étoit venu, & qui étoit entierement ruiné, avec une armée bien délabrée, qui s'attendoit d'avoir des quartiers pour se remettre : néanmoins M. de Turenne crut l'affaire si importante qu'il se contenta d'envoyer M. de Vautorte à la Cour, pour lui apprendre qu'il alloit repasser le Rhin, & la prier de l'assister. Il donna dix jours pour remettre l'artillerie, envoya en Suisse chercher des chevaux, retourna à Mayence dans le mois de Février, y repassa

g ij

 le Rhin & alla dans la Franconie joindre les Suédois, quoiqu'il fut huit jours pendant cette marche sans trouver presque de paille pour les chevaux. Pour l'Infanterie il commanda que l'on fit des manteaux à cause que la saison étoit fort rude ; de sorte qu'il se trouva au delà du Rhin avec quatre mille hommes de pied, quatre mille chevaux & vingt piéces de canon avec douze ou quinze Places conquises en fort bon état.

Quelque tems avant que de passer le Rhin, M. de Turenne écrivit à M. le Duc de Baviere & lui manda que dès qu'il s'étoit déclaré contre les Suédois, le Roi avoit résolu de rompre de sa part le traitté qui s'étoit fait avec lui. M. de Turenne sçavoit bien que l'intention de la Cour étoit qu'il fit ce qu'il pourroit contre l'Empereur ; mais il n'avoit point d'ordre exprès de déclarer la guerre à M. de Baviere. Comme le bruit se répandit dans toute l'Allemagne que l'on s'entendoit toujours en France avec M. de Baviere, il crut qu'une déclaration ouverte rassureroit les Suédois & tous les Princes Allemans alliés de la France, & l'on approuva cette démarche à la Cour.

L'armée du Roi se trouvant au-delà du Rhin, marcha en laissant la riviere du Mein à la droite, & joignit les Suédois entre la Hesse & la Franconie. Après cette jonction, un Corps de Hessiens qui étoit venu avec les Suédois s'en retourna au pays de Hesse & les deux armées passerent le Mein. Celles de l'Empereur & de Baviere qui s'étoient affoiblies par de petits siéges dans la Hesse, après avoir poussé les Suédois, s'en retirerent en diligence vers le Danube, repasserent ce fleuve & se mirent à couvert d'Ingolstat, Place qui appartenoit à M. de Baviere. Les armées de France & de Suéde s'arrêterent sur le bord du Danube où l'on séjourna quelques jours dans l'incertitude où l'on iroit. M. Wrangel qui commandoit l'armée de Suéde avoit dessein d'aller dans le haut Palatinat : mais comme M. de Turenne craignoit qu'insensiblement le progrès de la guerre ne le meneroit vers la Bohême, & que par-là on s'éloigneroit trop de la Suabe qui étoit le seul lieu dont il pouvoit tirer les choses nécessaires pour l'armée, ne voulut point y aller. On fut quelques jours en négociation sans qu'il parût néanmoins rien d'altéré dans les esprits : on se sépara ensuite n'étant point d'accord. Les Suédois marcherent à l'entrée du haut Palatinat, & M. de Turenne avec l'armée du Roi s'en alla entre la Franconie & l'Evêché de Bamberg, sçachant bien que les Suédois n'iroient pas seuls en Bohême, & se tenant assez près d'eux pour pouvoir les rejoindre quand ils auroient changé de pensée. Les Cavaliers mutinés dont j'ai parlé que l'on avoit chargés sur le Tauber, qui étoient avec les Suédois, obligeoient AN. 1648. aussi M. de Turenne à ne pas s'éloigner de la Suabe. Il y en avoit bien quatre cens qui s'étoient remis dans l'armée du Roi, & les Suédois craignant de perdre le reste, vouloient attirer l'armée Françoise dans une guerre éloignée du Rhin & du Danube, afin par-là de dégoûter le reste des Allemans qui n'espéroient plus l'argent qui leur pourroit venir de France, & les quartiers que M. de Turenne leur avoit promis dans la Suabe. Les Régimens même de mutinés qui étoient dans l'armée des Suédois causoient tous les jours de petits désordres entre les Officiers des armées ; mais il n'y parut rien au procédé des Généraux qui se voyoient tous les jours. Il s'y passa là-dedans force petites choses qui seroient trop longues à écrire.

Les Suédois ayant vû que l'armée du Roi demeuroit aux frontiéres de l'Evêché de Bamberg, & ne jugeant pas devoir s'éloigner davantage des François, se donnerent rendez-vous vers Rottembourg sur le Tauber, & marcherent ensemble pour se rafraîchir aux frontiéres de Wirtemberg. Après y avoir séjourné environ trois semaines, sçachant que les armées de l'Empereur & de Baviere étoient vers Ulm, ils y marcherent. Comme on arriva auprès du Danube, les armées ennemies qui étoient au-delà passerent un pont auprès d'Ulm, où il y eut quelque escarmouche ; & le lendemain continuerent leur route entre Lawingen & Ausbourg, & se camperent à trois lieuës de Lawingen, Place que le Roi tenoit sur le Danube.

Les armées du Roi & de Suéde marcherent droit à Lawingen où M. de Turenne, M. Wrangel & M. Konigsmarc laisserent l'armée qui se campa à une lieuë de Lawingen, prirent trois mille chevaux avec eux, & passerent le pont pour aller reconnoître. Comme ils eurent traversé le marais qui est au-delà de Lawinghen, qui dure bien une lieuë, & où il faut toujours défiler, ils firent alte & envoyerent un parti pour sçavoir ce que faisoient les ennemis : au bout de deux heures il rapporta que leur armée étoit campée à une heure & demie de-là, qu'ils n'avoient point d'alarme, que tous leurs chevaux étoient à la pâture & qu'il n'avoit rencontré aucun parti qui eût découvert les trois mille chevaux, ni qui pût voir si les armées confédérées étoient arrivées près de Lawinghen. On délibéra quelque tems si avec ces trois mille chevaux on pousseroit la grande garde, ou si on tomberoit sur leurs chevaux qui étoient à la pâture ; mais on résolut de demeurer la nuit en un lieu couvert avec les trois mille chevaux, & d'envoyer des Ajudans avec l'ordre aux armées de marcher toute la nuit, de laisser leur bagage dans le quartier & de se rendre au point du jour au lieu où on les attendoit. Cela réüssit comme on l'avoit proposé , & à deux heures du jour les armées étant arrivées, celle du Roi ayant l'avant-garde, on marcha droit au Camp des ennemis, en détachant mille chevaux commandés pour les engager au combat. Comme on arriva près de leur Camp, on vit qu'il brûloit & qu'il y avoit environ trente escadrons en alte, & quelques bagages qui filoient par un bois. Dans le tems qu'on avançoit en diligence, quelques uns de ces escadrons s'approchoient du bois, & les mille chevaux commandés commencerent à escarmoucher ; mais comme il y avoit de l'Infanterie dans le bois & que les escadrons ennemis se revirerent fort à propos, ils ne s'embarrasserent guères de ces commandés qui furent fort souvent repoussés. Le Régiment de Cavalerie de M. de Turenne s'étant avancé pour soutenir les commandés, chargea l'Infanterie de l'ennemi dans le bord du bois, & en ayant tué quelques uns, leur Cavalerie se mit en confusion. C'étoit l'arriere-garde de Montecuculli qui commandoit une aile de l'armée de l'Empereur · on ne peut pas se mieux comporter qu'il faisoit en cette retraite : mais comme la Cavalerie de l'armée du Roi & des Suédois arrivoient de tous côtés, il fut impossible que la confusion ne vint à la fin à cette arriere-garde, laquelle fut poussée à travers ce bois. Dans une plaine au-delà , Mélander Général de l'armée de l'Empereur emmena deux mille mousquetaires, quelque Cavalerie & du canon pour soutenir cette arriere-garde & arrêta quelque tems notre Cavalerie ; à la fin Melander fut tué , & sa Cavalerie repoussée dans un autre bois par-delà la plaine. Son Infanterie étoit au bord du bois ; mais les Suédois ayant pris avec leur Ca- valerie un chemin à gauche, la couperent au milieu du bois : la Cavalerie de l'armée du Roi passa par la plaine par où elle vouloit se retirer ; de- forte que dans la plaine & dans le bois les ennemis perdirent cette Infan- terie avec huit piéces de canon , beaucoup d'étendarts & une partie de leur bagage. On les suivit bien une heure & demie depuis la mort de Melander, & après que leur Cavalerie se fut un peu remis ensemble ; car leur In- fanterie étoit à plus de quatre heures derriere ; on vit au-delà d'un ruisseau fort creux six ou sept escadrons de l'ennemi qui faisoient alte ; on n'y trouva point de passage que celui qu'ils gardoient qui étoit fort étroit. Comme on eût fait alte on vit venir trois bataillons d'Infanterie qui vinrent s'y fortifier ; & sur les hauteurs loin de-là on voyoit quelques troupes & du bagage tout en désordre. On attendit le canon pour faire déloger la Cavalerie & l'Infanterie ennemie qui se retranchoit : mais on tira avec

quinze ou vingt piéces contre cette Infanterie & cette Cavalerie, dont il **An. 1648.**
y en eût plus de la moitié tués fur la place , fans que les ennemis quit-
taſſent le paſſage. Les eſcadrons ne faiſoient que changer de place , & l'on
voyoit un eſcadron de ſix vingt ou cent cinquante chevaux réduit à cinquante ou ſoixante , fans s'ébranler.

Le Régiment d'Infanterie de Turenne voulut gagner le paſſage , mais il
y perdit cent cinquante hommes & fut obligé de ſe retirer fans l'emporter.
C'étoit M. le Duc Ulric de Wirtemberg qui commandoit cette Cavalerie
comme Général Major , & qui certainement ſauva le reſte des armées de
l'Empereur & de Baviere. On ſe laſſa de tirer contre lui avec ce nombre
de piéces qui n'étoient éloignées que d'une petite portée de mouſquet. Les
troupes de l'ennemi qui avoient été un peu ébranlées d'abord ſe raſſurerent
enſuite & perdirent plus de la moitié de leurs gens à coup de canon, fans
témoigner d'épouvante. On voyoit cependant l'armée de l'ennemi qui tâ-
choit de ſe raſſembler ſur une hauteur à une demi lieuë du paſſage & qui
envoya des gens pour relever les troupes qui avoient été ſi ruinées du canon : mais il n'y en vint qu'une partie , l'autre ayant été diſſipée & ayant
pris la fuite par les coups d'artillerie qu'on leur tiroit quand on les voyoit
venir en Corps. Comme on avoit ſuivi l'ennemi plus de quatre heures &
avec grande diligence, le Corps d'Infanterie ne put arriver qu'un peu devant
la nuit , & ainſi on ne la put pas employer à forcer ce paſſage. L'ennemi,
dès qu'il commença à faire obſcur , ſe retira avec le reſte de ſon armée
ſous Ausbourg , qui n'étoit qu'à deux heures de-là , & y paſſa la riviere
du Lech.

On ſéjourna le lendemain & on marcha le jour d'après au pont de Rain ,
qui eſt une Place que M. de Baviere tenoit ſur le Lech à cinq heures
au-deſſous d'Ausbourg. Les ennemis mirent le feu au pont & demeurerent
avec leur armée de l'autre côté de l'eau , au même lieu où Tilli avoit tâ-
ché de défendre le paſſage au Roi de Suéde ; & nous avançâmes le canon
& mimes des mouſquetaires au même lieu où Guſtave avoit logé les
ſiens. Après un eſcarmouche qui dura depuis midi juſqu'à la nuit : les
ennemis ſe retirerent de leurs poſtes ſans bruit & marcherent avec toute
leur armée vers Munich. Le lendemain matin on fit paſſer un gué à la
Cavalerie Suédoiſe & à celle de l'armée du Roi commandée par M. de Duras,
au nombre de mille chevaux ; mais avec grande difficulté , parceque ce
gué ne valoit rien : ce détachement ſuivit les ennemis pendant deux ou
trois lieuës , & fit quelques priſonniers à leur arriere-garde. Toute l'armée
paſſa au pont de Rain que l'on fit racommoder & que les ennemis aban-

donnerent , & on marcha vers Neubourg. On laiffa pour garder le pont de Rain deux mille hommes commandés par M. de Laval , Général Major dans l'armée du Roi : on campa la nuit à Neubourg & l'on marcha le lendemain vers Frifingen qui eft fur la riviere d'Ifer. Les ennemis fe trouverent encore de l'autre côté, ayant abandonné la ville de Frifingen qui eft en-deçà : on s'y logea & l'on tenta divers paffages fur l'Ifer. Alors les ennemis fe retirerent derriere la riviere d'Inn , après avoir mis un bon nombre de leur Infanterie dans Munich , dans Waffembourg & dans Ingolftat.

M. de Baviere en ce tems-là quitta Munich où il étoit, fe retira derriere la riviere d'Inn & s'en alla avec fort peu de fuite dans un âge fort avancé dans l'Archevêché de Saltzbourg , où il fut à peine reçu qu'il fongea à paffer dans le Tirol. Les armées traverferent l'Ifer & marcherent fur l'Inn où l'on ne pût attaquer Waffembourg , à caufe du nombre d'Infanterie qui étoit dedans. Alors on marcha plus bas le long de la même riviere pour fe loger à Muldorf , où on fit toutes chofes poffibles pour la paffer : mais comme elle étoit beaucoup plus large & plus profonde que le Lech & l'Ifer , & que l'on n'avoit point de batteaux , on ne put jamais planter des pilotis dans l'eau, quoiqu'il y eût une fort petite réfiftance de l'autre côté , de la part des ennemis, qui ne parurent qu'au nombre de quinze cens ou deux mille tout au plus.

Les armées de France & de Suéde n'avoient jamais pénétré fi avant, & il étoit d'une extrême conféquence de paffer la riviere d'Inn , à caufe du pays d'Obernperg qui en eft fort proche, & qui eft des terres héréditaires de l'Empereur que l'on eût certainement fait foulever : on féjourna quinze jours à Muldorf, durant lequel tems & celui qui s'étoit paffé depuis la mort de Mélander , l'Empereur avoit fait de grandes levées & M. de Baviere avoit envoyé beaucoup de chevaux à Paffaw pour remonter la Cavalerie , où M. de Picolomini qui fut envoyé pour commander les armées, les mit enfemble ; & après avoir amaffé un Corps très confidérable qui pouvoit bien être de neuf ou dix mille hommes de pied & de quinze mille chevaux avec beaucoup de canon , il paffa le Danube à Paffaw, & les armées oppofées fe trouverent à cinq ou fix heures les unes des autres.

On ne jugea pas à propos d'attendre l'ennemi fur l'Inn , mais plutôt fur l'Ifer , où on avoit la commodité de moulins ; ainfi on marcha à Dingelfing , qui eft fur l'Ifer , où l'on campa. Les ennemis vinrent à Lindaw qui en eft à une heure & demie fur la même riviere. Les armées du Roi & des Suédo's commencerent à fe retrancher & les Suédois à faire deux ponts

fur

fur l'Ifer avec des pilotis qui furent achevés en quatre ou cinq jours. Les **AN. 1648.**
Officiers de l'artillerie de l'armée du Roi apprirent d'eux à en faire de
même ; de forte qu'il y eût trois ponts faits fans avoir de batteaux, & fur
une riviere fort creufe & affez large. Les bleds étant murs, l'Infanterie
alloit battre le grain quand la Cavalerie alloit au fourage, de forte qu'il n'y
avoit point de néceffité. On demeura quatre femaines dans le Camp, les
ennemis étant fort près & les gardes à la vûë les unes des autres : il s'y
paffa fort fouvent des actions dans les convois de fourages & dans les
partis. (1)

Durant ce tems-là, l'armée de l'ennemi diminuoit beaucoup plus que la
nôtre quand on arriva dans ce Camp, elle étoit beaucoup fupérieure ;
mais au bout des quatre femaines, elle avoit perdu beaucoup de gens. M.
Konigfmarc qui s'étoit féparé avec quelques troupes deux jours après la
défaite de Melander, s'étant emparé de Pragues, les Impériaux y envoyerent peu de troupes ; mais la prife de cette ville leur abattit beaucoup le
cœur. On demeura en Baviere jufqu'à ce que les mauvais tems de l'arriere-
faifon obligerent l'armée de fe retirer. Il y arriva durant ce tems-là un
accident aux Suédois par une chaffe que M. Wrangel voulut faire auprès
de Munich, où il perdit quelques étendarts, fept ou huit cens chevaux &
quantité d'Officiers.

Après que les armées furent forties de la Baviere, on repaffa le Lech auprès de Landsberg ; on traverfa le Danube à Donawert, & l'on alla vers
Aifchtet en tirant vers le haut Palatinat. Pendant cette irruption en Baviere, où il y eut beaucoup de pays conquis & beaucoup d'interêts différens, il n'y eut jamais rien qui caufât la moindre aigreur. L'Infanterie demeuroit toujours au centre & la Cavalerie de chaque armée rouloit d'une
aîle à l'autre. Les Officiers Généraux des deux armées commandoient à
leur tour aux détachemens, & par-là il n'y avoit aucune difficulté. Comme
cette Campagne avoit fort gêné l'Empereur & M. de Baviere, ils prefferent
fort la paix qui fe conclut bientôt à Munfter. Alors M. de Turenne fe retira
avec l'armée vers la Suabe, & les Suédois marcherent dans le pays de
Nuremberg.

(1) Le détail de cette irruption en Baviere qu'on a mis dans l'hiftoire du Vicomte, fut
pris dans une Relation manufcrite faite par un Officier qui fervit pendant toute cette
Campagne ; elle fe trouve parmi les papiers du Vicomte.

Fin du premier Livre.

h

MEMOIRES
DU VICOMTE
DE TURENNE.

LIVRE SECOND.

DES GUERRES EN FRANCE.

AN, 1649. APRE's la conclusion de la paix de Westphalie, l'armée du Roi se retira dans ses quartiers de Suabe & de Wirtemberg, & M. de Turenne y demeura pendant l'hiver. Dans cet intervalle les brouilleries de France s'échaufferent & parvinrent à un tel point, que la Reine fit sortir le Roi hors de Paris, & l'armée Royale prit ses quartiers tout autour de la ville, avec dessein de l'affamer. M. le Prince de Conti, M. de Longueville, M. d'Elbeuf, M. de Bouillon & quantité de personnes de qualité demeurerent dans la Capitale, persuadées que dans une minorité on ne pouvoit pas entreprendre une chose de si grande conséquence, sans la participation des Princes du Sang & des Grands du Royaume. Aussi-tôt on envoya quelqu'un de la Cour à M. de Turenne pour sçavoir ses sentimens, qui ne les déguisa point : il manda même à M. le Cardinal Mazarin de ne plus faire aucun fondement sur son amitié, s'il continuoit d'agir ainsi ; que quand il passeroit le Rhin avec l'armée pour retourner en France, ce ne seroit qu'avec le dessein de procurer la paix, & nullement pour aider à soutenir une action qu'il ne croyoit point que l'on dût entreprendre si légérement.

Il se passa quinze jours ou trois semaines dans les voyages de la Cour à l'armée, & de l'armée à la Cour. M. de Turenne ne voulant rien donner à entendre à la Cour que ce qui étoit sa véritable intention, ni faire croire aux Ministres qu'il vouloit dépendre entiérement d'eux, quand il seroit arrivé en

France, pour autorifer une entreprife qu'il ne croyoit pas légitime en aucun tems, & principalement dans une minorité ; d'autant plus que perfonne encore n'avoit pris les armes contre le Roi, ni témoigné aucune
défobéilfance ouverte. Il y avoit, à la vérité, des Compagnies qui avoient
marqué trop de chaleur ; mais c'étoit plutôt par des interêts particuliers
que par un deffein formé de fe révolter contre la Cour.

M. de Turenne ayant fait connoître fes fentimens à la Cour, parla aux
Officiers ; & hors deux ou trois Régimens, tous promirent de marcher où
il vouloit. Auffi-tôt que la Cour fçut qu'il alloit paffer le Rhin, elle fe
découvrit tout-à-fait ; ce qu'elle n'avoit pas fait jufqu'alors, n'ayant envoyé d'autre ordre que celui de ramener l'armée en France quand la paix
feroit faite en Allemagne. La Cour envoya donc des ordres exprès à tous
les Officiers de ne plus reconnoître M. de Turenne, fit tenir trois cens
mille écus fur le Rhin, & promit de payer les quatre ou cinq montres
dûes ; ce qui avec la follicitation de M. d'Erlac, ébranla fix Régimens
Allemands qui allerent pendant toute la nuit le joindre à Brifac : trois Régimens d'Infanterie fe mirent fous Philifbourg. Il ne refta avec M. de Turenne que la moitié de l'armée & encore fort ébranlée, excepté cinq ou
fix Régimens. Lui voyant qu'il ne pouvoit plus marcher pour éxécuter les
deffeins qu'il s'étoit propofés, & ne voulant pas auffi aller à la Cour pour
les raifons dites ci-deffus, donna ordre à quelques Officiers Généraux demeurés auprès de lui, d'emmener le refte des troupes joindre M. d'Erlac.
Il fe retira avec quinze ou vingt de fes amis en Hollande, où il demeura
un mois jufqu'à ce qu'il eût appris que le traitté de Ruel étoit fait : alors
il s'embarqua en Zélande, alla defcendre à Dieppe, & de-là vint en pofte
à Paris.

Quoique l'accommodement fut fait, les partis étoient demeurés dans de
grandes défiances l'un de l'autre. La Cour fongeoit à la Campagne qui
commençoit en Flandre, & laiffoit les affaires au-dedans du Royaume dans
une fituation fort mal affurée. M. de Turenne s'y en alla deux jours après
être arrivé à Paris ; & comme le deffein de M. le Cardinal étoit de tout
diffimuler tant que la Campagne dureroit, & que le refroidiffement qui
commençoit entre M. le Prince & lui, faifoit agir la Cour avec moins de
hauteur, M. de Turenne y fut affez bien reçû, y vêcut à fon ordinaire,
& commença d'entrer en quelque liaifon avec M. le Prince, qui n'alla
point commander l'armée cette Campagne ; mais qui fit un voyage en
Bourgogne. M. de Turenne paffa l'Eté quelquefois à Paris & d'autres fois

Ix

AN. 1649. à Compiégne où étoit la Cour. Il recevoit beaucoup de civilités de M. le Cardinal, & s'étoit souvent éclairci avec lui sur tout le passé ; mais sans entrer dans aucun engagement d'amitié avec lui. Le Ministre ne voulant point donner de soupçon à M. le Prince, n'avoit point parlé clairement à M. de Turenne ; & M. de Turenne n'ayant point pris ses sûretés avec M. le Cardinal, & voyant qu'il avoit toujours quelque réserve avec lui, penchoit plus du côté de M. le Prince.

Au commencement de la Campagne, l'armée d'Allemagne refusa d'obéir à M. d'Erlac ; de sorte qu'il fut obligé de la quitter. Les Officiers envoyerent des députés à la Cour pour la supplier de deux choses ; l'une de leur payer ce qui étoit dû, & l'autre de renvoyer M. de Turenne pour les commander ; mais elle éluda la derniere demande. Après la levée du siège de Cambrai il ne se passa rien de considérable pendant tout le reste de la Campagne. Le Roi revint à Paris, & la Cour étoit si pleine de factions que son autorité diminua beaucoup : M. le Prince revint de Bourgogne, & quelque tems après il se brouilla ouvertement avec M. le Cardinal. Toute la Cour prenant parti, M. de Turenne alla chez M. le Prince, & par-là fit une déclaration ouverte d'être de ses amis, ce qui l'engagea dans la suite à prendre part avec lui dans sa bonne ou mauvaise fortune. Il y eut en ce tems-là divers raccomodemens de M. le Prince avec la Cour dont il prit le parti, pour pousser à bout M. le Coadjuteur. Durant un mois ou six semaines, il n'y eut presque pas de jour que les affaires ne prissent une différente face, tantôt à l'avantage, tantôt au désavantage de M. le Prince : mais comme je ne peux pas entrer dans le détail de ces matières, je me contenterai de dire que la Cour n'étant pas satisfaite du procédé de M. le Prince, se lia avec tous ceux qui lui vouloient du mal, qui étoient en très grand nombre.

AN. 1650. Ces raccomodemens avec la Cour ayant attiré toute la caballe, M. le Cardinal s'en servit adroitement pour la regagner, & concerta avec ceux qui en étoient les principaux chefs, & qui avoient grand crédit sur l'esprit de M. le Duc d'Orleans, les moyens de faire arrêter M. le Prince. Il y trouvoit d'ailleurs un très grand obstacle par la liaison qui étoit entre M. le Prince & M. de la Riviere qui avoit un grand pouvoir sur l'esprit de M. le Duc d'Orleans. M. le Cardinal surmonta enfin ces difficultés, & ayant gagné M. le Duc d'Orleans, on fit arrêter un jour de Conseil M. le Prince, M. le Prince de Conti & M. de Longueville, qu'on fit mener par les Gendarmes du Roi au bois de Vincennes.

An. 1650.

M. de Turenne avoit bien vû dans ces derniers tems que M. le Prince se brouilloit avec tout le monde, & qu'il donnoit grand sujet de mécontentement à la Cour, par le mariage de Madame de Richelieu, & en soutenant Jersei contre la Reine. M. le Cardinal faisoit faire de tems en tems de grands complimens à M. de Turenne, lui promettant qu'il iroit commander, s'il le vouloit, la Campagne prochaine l'armée de Flandre ; & sçachant que depuis quelques jours il n'alloit plus gueres chez M. le Prince (qui en effet ne lui faisoit plus de part de sa conduite) M. le Cardinal espéroit, comme il lui a dit depuis, qu'il ne se mettroit pas si promptement dans les interêts de M. le Prince. A l'instant même que le Prince fut arrêté, M. le Cardinal envoya M. de Ruvigni trouver M. de Turenne pour l'assûrer qu'il y avoit sûreté entiere pour lui, & lui promit beaucoup de bons traitemens en tout ce qui le concerneroit. M. de Turenne, quoiqu'il fut persuadé qu'il y avoit sûreté pour lui à la Cour, & qu'il fut bien vrai que M. le Prince ne vivoit pas trop bien avec lui depuis quelque tems, ne voulant pas abandonner le Prince dans son malheur, partit la nuit qu'il fut arrêté avec quatre Gentils-hommes, & n'ayant point d'argent s'en alla chez M. de Varennes qui lui prêta six cens pistoles & l'accompagna à Stenai. M. de Chamilli qui y commandoit pour M. le Prince, reçut M. de Turenne dans la ville avec beaucoup de joie : trois ou quatre jours après la Cour lui envoya Paris, pour le convier à retourner avec toutes les promesses que l'on peut faire : mais ne pouvant se contenter l'esprit s'il entendoit à aucune négociation durant le malheur de M. le Prince, il renvoya Paris sans vouloir rien écouter, & résolut de prendre toutes les voies pour obliger la Cour à relâcher M. le Prince, & de n'oublier rien pour faire appréhender les malheurs que pouvoit causer son long emprisonnement.

Il envoya suivant cette résolution à toutes les troupes qui étoient à M. le Prince & à tous les Gouverneurs qu'il croyoit mécontens de la Cour, ou qui étoient de ses amis. De tous il ne put attirer que vingt ou trente Officiers ; & des personnes de qualité il y eut M. de Duras & M. de Boutteville qui étoient dans les interêts de M. le Prince : M. de Turenne envoya aussi aux troupes qui avoient servi sous lui en Allemagne & qui étoient dispersées en divers endroits ; mais il ne put gagner que trois Regimens d'Infanterie, celui de la Couronne, celui de Turenne & celui du Passage qui quitterent la Lorraine, marcherent en Corps avec leur bagage & le vinrent joindre à Stenai. Le Régiment de Beauvau Cavalerie vouloit venir joindre

 fon Colonel qui vint trouver M. de Turenne, dans les interêts de qui il a
toujours été ; mais on enferma ce Régiment dans une ville, & ce qui s'en
put fauver, le vint trouver. On logea ces troupes auprès de Stenai dans
des quartiers ; M. de Turenne n'ayant pas voulu preffer les Commandans
de Stenai, de Clermont & de Damvillers d'en recevoir   de peur qu'il ne
femblât vouloir mettre de fes gens dans les Places de M. le Prince, &
auffi parceque les Commandans n'euffent pas voulu les recevoir à caufe de
la difpofition de leurs garnifons. Celle de Damvillers commença à fe déclarer contre M. le Prince, & les foldats prirent M. le Chevalier de la
Rochefoucault leur Commandant, en criant, Vive le Roi. Quelques jours
après M. de la Ferté s'étant approché de Clermont, les foldats de la garnifon firent prifonniers leurs Officiers & fe rendirent maîtres de la Place
qu'ils livrerent à M. de la Ferté. Ceux de Stenai voulant en faire de même,
M. de Turenne remontra à M. de la Mouffaye l'importance qu'il y avoit
de s'affurer de la Citadelle. On y laiffa entrer huit Compagnies du Régiment de Turenne qui l'ont toujours gardée, & en ont été les maîtres jufqu'à
la fortie de prifon de M. le Prince, entre les mains de qui ils la remirent.

Il ne refta que cette Place pour foutien de tout le parti ; M. de Turenne
en donna le commandement à M. de Varennes en qui il s'eft toujours fié
fans aucune réferve. On fut obligé d'avoir recours aux Efpagnols après avoir
reçu une difgrace. Le Régiment du Paffage fut défait en voulant entrer à
Stenai ; mais la compagnie des Gardes de M. de Turenne que le Lieutenant
nommé la Berge commandoit, paffa en plein jour, força cinq cens chevaux, & perdant la moitié de fes gens, entra dans Stenai après avoir fait
l'action la plus vigoureufe qui fe foit vûe. M. de Turenne demanda à entretenir le Gouverneur de Montmédi, ce qui fe fit le lendemain. Ayant
parlé franchement de la façon dont il s'étoit engagé dans cette affaire &
du chemin qu'il y vouloit tenir, il a toujours trouvé dans ce Gouverneur
& en M. le Comte de Fuenfaldagne (qui gouvernoit toutes chofes en
Flandres quoique l'Archiduc y fût) une parfaite fincérité, en cachant
néanmoins leur impuiffance à avoir de l'argent. Cette conférence avec le
Gouverneur de Montmédi fut fuivie premièrement d'un fecours de quinze
cens chevaux & de quelque Infanterie que l'on jetta dans Dun, & enfuite
du traitté que Madame de Longueville & M. de Turenne firent avec M.
l'Archiduc, ratifié par le Roi d'Efpagne. Cette Princeffe après la prifon
de M. le Prince, s'étant retirée en Normandie, & de-là ayant paffé en
Hollande, s'en vint par le pays de Liége à Stenai, & fe logea à la Citadelle

qui fut toujours gardée par quelques foldats de la vieille garnifon & par AN. 1650. les huit Compagnies du Régiment de Turenne, fans néanmoins que cela l'ait jamais choquée. M. de Turenne demeura toujours dans une parfaite intelligence avec elle depuis le commencement jufqu'à la fortie de prifon de M. le Prince.

Pour commencer la négociation, M. de Turenne & M. le Comte de Fuenfaldagne fe virent dans la ville de Marche, & la perte de Clermont & de Damvillers l'ayant un peu refroidi, l'obligea à preffer fort pour avoir la Citadelle de Stenai, qui étoit le feul lieu qui reftoit au Parti. Quoique M. de Turenne n'eût d'autre reffource que dans les Efpagnols, il rifqua plu-tôt de rompre la négociation que de livrer un lieu dans lequel il pût être hors de leur pouvoir quand il le vouloit : & comme fon deffein avoit tou-jours été de ne demeurer avec eux, qu'autant que la parole qu'il avoit donnée de travailler à la liberté de M. le Prince l'y obligeoit, il étoit bien aife de demeurer en lieu où il pût difpofer de lui. Ainfi après une conteftation de fix femaines il ne conclut rien à Marche, durant les trois jours qu'il y demeura avec M. de Fuenfaldagne : mais la négociation continua par le moyen de Dom Gabriel de Tolede, envoyé à Stenai pour traitter avec Madame de Longueville & M. de Turenne. Le traitté fut conclu, dans lequel M. de Fuenfaldagne promettoit au nom du Roi Catholique, & Madame de Longueville & M. de Turenne promettoient en leur nom de ne fe point accommoder que M. le Prince ne fût hors de prifon & que l'on n'eût offert une paix jufte, égale & raifonnable à l'Efpagne.

Les chofes étant achevées de cette façon, on fe prépara pour la Cam-pagne. Les Efpagnols effayerent d'obliger M. de Turenne à demeurer avec une armée dans la Champagne pendant qu'ils agiroient en Picardie : mais lui fçachant bien que leur penfée étoit de profiter des divifions de France pour reprendre les Places que le Roi tenoit fur eux, & que s'il demeuroit avec un Corps féparé, l'armée du Roi tomberoit toute entiére fur lui, il aima mieux prendre le parti de fe joindre au Corps de l'armée d'Efpagne, afin de les obliger d'attaquer les villes de France, ou d'entrer dans le Royaume pour faire diverfion à la guerre de Bourdeaux, ou pour animer les amis de M. le Prince qui étoient dans le Royaume. Après qu'il eût joint l'armée d'Efpagne, on alla affiéger le Câtelet qui ne dura que trois jours : enfuite ayant appris qu'une partie de la Cavalerie qui étoit dans Guife en étoit fortie, on l'alla affiéger fept ou huit jours après en préfence de l'armée du Roi, qui s'étant affemblée s'approcha de l'armée d'Efpagne.

 Les deux armées étoient presque de même nombre, à sçavoir de dix ou douze mille hommes & de six ou sept mille chevaux. Les pluyes qui survinrent gâterent tous les chemins, & le peu de chariots de vivres qu'avoient les Espagnols, mit l'armée en une telle nécessité de pain, que l'on ne pût travailler que fort lentement au siége : dès le commencement les soldats n'avoient qu'une seule ration de pain en trois jours ; mais sur la fin la nécessité devint si grande, qu'elle les obligea de lever le siége, & de se retirer à deux lieuës de-là, où les soldats de l'Infanterie eurent beaucoup de peine à se traîner, à cause de la foiblesse, où le manque de pain les avoit réduits.

Après que l'on eut eû des vivres, & que l'on eut séjourné sept ou huit jours dans ce camp, on alla attaquer *la Capelle*, que l'on prit en dix jours ; & ensuite le tems de la moisson étant venu, l'armée marcha vers Vervins ; & M. de Turenne s'étant avancé avec deux mille chevaux pour voir la contenance de l'armée du Roi, qui étoit à Marle, il apprit qu'elle en étoit délogée, & qu'elle marchoit derriere les marais de Liesse : il fit connoître à M. l'Archiduc qui arriva au camp, que si on avançoit encore à deux lieuës de Vervins, qu'assurément l'armée de France se mettroit en quelque mauvaise posture, & qu'elle donneroit lieu d'entreprendre quelque chose sur elle. M. l'Archiduc marcha deux lieuës par delà Vervins, où l'on apprit que l'armée du Roi continuoit à se retirer. M. de Turenne prit trois mille chevaux, & marcha à Château-Porcien & Rhetel, qui se rendirent ; d'où il manda à l'armée d'Espagne que l'on trouveroit à vivre sur la riviere d'Aisne, où elle s'avança, & mit une garnison dans Rhetel de huit cens hommes, & Delliponti qui étoit fort estimé en Flandre, pour y commander. Comme le séjour de l'armée autour de la Ville ruinoit entiérement tous les bleds, & ôtoit le moyen à la garnison de subsister, M. de Turenne fut d'avis de s'en éloigner, & de remonter le long de la riviere d'Aisne, en s'approchant de Paris & de l'armée du Roi qui s'étoit retirée vers Rheims : son intention étoit toûjours que l'armée d'Espagne entrât le plus avant qu'il se pourroit dans le Royaume, croyant que M. le Prince qui étoit dans le bois de Vincennes, seroit mené à Paris, & qu'ainsi il ne seroit plus à la disposition de la Cour ; & esperant aussi que si on le laissoit au bois de Vincennes, peut-être après quelque bon succès, il pourroit obliger l'armée d'Espagne de marcher jusques là. M. de Turenne ne donnoit conseil aux Espagnols pour les mouvemens de leur armée, que suivant les marches que faisoit l'armée du Roi, & selon que la guerre le permettoit ;

permettoit : car les armées étant égales, conseiller en partant de la Capelle de marcher jusqu'à Paris, ayant tout contraire en France, & personne ne se déclarant pour M. le Prince, auroit parû si emporté, qu'il eût perdu tout crédit auprès d'eux.

Après avoir donc marché jusqu'à Neufchâtel sur la riviere d'Aisne, les Espagnols firent avec raison difficulté de la passer avec toute leur armée ; parceque celle du Roi étant entre Rheims & Soissons, derriere la riviere de Vesle, ils ne voyoient aucune apparence de rien exécuter ; & que leur Infanterie pâtissoit beaucoup, n'ayant plus le moyen de faire venir des convois : M. de Turenne laissant à Neufchâtel le Corps de l'armée, prit trois mille chevaux & cinq cens mousquetaires, pour voir en quelle posture seroit l'armée du Roi : il apprit après avoir marché quelque tems, qu'elle étoit à Rheims, & que M. d'Hocquincourt étoit à Fismes, derriere la riviere de Vesle, avec dix Régimens de Cavalerie, & qu'il y avoit cent mousquetaires dans la Ville : il s'y en alla en diligence ; & après une grande résistance à un pont où il trouva à droite & à gauche des gués pour la Cavalerie, il rompit entiérement tous les Régimens qui s'opposoient à son passage, fit quatre ou cinq cens prisonniers, & obligea M. d'Hocquincourt, après avoir très-bien fait, de se retirer à Soissons avec beaucoup de peine. L'Infanterie qui étoit dans Fismes se rendit, & M. de Turenne manda à M. l'Archiduc ce qui s'étoit passé ; & que s'il lui plaisoit de s'avancer à Fismes avec l'armée, qu'assurément elle y subsisteroit très bien, y ayant beaucoup de moulins sur la riviere, & une très-grande quantité de grains & de bestiaux.

L'armée d'Espagne y marcha, & on fit avancer M. de Bouteville jusqu'à la Ferté Milon, qui mit des sauvegardes dans ce village. Voyant l'armée de France renfermée dans Rheims, un Corps derriere la Marne, & le chemin de Paris libre, M. l'Archiduc & M. de Fuensaldagne se fussent assurément résolus d'y marcher, si M. le Prince fut demeuré à Vincennes ; mais on apprit qu'après de grandes contestations entre M. le Tellier & M. le Duc d'Orleans, qui vouloit faire mener M. le Prince à la Bastille, que M. le Tellier l'avoit emporté, & que M. le Prince avoit été conduit avec une très-petite escorte à Marcoussi, à huit lieuës de Paris sur le chemin d'Orleans. Alors il n'y avoit plus de raison de marcher à Paris avec le Corps de l'armée, & il auroit été inutile & dangereux d'y aller avec des gens détachés, à cause de l'armée du Roi, qui eût pû en détacher un plus grand nombre, & laisser tout son bagage dans les Villes ; ce que l'armée d'Espagne ne pouvoit pas faire.

i

On envoya de Fifmes faire des propofitions de paix : Dom Gabriël de
Tolede fut à Paris, & M. de Verderonne vint à Fifmes de la part de M.
le Duc d'Orleans ; mais tout cela ne produifit aucun effet. Pendant ce tems
on eut avis que le traitté étoit conclu à Bourdeaux, où le Roi étoit allé
lui-même avec M. le Cardinal Mazarin : M. de Bouillon qui y avoit la
principale autorité, y gouverna les affaires du parti avec l'approbation
d'un chacun, & s'y conduifit avec toute la vigueur, prudence & fermeté
qui fe peut dans une conjonéture fi difficile.

L'armée d'Efpagne féjourna un mois à Fifmes, afin de voir fi ces propofitions de paix ne produiroient aucun effet à Paris. Après ce tems là,
on tint confeil pour fçavoir quelle Ville de la frontiére on devoit affieger
en fe retirant : les Efpagnols avoient deffein d'aller à Rocroi ; mais M. de
Turenne fut d'avis d'aller plutôt à Moufon, Ville fur la Meufe à deux
lieuës de Stenai, qui fervoit beaucoup à fa confervation, & qui étendoit
un peu plus les quartiers d'hiver fur cette frontiére. Ainfi on détacha le
Marquis de Malingen, Meftre de Camp Géneral de l'armée d'Efpagne, avec
trois mille hommes de pied & deux mille chevaux, pour aller affieger
Moufon. Le refte de l'armée demeura fur la riviere d'Aifne pour couvrir
le fiége, & obferver l'armée du Roi, qui s'étoit affemblée vers Châlons.
Comme le fiége tira fort en longueur à caufe des grandes pluyes & du peu
d'artillerie qu'avoient les Efpagnols, M. le Maréchal du Pleffis qui commandoit l'armée du Roi, marcha diligemment par Verdun dans le deffein
de fecourir Moufon ; ce qui obligea l'armée d'Efpagne d'aller au fiége :
M. de Turenne demeura avec trois mille chevaux pour le couvrir, n'y ayant
point de circonvallation, & étant néceffaire de tenir l'ennemi loin, de
peur qu'il n'entreprit quelque fecours. A la fin, après fept femaines de fiége,
durant une très mauvaife faifon, la Ville de Moufon fe rendit.

Après la prife de Moufon, l'armée d'Efpagne demeura fort affoiblie par
la longueur du fiége, qui ne finit que fort avant dans le mois de Novembre : M. de Turenne voyoit bien que dans le deffein que les Géneraux
Efpagnols avoient de fe retirer dans leurs quartiers d'hiver, il perdroit
Rhetel & Château Porcien pendant l'hiver ; & que les troupes Alleman-
des, que les Efpagnols avoient levées depuis peu, périroient par les mauvais
quartiers que l'on a accoutumé de donner en Flandre : il confeilla à M.
le Comte de Fuenfaldagne de laiffer toute l'armée entre la riviere de Meufe
& celle d'Aifne ; mais n'ayant pû l'y déterminer, il demeura lui-même fur
la frontiére, avec cinq Régimens Allemans de Cavalerie nouvellement le-

vés, qui faifoient environ deux mille chevaux, & avec deux brigades des Lorrains, dont l'une étoit commandée par M. de Fauge, & l'autre par le Comte de Ligneville, qui avoit été défait par M. le Maréchal de la Ferté. Ces deux brigades faifoient deux mille cinq cens chevaux, & mille chevaux du Corps que M. de Turenne avoit levé en Allemagne. Pour l'Infanterie, elle étoit compofée de deux mille cinq cens hommes ; une partie Walons, & l'autre Lorrains, n'y ayant point d'Infanterie Françoife que le Régiment de Turenne commandé par Betbefé, celui de la Couronne par Rochepare, & celui de Stenai commandé par le Comte de Quintin : avec ces troupes & fix piéces de Campagne, M. de Turenne demeura entre la Meufe & l'Aifne. Outre celles là, M. l'Archiduc laiffa douze cens hommes de pied dans Rhetel, & deux cens chevaux fous le commandement de Delliponti, qui étoit Sergent Major Général de bataille, & homme de grande réputation en *Flandre.*

L'armée du Roi durant le fiége de Moufon, & quelque tems après, demeura dans la Champagne à fe rafraîchir, & y attendit toutes les troupes qui avoient été à Bourdeaux : quand on les eut raffemblées, elle fe trouva forte de fix à fept mille chevaux & de huit mille hommes de pied, & l'on réfolut de venir attaquer Rhetel. C'étoit affez avant dans le mois de Décembre : l'armée arriva devant la Place le Vendredi, & le Samedi on commença à faire les approches ; on prit d'abord un fauxbourg ; on s'approcha le long des maifons près de la muraille, & l'on battit une tour de la porte avec une piéce de douze : enfuite ayant trouvé les poutres du pont, aufquelles il ne manquoit pour s'en pouvoir fervir qu'à mettre des planches deffus ; les affiegeans le firent, & s'attacherent à la porte : ils en furent repouffés la premiere fois ; mais y étant retournés, les affiegés battirent la chamade, & demanderent à parlementer le mardi au matin : tout le Corps de l'armée étoit de l'autre côté de la riviere, & avoit laiffé deux Régimens pour faire une fauffe attaque qui réüffit.

M. de Turenne fçachant que l'armée du Roi marchoit au fiége de Rhetel, voulut y arriver deux ou trois jours après, afin de trouver l'armée féparée dans fes quartiers autour de la Ville, les tranchées ouvertes & le canon en batterie ; ce qui affoiblit toujours beaucoup. Après avoir marché quatre journées, le mardi il fit fept grandes lieuës pour arriver à la vûë de Rhetel, ayant oüi le canon le matin, & n'y ayant nulle apparence que la Ville fut en état d'être forcée fi tôt : il arriva à une heure de nuit à une lieuë de la Ville ; après avoir pouffé quelque Cavalerie, il fit quelques prifonniers, qui lui dirent que la Ville étoit renduë : il demeura toute la nuit en bataille, & fit tirer deux coups de canon, pour voir fi les affiegés ne répondroient point. Comme on fut fept ou huit heures fans entendre de bruit, & que les prifonniers s'accordoient tous à dire que la Ville étoit renduë, on n'en douta plus, & l'armée reprit le chemin par lequel elle étoit venuë, & alla loger à quatre lieuës de-là dans une vallée, n'ayant pas le moyen de demeurer dans la Champagne faute d'eau & de couvert.

Le mardi que la Ville fe rendit & le lendemain, l'armée du Roi fe mit enfemble, & marcha une partie de la nuit du mercredi au jeudi : le matin elle arriva à la vûë des Cravates que M. de Turenne avoit laiffés une demie lieuë derriere lui. Sur cette nouvelle il fit incontinent remonter fes troupes fur les hauts de Champagne ; & comme l'armée du Roi marchoit dans la plaine, il la côtoya près d'une heure à une demie portée de canon, fes Lorrains n'étant pas encore arrivés, qui avoient été un peu longs à fortir du quartier. Quoique fes forces ne fuffent pas égales, on ne pouvoit prendre d'autre parti que celui de combattre : les Régimens Allemans avoient l'aile droite, & la Cavalerie de M. de Turenne avoit l'aile gauche, les Lorrains n'étant pas encore arrivés. Les armées marcherent bien une heure de cette façon, M. de Turenne ne craignant rien, parceque l'Infanterie du Roi n'étoit pas encore affez près pour faire prendre la réfolution au Général de marcher à lui. Bientôt les Lorrains arriverent, & M. de Turenne voulant éviter que l'armée du Roi n'eut le tems de mettre fon Infanterie dans l'intervalle de fes deux aîles, fit promptement mettre la Cavalerie Lorraine à fa main gauche fur deux lignes, dont il y avoit douze efcadrons à la premiere, & huit à la feconde : il marcha droit à l'aile droite de l'armée du Roi. M. de Beauveau, M. de Duras, M. de Bouteville & M. de Mantaufier commandoient les efcadrons de la premiere ligne du Corps de M. de Turenne. Les Lorrains qui étoient commandés par leurs Officiers, vinrent doubler fi promptement à la gauche, qu'ils ne donnerent pas le tems à la Cavalerie de l'armée du Roi de leur oppofer que trois efcadrons ; parcequ'ils avoient toùjours reglé le premier efcadron de leur aîle droite au Corps de M. de Turenne feul ; cela étoit caufe auffi qu'ils avoient beaucoup d'efcadrons auprès de leur Infanterie, & par là le même avantage contre la Cavalerie de M. de Turenne, que les Lorrains avoient contre eux.

En cette difpofition on marcha à la charge, & toute la premiere ligne approcha la tête des chevaux les uns contre les autres, fans tirer : il y eut quantité d'Officiers tués de cette premiere charge , & presque tous les escadrons de l'armée du Roi de la premiere ligne furent rompus ; mais avec une si grande résistance que ceux des Lorrains étoient presque aussi rompus qu'eux. Les escadrons de l'armée du Roi qui étoient près de l'Infanterie , demeurerent entiers , n'ayant pas combattu ; mais toute la premiere ligne des Lorrains composée de sept escadrons , se mit en désordre contre les trois François qui lui étoient opposés : il y eut aussi quelque escadron qui passa dans l'intervalle l'un de l'autre.

M. de Turenne n'avoit de ses troupes que deux escadrons de la seconde ligne , dont la premiere fut rompuë par un escadron passé dans l'intervalle, son Colonel ayant été tué : l'autre commandé par le Major passa en avant, & en rompit deux de l'ennemi : toute la seconde ligne des Lorrains se méla avec la premiere ; de sorte que quand la seconde ligne de l'armée du Roi , qui étoit composée de tous les Régimens de la vieille armée d'Allemagne , vint en bon ordre , elle les trouva en grande confusion. M. de Turenne qui avoit voulu mener les escadrons de la premiere ligne à la charge , & puis retourner à la seconde ligne , fut obligé par la grande résistance à se mêler ; de sorte que son cheval fut blessé de deux coups, & ainsi il n'étoit plus en état de se porter en aucun lieu qu'au petit pas. Messieurs de Beauveau , de Bouteville , de Duras, de Montausier ayant rompu les escadrons qui leur étoient opposés , marcherent jusques auprès du canon , & rompirent quelques escadrons de la seconde ligne. Cependant à l'aile droite de M. de Turenne commandée par la Fauge, cinq Régimens Allemans eurent quelque avantage à la premiere charge ; mais ensuite toutes les troupes se mirent en confusion, & commencerent à prendre la fuite ; ce qui donna moyen à quelques escadrons de l'aile gauche de l'armée du Roi de revenir à l'aile droite ; & la seconde ligne ayant marché aux Lorrains qui étoient déja en grande confusion, ils prirent la fuite : M. de Fauge après avoir très-bien fait son devoir, fut fait prisonnier; le Comte de Ligneville blessé de deux coups au travers du corps ; le Prince Palatin tué , & deux autres Colonels. M. de Turenne qui avoit marché entre les Lorrains & ses troupes, se trouva dans ce désordre au commencement seul, tous les Gentilshommes qui étoient avec lui s'étant mêlés à cause de la grande résistance ; il fut reconnu souvent , & son cheval blessé encore de deux autres coups, des Cavaliers lui demandant s'il vouloit avoir quartier : la Berge son Lieutenant des Gardes, le joignit ; ils furent suivis de sept ou huit Cavaliers, dont trois prirent M. de Turenne & quelques autres son Lieutenant, mais ils s'en démêlerent heureusement ; & ayant mis hors de combat quelques-uns de ceux qui les attaquoient, ils commencerent à se retirer un peu de la presse : il n'y avoit plus de troupes de M. de Turenne en ce lieu là, & il étoit au milieu des escadrons de l'armée du Roi. La Berge pour l'empêcher d'être pris, avoit été obligé quelquefois de dire qu'ils étoient eux deux de l'armée du Roi, & que c'étoient des Allemans qui ne les connoissoient pas qui les avoient voulu tuer. Enfin par un bonheur extraordinaire on les laissa aller ; le cheval de M. de Turenne étoit blessé de cinq coups. Bientôt après il trouva Lavau Major du Régiment de Beauveau, qui lui prêta un cheval, & il se sauva au milieu des plaines de Champagne, sans que personne le suivit. Les deux aîles de son armée avoient été rompuës, & toute l'Infanterie avoit jetté les armes, excepté le Régiment de M. de Turenne, qui sans vouloir avoir de quartier se méla avec l'Infanterie de l'armée du Roi, & tous les Officiers & Soldats furent tués ou faits prisonniers, après avoir tenu ferme une heure entiere, sans aucune Cavalerie pour la soûtenir. Dom Ellevan de Gamare Géneral d'artillerie d'Espagne, se trouva auprès de l'Infanterie, où il fut pris, aussi bien que M. de Bouteville, & M. de Quintin qui commandoit le Régiment de Bourgogne.

Les choses étant entiérement desesperées, M. de Turenne ne put pas se retirer par le plus court chemin vers la riviere d'Aisne, à cause des troupes du Roi, qui en suivant les fuyards de l'aîle droite, lui avoient coupé le chemin ; il fut obligé de s'en aller par les plaines de Champagne, & arriva à Barleduc avec cinq cens chevaux qu'il avoit rencontrés sur sa route : après avoir demeuré six heures à Bar, & donné ordre à la Cava'erie qui étoit venuë avec lui, & à M. de Duras, qui y arriva un peu après avec cent chevaux, de se retirer dans le Luxembourg ; il s'en alla avec douze ou quinze des mieux montés droit à Montmedi, où il trouva une partie de la Cavalerie sauvée de la bataille, leur donna quelques quartiers aux environs, & envoya rendre compte de toutes choses à Bruxelles. Il manda en même-tems à Madame de Longueville à Stenai, qu'il étoit à Montmedi, & l'assura que si l'armée du Roi, après le gain de la bataille, marchoit vers Stenai, qu'il s'y en iroit aussi-tôt avec les troupes qu'il retenoit autour de Montmedi, qui n'est qu'à deux lieuës de Stenai. M. de Turenne ne voulut pas aller si-tôt à Stenai, de peur que les Espagnols ne crussent, qu'il ne se fioit pas entiérement à eux après la perte du combat, ou bien qu'il avoit si mauvaise opinion des affaires, qu'il étoit bien aise de chercher à se mettre promptement en un lieu, d'où on pourroit plus aifément fonger à un ac- commodement : la connoiffance auffi des affaires de Flandre lui faifoit voir qu'il valoit bien mieux demeurer dans un lieu où les Efpagnols étoient les maîtres, que d'aller à Stenai ; parceque, quoique M. de Fuenfaldagne de qui tout dépendoit en Flandre, appuyât tout le parti, néanmoins tous les gens du pays qui vouloient toûjours que l'on employât les forces d'Efpa- gne à reprendre les Places que le Roi tenoit en Flandre, & non point à favorifer le parti, fe fervoient de ce mauvais évenement pour appuyer leur opinion, & décourageoient M. de Fuenfaldagne. Si M. de Turenne après ce malheur, y eût encore ajouté la méfiance en s'en allant à Stenai, il eft, fans doute, que M. de Fuenfaldagne eût changé de mefures, & qu'il eût fallu fonger à un accommodement honteux. Mais la chofe prit toute une autre face ; & fçachant que M. de Turenne étoit à Montmedi, & tous les Officiers de l'armée témoignant être fort contens de lui, on lui envoya de la part de M. l'Archiduc un pouvoir pour difpofer de toutes les Charges de ceux qui avoient été tués à la bataille, & les quartiers tels qu'il les de- manda pour fes troupes.

Peu de tems après, M. de Turenne s'en alla voir Madame de Longue- ville à Stenai, où ils réfolurent enfemble de demeurer dans la même pen- fée jufqu'à la liberté de M. le Prince. M. de Lorraine & M. de Fuenfalda- gne vinrent enfuite à Namur, pour conferer avec M. de Turenne : ils y demeurerent quatre jours enfemble pour donner ordre aux quartiers des troupes ; & s'en étant retournés à Bruxelles, M. de Turenne voulut trait- ter avec M. l'Electeur de Cologne pour des quartiers dans le pays de Lié- ge ; mais n'ayant pû s'accommoder, il y mena fes troupes.

Durant ce tems là, les défordres recommencerent à Paris, & il y eut grande apparence de la liberté de M. le Prince. Comme il y a beaucoup de gens qui ont écrit particulierement toutes les caballes qui fe formerent alors, je n'en dirai rien ; mais feulement que M. de Turenne étant bien averti qu'il y auroit bientôt un changement, demeura auprès de fes trou- pes, ou dans les lieux un peu loin de Bruxelles. Comme il étoit dû par les Efpagnols plus de trois cens mille écus pour accomplir le traitté fait avec eux, M. de Fuenfaldagne en offrit cent mille à M. de Turenne ; mais il ne jugea pas à propos de les recevoir, dans un tems où les affaires l'obligeroient peut-être à chercher les moyens de fe dégager d'avec les Efpagnols. Peu après il apprit par le fieur de la Berge, que Madame de Longueville lui envoya, que M. le Prince étoit forti du Havre, & étoit allé à Paris : il sçut auſſi en même-tems que M. le Cardinal Mazarin étant parti de la Cour étoit allé au Havre, croyant engager M. le Prince dans ſes intérêts, & voulant perſuader qu'il lui donnoit ſa liberté, quoiqu'il y fut obligé par les remontrances du Parlement, & la liaiſon de M. d'Orleans & du Cardinal de Retz. M. le Cardinal n'ayant pû réüſſir dans ce projet, eſpera que la Reine ſortiroit avec le Roi hors de Paris pour l'aller trouver vers la Champagne ; mais elle en fut empêchée par les Gardes que M. d'Orleans & le peuple firent faire devant le Palais Royal ; ce qui obligea M. le Cardinal d'aller à Sedan, enſuite au pays de Liége, & delà à Cologne, dont il revint, comme il ſera dit ci-après.

M. de Turenne qui étoit à la Roche en Ardenne, s'en alla incontinent à Stenai, pour chercher les moyens de ſatisfaire à l'autre clauſe du traitté d'Eſpagne, qui étoit, après la liberté de M. le Prince, de travailler à une paix juſte, égale & raiſonnable. Il envoya avertir M. le Comte de Fuenfaldagne, qu'encore que M. le Prince fût en liberté, qui étoit le premier article du traitté, & que l'on pût, ſur ce qu'on y avoit manqué en tous les tems à l'égard des ſommes promiſes, prendre un prétexte bien raiſonnable de ſe dégager du ſecond, que néanmoins la maniere obligeante dont il en avoit toûjours uſé, & la connoiſſance certaine que ce n'étoit que la néceſſité, & non la mauvaiſe volonté qui l'avoit obligé à manquer, feroient qu'il ne partiroit point de Stenai qu'après avoir donné tout le tems raiſonnable pour travailler à ce ſecond article. Etant arrivé à Stenai, il trouva des lettres que M. le Prince écrivoit à Madame de Longueville, par leſquelles il témoignoit ſouhaiter fort de la voir, & faiſoit de grands complimens à M. de Turenne ſur tout ce qui s'étoit paſſé.

Peu de jours après, Madame de Longueville partit pour s'en aller à Paris, ayant envoyé à Bruxelles pour faire ſçavoir aux Eſpagnols qu'elle travailleroit de bon cœur à la paix, & les remerciroit de l'aſſiſtance qu'ils avoient donnée pour la liberté de M. le Prince. M. de Turenne demeura à Stenai, & ne fut point embaraſſé de ce que Madame de Longueville en partoit : ce n'eſt pas qu'ils ne fuſſent en bonne intelligence ; mais n'étant point fort preſſé pour ſes interêts particuliers, il ne vouloit ſortir de l'affaire qu'avec honneur. Il écrivit à M. le Prince qu'il trouvoit fort à propos que l'on envoyàt promptement quelque perſonne de conſidération, avec ordre de travailler à la paix, & qu'il ne jugeoit point qu'on pût ſe retirer de bonne grace d'avec les Eſpagnols, avant que d'avoir fait voir par des effets réels, que l'on y ſongeoit tout de bon, & que l'on faiſoit des ouvertures raiſon-
nables.

nables. On envoya de la Cour M. de Croiſſi à Stenai, & par les inſtances
que M. de Turenne fit à Bruxelles, M. l'Archiduc envoya M. Friquet. On
preſſa fort cette négociation, & l'on propoſa du côté de la France que M.
le Duc d'Orleans iroit avec un plein pouvoir ſur la frontiére avec des perſonnes nommées, ſi M. l'Archiduc y vouloit venir avec le même pouvoir de la part du Roi d'Eſpagne, que les Eſpagnols avoient toujours
dit qu'il avoit. D'ailleurs M. de Turenne fit ſçavoir à M. le Comte de
Fuenſaldagne que l'on ſatisferoit l'Eſpagne par raport au Portugal & à la
Catalogne, pourvû que les autres conditions de la paix fuſſent raiſon-
nables : mais on connut bien qu'il n'y avoit point de *plein pouvoir* en Flandre, & qu'apparemment les grandes eſpérances que l'on avoit conçûës en
Eſpagne des guerres civiles de France, avoient ôté toute penſée de ſonger promptement à la paix.

Après deux mois de négociation, M. de Turenne manda à M. de Fuenſaldagne, qu'ayant fait de ſon côté tout ce à quoi il s'étoit obligé pour la
paix, qu'il s'en alloit à Paris : il le remercia en même tems de l'aſſiſtance
qu'il avoit reçûë du Roi d'Eſpagne & de la civilité avec laquelle il en
avoit uſé envers lui en toutes rencontres, & lui fit dire auſſi qu'il donneroit ordre à trois ou quatre cens chevaux qui lui étoient reſtés de la bataille de Rhétel & qu'il avoit fait lever en Allemagne, de le venir trouver
en France.

Pendant le ſéjour de M. de Turenne à Stenai, après le départ de Madame de Longueville, il ſentit par les différentes lettres de M. le Prince,
& par les avis qu'il avoit de Paris, qu'il changeoit ſouvent de penſée
depuis ſa ſortie de priſon, ſouhaittant quelquefois que M. de Turenne vint
bientôt à Paris, & d'autres fois déſirant qu'il demeurât à Stenai, ſuivant
l'envie qu'il avoit ou de ravoir promptement la Place, que M. de Turenne
par ſon retour lui eût remis entre les mains, ou de continuer en liaiſon
avec les Eſpagnols. Quand Madame de Longueville partit de Stenai, elle
voulut engager M. de Turenne à lui donner ſa parole, de demeurer toujours
dans les interêts de M. le Prince : mais lui qui croyoit, après avoir montré
durant la priſon de M. le Prince un ſi grand déſintéreſſement, pouvoir agir
ſuivant qu'il le trouveroit plus à propos, dit à Madame de Longueville qu'il
ne pouvoit pas en donner ; mais qu'après avoir fait ſortir ſes gens de Stenai,
remis la Place entre les mains de M. le Prince, & ſatisfait aux Eſpagnols
touchant l'article de la paix, qu'il s'en iroit à Paris où il verroit le Prince &
prendroit là ſes meſures. En effet M. de Turenne, depuis que Madame de

K

 Longueville fût partie, jufqu'à ce qu'il s'en allât à Paris, n'a point voulu avoir d'autre conduite que de donner tout le tems néceffaire pour bien fortir d'avec les Efpagnols touchant l'article de la paix ; n'ayant eu nulle impatience d'aller à Paris, où néanmoins il fçavoit bien que tous ceux du parti de M. le Prince prenoient des mefures pour leurs intérêts particuliers : mais il ne croyoit pas que de fonger aux fiens, en fe hatant d'y aller, pût bien s'accorder avec le tems qu'il vouloit donner pour convaincre les Efpagnols, que l'empêchement à la paix venoit de ce que M. l'Archiduc n'avoit pas un plein pouvoir de traitter. M. de Turenne en ayant été pleinement inftruit & convaincu qu'il étoit inutile de demeurer davantage à Stenai, en partit & retourna à Paris. Sçachant que M. le Prince & beaucoup de perfonnes de qualité vouloient venir au-devant de lui, fans affecter qu'il ne le défiroit pas, il arriva à Paris un jour plutôt qu'il ne l'avoit dit, n'aimant point ces fortes d'honneurs qui affurément font de mauvaife grace, quand on vient d'avec les Efpagnols, & que l'on entre en un lieu où le Roi & la Reine demeurent.

En ce tems là, la Reine ne fe gouvernoit en fecret que par les confeils de M. le Cardinal, quoique au dehors tout paroiffoit s'oppofer à fon retour en France. Le Parlement même faifoit fouvent des remontrances là-deffus ; & quoique le Roi & la Reine y répondoient qu'on pouvoit s'affürer que le Cardinal ne feroit plus rappellé à la Cour, tous ceux cependant qui vouloient obtenir des graces de la Reine s'adreffoient à M. le Cardinal à Cologne. M. le Prince tenoit fouvent des confeils à l'Hôtel de Longueville, étoit affez bien avec M. le Duc d'Orleans, & alloit fort rarement au Palais Royal. M. le Cardinal quand il le fit fortir du Havre, crut qu'il s'ajufteroit avec lui. Depuis qu'il fut arrivé à Paris, il témoigna vouloir achever le mariage de M. le Prince de Conti avec Mademoifelle de Chevreufe, qui étoit une des conditions fur laquelle M. le Coadjuteur avoit travaillé à fa liberté. Quand M. de Turenne arriva à Paris, le mariage étoit rompu, M. le Coadjuteur étoit fort mal avec M. le Prince, qui défirant le Gouvernement de Guyenne pour lui, & de Provence pour M. le Prince de Conti, fe rapprochoit un peu de la Cour, fans avoir pourtant, à ce qu'il difoit, aucune communication avec M. le Cardinal : mais il eft bien vrai que Madame de Longueville & M. le Prince de Conti négocioient avec le Miniftre par le moyen de Madame la Princeffe Palatine, & promettoient que M. le Prince fe radouciroit pour le retour de M. le Cardinal, s'il avoit ce qu'il demandoit.

M. le Prince vint voir M. de Turenne dès qu'il le fçut arrivé, le mena
au Louvre & de-là dîner avec lui, & après on s'affembla à l'ordinaire à
l'Hôtel de Longueville; mais M. de Turenne après ce jour-là ne voulut
plus y retourner; ayant aifément reconnu, & par les avis qu'il avoit eus
à Stenai, & par ce qu'il vit à Paris, qu'il ne s'agiffoit que des interêts
particuliers & de belles apparences au dehors qui pourroient tromper ceux
qui ne voyoient pas clair. M. le Prince affûroit M. de Turenne qu'il feroit
toujours prêt à lui rendre le même fervice qu'il venoit de recevoir de lui,
& le vouloit fort engager à avoir des prétentions à la Cour, qu'il promettoit de folliciter avec foin. Cependant les troupes du Roi ayant reçu
des bons quartiers d'hiver & étant rétablies, celles de M. de Turenne qui
feules avoient travaillé pour la liberté de M. le Prince, demeuroient fans
nul établiffement, ni quartiers : M. le Prince s'offrit bien d'en parler, mais
il ne s'y intereffa pas comme une chofe qui le touchoit de près.

Il faudroit parler fort au long fi l'on vouloit dire tous les changemens
d'interêts, qui fe firent dans les principaux perfonnages de la Cour. Elle
étoit en un état bien bas, fe méfiant de prefque tous les gens de qualité
qui y alloient, & n'ofant faire aucune action de vigueur en arrêtant ni
même en témoignant aucune mauvaife volonté à perfonne. M. de Turenne
ayant agi en toute rencontre contre les interêts de M. le Cardinal de Mazarin, n'avoit nulle penfée de fe raccommoder avec lui & ne faifoit aucune diligence à fe mettre bien avec la Reine; mais il voyoit fi peu de
régle dans les penfées de M. le Prince, qu'il ne vouloit prendre aucun
nouvel engagement avec lui. Long-tems même après fon retour à Paris,
Madame de Longueville ayant voulu fçavoir de lui s'il demeureroit dans
les interêts de M. le Prince, il lui dit que ce qu'il avoit fait par le paffé
lui donnoit lieu, le voyant en liberté, de bien méditer avant que de s'engager de nouveau. Il demeura toujours dans cette difpofition, voyant affez
fouvent M. le Prince qui vivoit fort bien avec lui ; mais qui étoit fi combattu de diverfes penfées que M. de Turenne ne crut point, quoiqu'il s'accommodât ou qu'il rompît avec la Cour, pouvoir prendre de liaifon fûre
avec lui. Ce n'eft pas que M. le Prince ne lui témoignât beaucoup de re-
connoiffance, & qu'en effet il n'ait toujours eu beaucoup d'eftime pour
lui & autant d'amitié que pour perfonne : mais M. de Turenne fongeoit
qu'il n'étoit pas raifonnable de s'engager contre la Cour à une fuite d'affaires, dont il fçavoit que le but n'étoit que de procurer les interêts d'un petit
nombre de perfonnes, fans aucune vûe du bien public.

Ces confidérations l'ont toujours fait demeurer ferme à ne fe point mettre dans le parti de M. le Prince , depuis fa fortie de prifon : elles ne l'ont pas obligé non plus à faire des recherches baffes du côté de la Cour. Il fouhaittoit que les affaires vinffent en état que M. de Bouillon & lui puffent s'y raccommoder ; mais il ne faifoit pour cela aucun pas contre la bien-féance. Pendant l'abfence de M. le Cardinal , ceux qui avoient le plus de pouvoir , ne fouhaittoient pas que M. de Bouillon & M. de Turenne s'attachaffent fort à la Cour ; & quoique M. le Prince fît de grandes avances aux deux freres , M. de Turenne avoit dans l'efprit que toutes chofes lui étoient meilleures que d'entrer dans fon parti , après les chofes paffées , & vouloit vivre à l'avenir éloigné de toute caballe.

Quelque tems avant que M. le Prince eut le gouvernement de Guyenne , & fur la difficulté que l'on fit à la Cour de donner celui de Provence à M. le Prince de Conti , les foupçons commencerent à augmenter de part & d'autre , & la caballe qui foutenoit M. le Prince dans fes prétentions , commença à s'affoiblir. M. le Prince voyant qu'elle ne pouvoit pas lui procurer ce qu'il défiroit , fe tourna contre elle & fe lia plus qu'auparavant avec M. le Duc d'Orleans , avec les mécontens & avec Madame de Longueville , qui n'étoit pas fatisfaite de ce que l'on difiéroit de donner le Gouvernement de Provence à M. le Prince de Conti , & qui n'avoit pas beaucoup d'envie de retourner en Normandie. Toutes ces chofes ayant obligé M le Prince à n'aller plus chez la Reine , il eut avis que dans ce dernier réfroidiffement il y avoit eu quelques murmures fourds qu'on vouloit l'arrêter : ces bruits joints à une allarme qu'il eût une nuit , que l'on avoit vû quelques foldats marcher vers l'Hotel de Condé , l'obligerent de s'en aller de grand matin à S. Maur , à deux lieuës de Paris.

Cette journée-là , tous ceux qui étoient entiérement attachés à fes interêts s'en allerent le trouver , & M. de Turenne alla chez la Reine. Comme durant le peu de jours qu'il demeura à S. Maur , on parla de négociations , & que beaucoup de gens l'alloient voir qui ne lui avoient donné aucune parole , M. de Turenne s'y en alla auffi : il eut un entretien de deux heures avec lui dans le parc où ils fe promenerent tous deux , & il n'y eut point de complimens que M. le Prince ne lui fit , en témoignant le grand défir qu'il avoit qu'il voulut entrer avec lui dans le parti dont il lui montroit la grandeur par la quantité de Provinces qui fe déclareroient pour lui , & par l'état où étoit la Cour. M. de Turenne demeura dans fa premiere penfée , de ne prendre aucun engagement , & ne voulut pas s'éclaircir avec lui fur les raifons qui l'empêchoient d'entrer en cette affaire ; lefquelles en effet étoient de telle nature, qu'on les garde en foi pour y conformer fa conduite, & non point pour les divulguer, fçachant bien qu'elles ne feroient aucun effet, & ayant une entiere connoiffance du naturel des perfonnes qui devoient entrer dans la caballe.

Quelque tems après, M. le Prince revint à Paris toujours fort mal avec la Cour ; enfuite les négociations n'ayant rien produit, il s'en alla à Montrond avec M. le Prince de Conti & Madame de Longueville ; enfin en Guyenne où il commença à fe déclarer ouvertement contre la Cour. Les principaux Miniftres qui s'étoient oppofés aux établiffemens de M. le Prince, l'avoient pouffé autant qu'ils avoient pû à fortir de Paris ; & quand il faifoit quelques ouvertures d'accommodement, il les tournoient du mauvais côté : toute cette caballe fouhaittant fon éloignement, & que les chofes fe portaffent à l'extrémité contre lui. Ces Meffieurs ne trouvoient pas auffi leur compte que M. de Bouillon & M. de Turenne demeuraffent à la Cour. Dans ce tems-là elle alla à Bourges & de-là à Poitiers en fe cachant aux deux freres, perfuadée que ce traittement les mettroit dans le parti de M. le Prince ou dans celui de M. d'Orleans qui fe formoit à Paris. M. de Turenne fut toujours d'avis de demeurer plutôt quelque tems inutile, que d'entrer dans toutes ces intrigues.

Cependant M. le Duc d'Orleans & le Parlement de Paris étoient allarmés du retour de M. le Cardinal Mazarin, qui ayant demeuré en Allemagne depuis la fortie de prifon de M. le Prince, s'en revint joindre la Cour à Poitiers avec quatre ou cinq mille hommes, qu'il avoit levés & de quelques troupes qu'il avoit prifes fur la frontiére. M. de Bouillon étoit au plus fort de fes affaires qu'il follicitoit au Parlement ; ce qui retint M. de Turenne à Paris un mois plus qu'il n'eût défiré ; car il vouloit arriver à la Cour en même tems que M. le Cardinal Mazarin. Auffi-tôt que les affaires de M. de Bouillon furent concluës, M. de Turenne s'en allant à Poitiers, fçavoir que la Cour feroit fi changée par le retour du Cardinal, que M. de Bouillon & lui y feroient bien reçûs ; M. le Cardinal ayant toujours écrit des chofes fort avantageufes pour eux, dès qu'il fçut qu'ils n'étoient point embarqués avec M. le Prince ; au lieu que ceux qui environnoient le Roi dans l'abfence du Cardinal, n'avoient cherché qu'à nuire aux deux freres.

M. de Turenne trouva la Cour entiérement gouvernée par M. le Cardinal ; mais les affaires étoient dans un grand trouble, tant par la guerre que M. le Prince faifoit en Guyenne, que par les troupes de M. le Duc d'Or-

Aɴ. 1651.

Aɴ. 1652.

leans qu'il avoit fait rassembler sur la riviere de Loire. D'ailleurs le Parlement de Paris avoit mis à prix la tête de M. le Cardinal Mazarin , & s'étoit entiérement lié aux interêts de M. le Duc d'Orleans. La Cour quitta Poitiers pour aller à Saumur , escortée des troupes que M. le Cardinal avoit emmenées. M. le Maréchal d'Hocquincourt les mena ensuite devant Angers qui se rendit après quelques jours de siége, & on prit aussi le pont de Cé. La Cour s'en alla de-là à Tours & ensuite à Blois. Dans le tems même M. de Nemours emmena six mille hommes de Flandre, composés des troupes de M. le Prince, & de Régimens Allemans que les Espagnols lui avoient donnés. Ils ne trouverent aucune difficulté à traverser la France , n'y ayant point de troupes à leur opposer, & vinrent joindre les troupes de Gaston près d'Orleans , laquelle ville, par l'arrivée de Mademoiselle, demeura dans le parti des Princes.

Dans ces circonstances , la Cour assembla des troupes qui étoient vers Montrond & en fit venir de Champagne ; & M. de Turenne en accepta le commandement. On crut à la Cour qu'il seroit difficulté que M. le Maréchal d'Hocquincourt le pût joindre avec le Corps qui avoit remené M. le Cardinal Mazarin : mais voyant qu'il falloit aller au bien des affaires , dans un tems où elles étoient en si mauvais état , il n'en fit point de scrupule , & deux jours après craignant que l'ennemi ne se saisît du pont de Gergeau, il s'y en alla. M. de Palluau y étoit arrivé un jour auparavant par son ordre & avoit fait rompre une partie du pont. Comme M. de Turenne y arriva avec fort peu de gens, l'armée du Roi étant à six ou sept lieuës de-là, il fit raccommoder le pont pour donner jalousie aux ennemis, & faire croire qu'il vouloit les attaquer, ne croyant pas que de leur côté ils songeaffent à forcer ce Pont. Cela ne l'empêcha pas d'y marcher ; il ne s'y trouva au commencement que deux cens mousquetaires du Régiment d'Uxelles , sans munitions. On se hâta d'y faire marcher trois ou quatre Régimens d'Infanterie qui étoient à deux heures de-là : mais durant le tems qu'ils furent à y arriver, les ennemis firent leur plus grand effort & emporterent plus de la moitié du pont. M. de Turenne, M. le Maréchal d'Hocquincourt & beaucoup d'Officiers firent une barricade dans ce qui leur resta du pont , n'ayant plus de soldats qui pûssent tirer, faute de munitions ; & le canon des ennemis les incommodant beaucoup. M. de Longpré y fut blessé d'un éclat, & beaucoup d'Officiers. Enfin après avoir soutenu ce poste long-tems contre toutes les troupes de l'ennemi , les Régimens arriverent ; ce qui obligea les ennemis à demeurer de l'autre côté de l'eau,

La Cour paſſoit aſſez proche de-là pour aller à Sulli, & on fut plus de trois heures avant que cette Infanterie arrivât : ſi l'ennemi eût fait un effort à cette barricade, il auroit certainement emporté le pont & eût fait courir grand hazard au Roi & à la Reine, qui euſſent été obligés de ſe ſauver avec peine, l'armée n'étant pas enſemble. On rompit le pont de Gergeau ; & comme celui de Gien étoit de grande conſéquence, on y marcha avec toute l'armée qui y paſſa deux jours après la riviere de Loire, & la Cour vint s'y établir.

On eût nouvelle en même tems que M. le Prince étoit venu de Guiene joindre ſon armée avec ſix ou ſept perſonnes avec lui ; & après que les rebelles eurent fait grandes réjouiſſances de ſa venuë, il marcha à Montargis qui ſe rendit auſſi-tôt, n'y ayant perſonne dedans. Son armée étoit forte de ſix à ſept mille hommes de pied & cinq mille chevaux, compoſée de troupes de M. d'Orleans, des ſiennes & de ce renfort de Flandre. Celle du Roi avoit quatre à cinq mille hommes de pied & quatre mille chevaux. C'étoit au mois d'Avril & il n'y avoit pas moyen de ſubſiſter enſemble à cauſe du fourage ; de ſorte que l'armée du Roi, après avoir paſſé la riviere de Loire à Gien, marcha derriere le canal de Briare pour pouvoir un peu s'élargir. M. le Maréchal d'Hocquincourt ſe logea à Bleneau avec toutes ſes troupes, & M. de Turenne avec les ſiennes à Briare : le lendemain il s'en alla diner à Bleneau avec M. le Maréchal d'Hocquincourt qui lui dit, qu'ayant envoyé des partis vers Château-renard, on lui avoit rapporté que M. le Prince marchoit vers la Bourgogne. Comme M. de Turenne l'eût quitté & fut revenu à ſon quartier, il ſçut à ſept heures du ſoir par un homme que M. le Maréchal d'Hocquincourt lui envoya, que M. le Prince marchoit droit à Bleneau, & en effet M. le Prince ayant appris que les quartiers du Maréchal étoient un peu ſéparés, marcha droit à Chatillon, & de-là au canal ſur lequel M. le Maréchal d'Hocquincourt avoit logé ſes Dragons : le Prince les ayant emporté ſans nulle réſiſtance, paſſe le canal avec toute ſon armée à l'entrée de la nuit. M. le Maréchal d'Hocquincourt ne croyant pas que ſa marche put être ſi diligente, & ſe fiant ſur ce que ſes Dragons tiendroient plus de tems au paſſage du canal, avoit un peu attendu avant que de raſſembler ſes troupes ; mais étant averti que les Dragons étoient attaqués ſur le canal, il manda promptement ſa Cavalerie qui étoit fort proche de lui, & marcha où étoit l'alarme. Il trouva M. le Prince paſſé ; & voulant s'oppoſer à lui derriere un village qui étoit déja aſſez loin du paſſage, il chargea deux ou trois fois avec ſa Cavalerie qui fut rompuë; son Infanterie n'ayant pas eu le tems de venir au rendez-vous, se retira dans Bleneau Le peu qui se trouva en Campagne fut dissipé ; mais comme c'étoit la nuit, la Cavalerie ne perdit pas beaucoup de gens : son bagage fut tout pillé ; & les ennemis n'osant les suivre que lentement, M. le Maréchal d'Hocquincourt, après avoir fait tout ce qui se peut dans l'action, se retirant avec une bonne partie auprès de Bleneau, marchoit sur le chemin de S. Fargeau.

M. de Turenne, dès qu'il fut averti que l'ennemi marchoit, envoya promptement à sa Cavalerie qui étoit dans trois ou quatre villages à une lieuë de lui, & leur manda de se rendre entre Bleneau & Ozoüer où étoit M. de Navailles avec quatre Régimens. Pour lui il s'y en alla en diligence avec l'Infanterie qu'il avoit dans son quartier. Comme il arriva sur les hauteurs auprès d'Ozoüer, il apprit par des gens qu'il envoya à M. le Maréchal d'Hocquincourt pour lui dire qu'il marchoit, que l'ennemi étoit en pleine marche entre Ozoüer & Bleneau. Il vit deux ou trois des quartiers de M. le Maréchal d'Hocquincourt en feu ; & comme c'étoit la nuit, on entendoit en s'éloignant un peu des troupes, les timballes & les tambours de l'ennemi. Quelques gens s'étoient voulu flatter que ce n'étoit qu'un fort parti ; mais on connut bien en ce tems-là que toute l'armée de M. le Prince y étoit. M. de Turenne n'avoit auprès de lui que deux Régimens de Cavalerie & deux mille hommes de pied ; toute la Cavalerie n'étant pas encore au rendez-vous qui étoit, comme j'ai dit, entre Ozoüer & Bleneau : neanmoins M. de Turenne voyant que s'il n'alloit au-devant de sa Cavalerie, elle seroit coupée par l'ennemi, & par-là son armée mise en déroute & toutes les affaires perduës, jugea qu'à la faveur de la nuit il pouvoit hazarder cette marche quoique fort proche de l'ennemi, & s'en alla vers Bleneau, espérant trouver sa Cavalerie en chemin. On n'avoit point de guides, & on écoutoit de tems en tems pour sçavoir si on ne s'approchoit pas trop de l'armée ennemie. A la pointe du jour il se trouva dans une grande campagne & résolut d'y attendre sa Cavalerie qu'il vit paroître comme le soleil se leva. Dès qu'il l'eût joint, il aima bien mieux marcher droit à M. le Prince, quoiqu'inférieur à lui de deux tiers en troupes, que de l'attendre & lui donner le tems de défaire entiérement M. le Maréchal d'Hocquincourt. Comme il eût marché un quart de lieuë dans la plaine, il trouva un petit bois & commanda à sa Cavalerie & à son Infanterie de faire alte en-deçà, & avec six escadrons il passa au-delà & vit toute l'armée de M. le Prince qui s'avançoit, ayant cessé de

poursuivre

pourſuivre M. le Maréchal d'Hocquincourt, ſur l'avis qu'il eut que M. de Turenne marchoit à lui. Il commença à faire repaſſer ces ſix eſcadrons, ſçachant bien que s'il vouloit opiniâtrer à ce petit bois M. le Prince, il n'avoit pas de l'Infanterie capable de ſoûtenir contre la ſienne ; & que M. le Prince après avoir chaſſé par le feu ſon Infanterie hors du bois, la Cavalerie ſeule feroit peu de réſiſtance, & ſur tout après avoir été endommagée par le feu qu'il eût fallu eſſuyer en ſoûtenant l'Infanterie.

Avant que M. le Prince arrivât dans le bois, M. de Turenne fit retirer toute ſon Infanterie, & ſe mit en bataille dans une telle diſtance que l'Infanterie de M. le Prince qui étoit dans le bois ne pouvoit pas l'endommager, & de maniere auſſi qu'il ne pouvoit pas ſe mettre en bataille, ne lui ayant pas laiſſé aſſez de terrain. On demeura quelque tems en préſence ; M. le Prince ayant étendu ſes deux aîles, & faiſant contenance de vouloir paſſer en bataille ce petit bois où il n'y avoit pour venir à M. de Turenne qu'une petite chauſſée qu'on releve pour diſcerner les héritages.

Comme on eut demeuré quelque tems en cette poſture, & que l'armée de M. le Prince ne paroiſſoit plus dans le bois, M. de Turenne croyant qu'elle marchoit à couvert, & qu'elle vouloit gagner un lieu plus éloigné de lui, où elle pourroit ſe mettre en bataille, marcha dans la plaine vers le lieu où les ennemis filoient ; mais M. le Prince croyant qu'il ſe retiroit, commença à faire paſſer ſon armée ; ce que M. de Turenne ayant vû, fait en diligence tourner tête, & revient en bataille au même lieu qu'il avoit quitté ; mais il empêcha de charger les ennemis. M. le Prince repaſſa en même-tems la chauſſée ; & M. de Turenne ayant fait avancer ſon canon, fit un grand effet ſur les troupes des ennemis, dont il y eut quantité d'Officiers & de Soldats tués.

En ce tems là, M. le Maréchal d'Hocquincourt s'étant bien douté que M. de Turenne ne ſe feroit pas retiré, arriva avec ſa Cavalerie, au lieu de repaſſer la riviere de Loire, comme beaucoup de perſonnes lui conſeilloient. M. de Boüillon vint auſſi avec beaucoup de perſonnes de qualité de la Cour qui étoit à Gien, où quelques gens s'étoient ſauvés, aſſurant que l'armée étoit entierement défaite. On attendit en préſence les uns des autres juſqu'à la nuit, & on ſe retira de part & d'autre, l'armée du Roi à Briare, & celle de M. le Prince à Châtillon, qui n'ayant point attaqué l'Infanterie demeurée dans Bleneau, vint la nuit d'après rejoindre l'armée. M. le Prince partit quelques jours après de Chatillon ; ſon armée gagna Montargis, & il s'en alla à Paris, où il crut ſa préſence néceſſaire. L'armée du Roi ayant marché à Saint Fargeau, M. de Turenne crut qu'en faifant une grande diligence, celle du Prince ne prendroit pas en fon abfence fi promptement une réfolution de marcher, & qu'on pourroit gagner le devant, fe mettre entre Paris & les ennemis, pour affurer au Roi Corbeil & Melun, empêcher les recruës qu'on faifoit à Paris de venir à l'armée des Princes, leur ôter la communication de cette Capitale, & par là caufer la perte totale du parti.

La Cour alloit par Auxerre & par Sens pour gagner Melun, pendant que l'armée laiffant Montargis à gauche, approchoit affez près pour donner jaloufie à l'armée des Princes ; & marchant jour & nuit, arriva à Moret, où l'on apprit que les ennemis partant de Montargis vouloient gagner par la Ferté, un ruiffeau qui paffe à Villeroi ; mais ayant délogé trop tard, comme M. de Turenne l'avoit prévû, faute de Chefs & de ne pouvoir fe réfoudre affez tôt, l'armée du Roi paffa la riviere à Moret ; & de-là marchant par Fontainebleau, arriva à la Ferté une heure avant celle des Princes, qui n'ofant plus continuer fon chemin vers Villeroi, tourna à gauche vers Eftampes, où elle fe mit à couvert, après avoir laiffé exécuter fon deffein à l'armée du Roi, qui fe logea à Châtres, où l'on prit quantité de prifonniers qui alloient de Paris à l'armée des rebelles.

La Cour vint à Melun, & M. de Turenne étoit fort d'avis qu'elle s'en allât droit à Paris, où Monfieur & M. le Prince étoient fans troupes, & ne pouvoient plus faire aucun fondement fur leur armée : d'ailleurs il y avoit dans la Ville de fi grandes caballes contr'eux, que le peuple n'eût pas pris les armes contre le Roi appuyé de fon armée. Il y eut des raifons qui l'en empêcherent, qui n'étoient pas fans apparence : ainfi le Roi s'en alla à S. Germain, où avec des Compagnies des Gardes & des gens commandés de l'armée, on prit prefque tous les paffages auprès de Paris, après avoir défait quelques partis qui en étoient fortis, & les avoir repouffés jufqu'aux portes des Fauxbourgs.

L'armée des Princes demeura quelque tems à Eftampes, & celle du Roi à Châtres : comme Mademoifelle à fon retour d'Orleans refta à Eftampes deux jours, & que l'on eut avis que l'armée des Princes n'avoit pas été au fourage, voulant faire revûe devant elle ; & que le même jour qu'elle viendroit à Châtres pour paffer à Paris avec un paffeport, l'armée iroit au fourage ; M. de Turenne propofa à M. le Maréchal d'Hocquincourt qui le trouva fort à propos, de laiffer tout le bagage à Châtres, de marcher toute la nuit, & de fe trouver à deux ou trois heures de jour auprès d'Eftampes, pour voir ce qu'il y auroit à entreprendre. M. de Turenne efpera toûjours que M. le Prince n'étant point à l'armée, les Officiers Géneraux ne prendroient pas une fort bonne pofture devant un ennemi ; ce qui arriva : l'armée des Princes n'alla point au fourage, & Mademoifelle ne la vit en revûë que le matin que les troupes du Roi approcherent d'Eftampes. L'armée des Princes étoit affurément beaucoup plus forte que celle du Roi · on marcha en diligence, efperant la trouver en Campagne, & M. le Maréchal d'Hocquincourt avoit l'avant-garde. En arrivant fur le haut d'Eftampes, on vit que les ennemis fe retiroient dans la Ville : on continua à marcher jufques fur la hauteur du fauxbourg, où l'on vit beaucoup d'Infanterie & quelques efcadrons : on apperçut en même-tems fur une hauteur derriere le fauxbourg, beaucoup de Cavalerie en bataille ; mais comme il y a deux ou trois fauxbourgs, une Ville affez grande, un pays coupé de deux ruiffeaux, & beaucoup de hauteurs, on pouvoit mal aifément difcerner la pofture de l'ennemi. On réfolut d'attaquer ce fauxbourg, où étoit ce Corps d'Infanterie qui avoit fait un retranchement tout autour, & il y avoit un ruiffeau devant. Le combat fut fort opiniâtre : M. le Comte Broglio, M. de Navailles & M. de Vaubecourt y firent très bien, & l'Infanterie combattit long-tems à coups de main ; quoique celle du Roi y fit parfaitement fon devoir, ce ne fut que le Régiment de Turenne qui emporta à la gauche l'Infanterie des ennemis : beaucoup d'Officiers & de Soldats des autres Régimens s'étant joints à leurs drapeaux, quatre ou cinq Régimens de Cavalerie entrerent dans le fauxbourg, & rompirent la Cavalerie de l'ennemi qui foûtenoit fon Infanterie : on fit prendre au Régiment d'Uxelles le pofte du fauxbourg qui regardoit la Ville, où le Régiment de Son Alteffe & de Languedoc étant enfermés, faifoient de grands efforts pour reprendre le pofte, afin de pouvoir enfuite feconder leurs gens dans le fauxbourg : une fois même le Régiment d'Uxelles avoit été fi ébranlé qu'il commençoit à quitter fon pofte. M. de Turenne ayant rencontré le Régiment de Cavalerie du Meftre de Camp, marcha en diligence avec lui pour foûtenir ce Régiment, & lui fit reprendre fon pofte qu'il garda toûjours depuis. M. le Maréchal d'Hocquincourt fit très bien dans le fauxbourg ; & après trois heures de combat, on défit entiérement neuf Régimens d'Infanterie & quatre ou cinq efcadrons de Cavalerie, on prit deux mille prifonniers & quantité d'Officiers.

Dès que l'action du fauxbourg fut paffée, la Cavalerie de l'ennemi qui étoit fur une hauteur, rentra dans la Ville ; l'armée du Roi s'en alla à une

AN. 1651. llené de-là, & le lendemain à Chatres : deux jours après on fe logea à
Palaiſeau , afin d'ôter mieux la communication de Paris au Corps d'armée
qui étoit à Eſtampes ; & on commanda quelque Cavalerie de l'armée pour
aller trouver la Cour qui étoit à S. Germain , avec lequel Corps & quelques Compagnies des Gardes , M. de Turenne reprit l'Iſle-Adam , enſuite
S. Denis , où on laiſſa garniſon , & l'on pouſſa tout ce qui étoit ſorti de
Paris juſques dans les portes , après avoir fait beaucoup de priſonniers.
M. le Duc d'Orleans & M. le Prince étant à Paris ne pouvoient avcir aucun ſecours de leur armée , & n'avoient auprès d'eux que quelques recruës.

Comme il n'y avoit plus que les troupes demeurées à Eſtampes qui donnoient vigueur à Paris, & à toutes les Villes du parti en deçà de la Loire ,
M. de Turenne crut qu'il falloit s'y attacher principalement , & les obliger ou à ſortir d'Eſtampes , afin qu'il pût leur livrer bataille , ou les y ruiner par la famine : il demanda les choſes néceſſaires à la Cour ; mais elle
ne pût fournir à beaucoup près ce qu'il falloit pour avoir les outils & les
munitions de guerre. Malgré ce manquement , M. de Turenne crut qu'il
ne devoit pas rompre ſon entrepriſe , & qu'il n'y avoit point de tems mieux
employé qu'à tâcher de diſſiper ce Corps d'armée , qui étoit le fondement
de la guerre civile. Il marcha donc avec l'armée du Roi , & alla ſe loger
ſur une montagne tout près d'Eſtampes : en y arrivant de bonne heure , il
prit avant qu'il fût nuit toutes les maiſons qui ſont hors la Ville , après
beaucoup d'eſcarmouches.

Il y avoit dans la Ville trois à quatre mille hommes de pied & trois mille
chevaux : M. de Turenne avoit ſix mille hommes de pied & quatre mille
chevaux. Il logea les troupes que M. le Maréchal d'Hocquincourt avoit
commandées , & qui s'en étoit allé à ſon Gouvernement , à main droite ,
ſous les ordres de M. de Navailles , & ſe poſta lui-même à main gauche ,
tenant toutes les hauteurs du côté d'Eſtampes : il ne voulut pas s'éloigner
d'un ruiſſeau de l'autre côté que l'on n'y fut bien retranché. On commença
à faire une ligne contre la Ville , qui n'en étoit éloignée que d'une bonne
portée de mouſquet : on n'avoit pas beſoin d'en faire par le dehors , n'y
ayant point d'ennemi en Campagne à craindre. Ceux de la Ville faiſoient
ſouvent des ſorties ; & comme le travail alloit fort lentement , à cauſe du
défaut des outils , à peine le pouvoit-on mettre en état d'empêcher les
chevaux de la ſauter preſque par tout. En un jour que les Soldats étoient
au travail avec ſept ou huit eſcadrons pour les ſoutenir , les aſſiegés ſortirent de la Ville , en tuerent quatre-vingt ou cent , pouſſerent la garde de

ees fept ou huit efcadrons, & vinrent fort avant : prefque toute la Cavalerie étoit au fourage ; mais tous les Officiers y coururent , & on les repouffa affez vigoureufement : il y eut beaucoup de gens tués de part & d'autre.

Les lignes ayant été achevées, on s'appliqua à empêcher la Cavalerie de l'ennemi de fortir de l'autre côté de la Ville pour aller au fourage ; on prit les poftes pour les reſſerrer en cet endroit , & il s'y paſſa tous les jours quelques actions. Les bleds de la Beauffe qu'on avoit ramaſſés dans Eſtampes, faifoient fubſiſter les aſſiegés quelque tems ; mais à la fin ils commençoient à être fort incommodés pour les fourages , lorſque M. de Turenne apprit que M. de Lorraine , qui avoit raſſemblé fes troupes en Alface & en Flandre , s'étoit engagé dans le parti des Princes , & qu'il marchoit vers Paris. Comme il avoit aſſuré d'abord qu'il venoit pour fervir la Cour, on lui donna des vivres par toute la France pour fon paſſage. Cette nouvelle fit changer à M. de Turenne toutes fes mefures ; & eſtimant qu'il ne pût mieux employer la Campagne qu'à diſſiper l'armée des Princes, qui s'étoit trouvée un mois auparavant plus forte que celle du Roi , & compofée de vieux Régimens, il fongea à faire quelque effort contre Eſtampes, pour voir s'il pourroit l'emporter avant le tems que M. de Lorraine approcheroit, ſçachant bien que dès qu'il feroit à fept ou huit lieuës , il falloit fe retirer. N'ayant point d'équipage d'artillerie , on lui envoya les chevaux du Roi , de la Reine & des perfonnes de qualité , & on commença à faire une batterie : les ennemis avoient devant la muraille qu'on vouloit battre une grande demi-lune, qu'on emporta la nuit après un très-grand combat ; on en demeura maîtres jufqu'au jour ; & à foleil levé, les ennemis reſſortirent de la Ville , & ceux qui gardoient la demi-lune ayant pris l'épouvante , l'ennemi la regagna : il n'y avoit point de tranchée pour y aller , ni rien de couvert qu'un vallon , qui en étoit à deux cens pas. Toute l'Infanterie étoit rebutée , & par le combat de la nuit , & par la perte de la demi-lune. M. de Turenne voyant à la pointe du jour que l'ennemi laiſſoit le logement de la demi-lune en repos , s'en alla chez lui ; mais ayant entendu l'allarme , il revint en grande diligence : il commanda à fon Régiment d'Infanterie d'aller reprendre la demi-lune , lequel mettant fes drapeaux à la tête, fans aucunes troupes qui le fecondaſſent , marcha par la campagne ; & fouffrant tout le feu de la courtine , entra dans le foſſé de la demi-lune, éboulée par le travail de la nuit , monta en haut , planta fes drapeaux fur le parapet , y entra , en chaſſa les ennemis , & y établit un logement. Cette action fe fit à la vûë de toute l'armée , & fut eſtimée une des plus belles qui fe foit faite depuis la guerre. Les affiegés laifferent les chofes en cet état jufqu'à deux heures après midi : alors ils fortirent de nouveau avec quatre bataillons & vingt efcadrons de Cavalerie, dans le deffein d'aller à la batterie, & de reprendre la demi-lune ; mais après un combat qui dura fort long-tems, & où il y eut beaucoup d'Officiers & de Soldats tués ou bleffés de part & d'autre, ils fe retirerent dans la Ville fans avoir eu aucun avantage : on demeura ainfi maîtres de la demi-lune, dont on continua d'abattre les défenfes.

Vers le fauxbourg où le Régiment des Gardes faifoit fon attaque, on pratiquoit un logement pour attacher le mineur aux murailles de la Ville, quand on apprit que M. de Lorraine (ayant conclu fon traitté avec les Princes qui le preffoient de hâter le fecours d'Eftampes) marchoit en diligence à Paris ; il vint fe loger avec fon armée fur la riviere de Seine un peu plus haut que Charenton : on lui fit promptement emmener un pont de batteaux de Paris. M. de Turenne ne pouvant plus demeurer devant Eftampes, ayant un ennemi derriere foi, fans lignes de circonvallation, ni moyen d'aller au fourage, manda à la Cour qu'il étoit obligé de lever le fiége : comme il n'avoit point d'équipage d'artillerie, on lui renvoya de la Cour des chevaux. En deux ou trois voyages il retira fon canon des batteries, & fit emmener toutes les munitions à deux lieuës d'Eftampes, dans un petit bourg fermé, & après il s'y retira avec l'armée.

Comme M. de Lorraine fçut que l'on avoit levé le fiége d'Eftampes, il demeura dans fon pofte ; & faifant valoir aux Princes qu'il avoit fait lever le fiége, il recommença à négocier avec la Cour : mais comme il a continué cette maniere d'agir depuis qu'il eft forti de fon pays, on ne faifoit aucun fondement là-deffus. M. de Turenne ayant avis qu'il n'étoit point retranché, & qu'il étoit logé dans une plaine, après avoir féjourné quatre jours depuis la levée du fiége d'Eftampes, commanda à fon bagage de le fuivre jufqu'à Corbeil, où il le laiffa. Ayant eu avis que M. de Lorraine avoit marché à Villeneuve Saint Georges, qui étoit un bien meilleur pofte, il continua fa marche, traverfa un bois, & fçut que toute l'armée de M. de Lorraine ayant pris l'allarme étoit logée fur une hauteur, & avoit un ruiffeau devant elle qui n'étoit point guéable. M. de Turenne malgré cet avantage, marcha à lui plutôt. En arrivant fur une hauteur, vis-à-vis du Camp de M. de Lorraine, le ruiffeau entre deux, il envoya des partis le long de l'eau, pour voir s'il n'y avoit point de pont ou de gué : ayant appris qu'à une demie lieuë du Camp des ennemis, il y avoit un

pont que l'on pouvoit raccommoder, il y marcha en diligence, y fit remettre quelques planches ; & s'étant emparé d'une maison au-delà, commença à faire défiler ses soldats un à un sur ce pont.

M. de Lorraine ne vouloit pas bouger de son Camp, ayant fait faire en
diligence six redoutes du côté de la plaine, & étant couvert par les flancs
de la riviere, d'un bois & du ruisseau. Les troupes du Roi étoient déja
passées à l'entrée de la nuit ; & M. de Turenne voyant que s'il ne gagnoit
le pont sur la Seine que M. de Lorraine avoit fait monter avec lui, l'armée d'Estampes viendroit joindre ce Prince, avoit hâté sa marche pendant toute la nuit par des défilés, & se trouva au point du jour avec toute
l'armée dans la plaine, où il n'y avoit plus rien qui pût l'empêcher d'aller
au Camp des ennemis. Si l'armée des Princes eût joint celle des Lorrains,
il ne falloit pas que l'armée du Roi se retirât ; mais que la Cour s'en servît
pour l'escorter à Lyon. Les choses étoient dans une situation si critique,
que deux ou trois heures auroient pû changer la face des affaires. Quand
le point du jour fut venu, on se remit un peu de l'embarras causé par une
marche pendant la nuit, & l'on s'avança en ordre droit au Camp de M. de
Lorraine. Ce Prince ayant négocié à son ordinaire tous les jours précédens, envoya son Capitaine des Gardes trouver M. de Turenne, dès qu'il
sçut qu'il marchoit à lui : cependant il faisoit travailler à faire les lignes
entre ses redoutes du côté de la plaine. M. de Beaufort étoit dans son Camp
avec mille ou douze cens hommes des troupes des Princes. M. de Turenne sentit d'abord que ce Capitaine des Gardes ne venoit que pour re-
tarder sa marche ; & comme il n'y avoit rien si fort à craindre qu'une négociation, sans s'approcher du Camp des Lorrains, il ne perdit pas un
moment, & s'avança vers le Camp, voulant s'assurer avant toutes choses
si les troupes d'Estampes ne passoient pas sur le pont, & à quelque prix
que ce fût, attaquer M. de Lorraine avant qu'elles l'eussent joint, toutes les
affaires de France dépendant de-là.

On étoit bien à une lieuë & demie du Camp, quand le Capitaine des
Gardes arriva à l'armée du Roi ; & l'on demeura près de trois heures avant
que l'armée, qui marchoit en bataille, fût tout proche du Camp de M. de
Lorraine. Alors le Capitaine des Gardes s'en retourna, & revint souvent
après trouver M. de Turenne, qui ne vouloit entendre à aucune négociation, à moins que M. de Lorraine ne sortît de France avec son armée. Le
Roi d'Angleterre qui étoit arrivé le soir dans le Camp de M. de Lorraine,
envoya aussi de ses gens trouver M. le Duc d'York, qui étoit avec M. de

 Turenne, lequel auroit mieux aimé combattre que de souffrir que l'armée
d'Eftampes joignît M. de Lorraine ; mais il défiroit bien plus encore le
faire fortir de France avec fon armée, & le féparer entierement de celle
des Princes, que de hazarder un combat douteux. Par le côté de la plaine
qui étoit le feul lieu acceffible pour venir au Camp, il y avoit un bois à
la main droite, la riviere à gauche, & au front fix redoutes achevées,
lequel front étoit fi étroit que M. de Lorraine outre trois lignes de Cavalerie avoit encore mille chevaux de réferve : fon Infanterie étoit dans les
redoutes, & cinq cens moufquetaires dans le bois. Il étoit de quinze efcadrons plus fort que l'armée du Roi, qui avoit auffi quinze cens hommes
de pied plus que lui. C'étoit une fituation, comme il parut peu de
tems après, où une petite armée pouvoit en combattre une bien forte
avec avantage : néanmoins M. de Lorraine voyant l'armée du Roi à une
demie portée de canon de lui, & tous les gens détachés pour l'attaque du
bois & des redoutes, & d'autres qui marchoient droit à fon pont, qu'il
avoit fous lui à Villeneuve S. Georges, manda à M. de Turenne qu'il figne-
roit tout préfentement de fortir de France. Auffi-tôt M. de Turenne envoya de l'Infanterie fe faifir du pont fur la Seine, ayant fait dire par M.
de Varennes qu'avant toutes chofes il vouloit en être affuré. Enfuite on fit
faire alte à l'armée ; & les deux Géneraux fignerent le traitté, par lequel
il fut dit, que M. de Lorraine marcheroit tout préfentement avec fon armée, & fortiroit de France en douze jours, fuivant la route dont on étoit
convenu. M. de Lorraine laiffa M. le Comte de Ligneville & fon Capitaine des Gardes en ôtage pour la fûreté de fa parole ; & ce qu'il y avoit
de plus fûr, fon armée prit une marche dans laquelle elle laiffoit celle du
Roi en état d'empêcher fa jonction avec l'armée des Princes, quand il eût
voulu rompre fon traitté. Une heure après le traitté figné, l'armée de M.
de Lorraine commença à défiler hors de fes retranchemens, & à marcher
devant l'armée du Roi, qui demeuroit en bataille : elle fuivit fa route fuivant le traitté. On permit à M. de Beaufort de s'en aller à Paris avec ce
qu'il avoit de troupes des Princes, dont la plupart fe mirent dans l'armée
du Roi pendant que le traitté fe fignoit. L'armée d'Eftampes commençoit
à paroître de l'autre côté de l'eau ; & voyant l'armée du Roi entrer dans
le Camp de M. de Lorraine, qui prit la route de Brie, elle marcha vers
Paris pour fe mettre en fûreté, & fe logea vers S. Cloud.

Après que l'armée du Roi eut féjourné deux jours à Villeneuve, elle
marcha vers Lagni, où elle paffa la riviere, & fe logea près de Dammartin,

tin, afin d'empêcher le paffage d'un Corps de troupes, qu'on difoit devoir AN. 1652. arriver de Flandre en coulant le long de la riviere d'Oife : M. le Prince même s'étoit faifi de Poiffi, afin de lui donner moyen de le joindre.

La Cour après avoir demeuré quelque tems à Melun, s'en vint à Lagni, où M. le Maréchal de la Ferté vint joindre avec trois mille hommes. On s'en alla à S. Denis, où la Cour demeura, & on fit promptement venir des batteaux de Pontoife pour faire un pont à Epinai, afin de pouvoir marcher à l'armée de M. le Prince, qui étoit campée auprès de S. Cloud. On trouva une ifle dans laquelle on fit paffer des moufquetaires fur un pont de batteaux, & enfuite on paffa l'autre bras. M. le Prince vint avec quelques efcadrons & deux ou trois cens moufquetaires pour empêcher le paffage ; mais voyant qu'il y avoit beaucoup de canon déja logé, & des moufquetaires que M. le Maréchal de la Ferté avoit fait retrancher en diligence de l'autre coté de l'eau, il fe retira en fon Camp, & à l'entrée de la nuit fit paffer fon armée fur deux ponts qu'il avoit à S. Cloud, & marcha dans l'intention d'aller à Cha enton, croyant que le pont étant achevé, l'armée du Roi y pafferoit toute la nuit, & qu'ainfi la riviere feroit toujours entre les armées : mais le plus grand Corps de l'armée étoit encore en-deçà de l'eau.

La Cour eut un faux avis de Paris que l'armée des Princes marchoit déja par derriere Montmartre & cotoyoit les fauxbourgs de S. Martin : M. le Cardinal en fit promptement avertir M. de Turenne qui s'en vint en diligence à S. Denis toute la nuit, & commanda que l'armée le fuivit : il manda auffi à ce qui étoit dans l'ifle de repaffer en diligence. M. le Maréchal de la Ferté, à caufe que toutes fes troupes avoient paffé l'eau, ne put fuivre que cinq ou fix heures après. Ainfi, à la pointe du jour, toute l'armée du Roi, hors le Corps de M. le Maréchal de la Ferté, fe mit en bataille dans la plaine entre S. Denis & Paris. M. de Turenne s'étant avancé avec dix ou douze chevaux paffa au travers de la Chapelle, & vit l'Infanterie de l'arriere-garde du Prince & quelques efcadrons qui marchoient près du fauxbourg. On croyoit le Corps de l'armée ennemie beaucoup plus avancé vers S. Antoine & Charenton ; mais la nuit l'ayant arrêté au cours de la Reine mere, elle ne put commencer fa marche qu'à la pointe du jour. Comme donc M. de Turenne eût vû l'arriere-garde, il fit promptement avancer quelques efcadrons de Cavalerie, & commanda au refte de l'armée de fuivre. On les joignit vers le fauxbourg S. Martin ; & comme leur Infanterie filoit toujours, on chargea quatre ou cinq efcadrons de l'arriere-garde que l'on rompit, & on prit beaucoup d'Officiers & de cavaliers prisonniers : on continua à les fuivre tout le long des fauxbourgs, jufqu'auprès celui de S. Antoine. Il y avoit une partie de leur avant-garde qui étoit déja vers Charenton ; mais ayant eu l'allarme, elle vint fe mettre en bataille auprès du fauxbourg S. Antoine où l'arriere-garde la joignit. M. le Prince fit auffi tourner fon canon ; & comme la Cavalerie de l'armée du Roi avançoit, il en fit tirer quelques volées contre elle qui attendoit que l'Infanterie arrivât, laquelle à caufe des grands défilés qu'il y a autour de Paris, demeura un peu long-tems à venir, & donna le loifir à M. le Prince de faire retirer toutes fes troupes dans le fauxbourg, où il trouva toutes les ruës qui avoient des barricades faites ; ce qui lui fut d'un grand avantage. Ces barrières s'étoient faites à deffein par les Parifiens, pour fe garantir des coureurs de l'armée de M. de Lorraine, pendant qu'il étoit à Ville-neuve S. Georges. M. le Prince fit mettre fon Infanterie derriere les murailles les plus avancées, & les fit percer afin que les moufquetaires pûffent tirer, & il fe mit en très bonne pofture.

Comme l'Infanterie de l'armée du Roi arriva, on avoit cru qu'il feroit meilleur d'attendre le canon ; mais la quantité de perfonnes de la Cour qui preffoient, comme s'il n'y avoit qu'à avancer pour défaire entiérement les ennemis, obligea M. de Turenne de commander un bon nombre d'Infanterie des Gardes & d'autres Régimens avec les Gendarmes & Chevaux-legers du Roi, & d'autres Régimens de Cavalerie, pour donner par deux ruës différentes. On emporta les premiers retranchemens ; mais comme il falloit paffer un à un, & que l'on fe mettoit en confufion pour fuivre l'ennemi, on trouva dans les ruës plus larges un Corps de Cavalerie où M. le Prince fe trouva, & beaucoup de perfonnes de qualité, qui chargeant cette Cavalerie & Infanterie qui entra en défordre, les repouffa fans réfiftance jufqu'à l'entrée du fauxbourg. M. de S. Maigrin Lieutenant des Chevaux-legers de la garde y fut tué. On attaquoit auffi en même tems cette Infanterie de M. le Prince, paffée derriere les murailles & dans les maifons : le combat fut fort opiniâtre, & on les emporta en beaucoup de lieux ; mais ce fut après que le canon fut arrivé : on y prit même deux cens hommes dans une maifon ; mais les Corps des Régimens de l'ennemi demeurerent toujours derriere les grandes traverfes du fauxbourg d'où ils avoient rechaffé les nôtres. On leur prit à la main gauche une barricade que l'on garda, où il y eut beaucoup de leurs foldats tués ; mais on ne put pas paffer outre en aucun endroit, toute l'Infanterie ayant été fort rebutée dans ces attaques. En effet, M. le

Prince étant preffé , trouva par hazard un fauxbourg bien barricadé , fon **An. 1652.** deffein ayant été d'aller paffer au pont de Charenton.

Comme on étoit l'un devant l'autre , le Corps de M. le Maréchal de la Ferté arriva : on réfolut de faire encore une attaque générale , étant renforcé de ces troupes-là. Mais en ce tems la ville de Paris ayant par la follicitation de Mademoifelle , ouvert les portes à l'armée de M. le Prince , elle marcha par le milieu de la ville & s'en alla vers le fauxbourg S. Jacques. Le Roi étoit venu de S. Denis , & demeura fur une hauteur jufqu'à la nuit ; & comme on eut marché pour cette feconde attaque , on ne trouva plus de troupes dans ce fauxbourg : ce qui obligea l'armée à fe retirer avec le Roi à S. Denis.

Pendant que l'armée des Princes logeoit autour du fauxbourg S. Jacques , il arriva un grand défordre dans la Maifon de Ville de Paris. Le mauvais état des affaires des Princes leur fit preffer l'armée d'Efpagne de partir de Flandre pour venir à leur fecours : elle partit d'auprès de Cambrai , & paffant entre S. Quentin & Ham , s'en vint à Chauni , où M. d'Elbeuf s'étant enfetmé avec huit cens chevaux , ils le prirent prifonnier de guerre , & en gardant des ôtages laifferent venir les cavaliers à pied , & prirent tous leurs équipages & chevaux. M. de Lorraine qui étoit demeuré fur la frontiére de France depuis ce qui s'étoit paffé à Ville-neuve S. Georges , marcha auffi-tôt par la Champagne pour joindre l'armée d'Efpagne , laquelle après la prife de Chauni s'en vint à Fifmes joindre M. de Lorraine.

La Cour étoit à S. Denis quand on apprit la marche de l'armée d'Efpagne , & on envoya en Normandie pour fçavoir fi le Roi feroit reçu à Rouen : mais le mauvais état de fes affaires caufé par la marche de l'armée d'Efpagne , fit croire qu'il n'y auroit point de fûreté pour le Roi à Rouen. On avoit peu de jours auparavant parlé de traitter avec M. le Prince. M. de Turenne étoit d'avis que l'on fe relâchât dans beaucoup de chofes , & que pourvu que l'autorité du Roi demeurât entiere après l'accommodement , que l'on ne pourroit pas lui donner trop de chofes pour fortir de cette affaire : mais quoiqu'on fe relâchât , la marche des Efpagnols lui avoit ôté toute pente à s'accommoder. La Cour fe trouvoit dans une extrême peine ; l'armée du Roi ne montoit pas à plus de huit mille hommes ; celle des Princes étoit de cinq mille à Paris , & celle des Efpagnols jointe aux Lorrains étoit de vingt mille. La Normandie ne vouloit point recevoir le Roi. Le foir qu'on eut cette nouvelle M. de Turenne étoit au Camp , & étant venu le lendemain à S. Denis , il apprit que la réfolution avoit été

 prife de s'en aller avec la Cour vers la Bourgogne & vers Lyon, menant
feulement deux mille hommes pour l'efcorter. Il fçut cette nouvelle par
M. de Ruvigni, & lui dit auffi-tôt que tout étoit perdu fi on prenoit cette
réfolution il avoit affez de connoiffance des affaires de Flandre, pour fça_
voir très-bien que le Roi en fe retirant par-delà Paris, donneroit occafion
aux Efpagnols de s'avancer vers Soiffons & Compiégne, qui n'euffent pas
réfifté après le départ de la Cour pour Lyon. Il croyoit au contraire que
fi le Roi fe réfolvoit à demeurer fur la riviere d'Oife, & que fon armée
marchât vers Compiégne, toute l'armée d'Efpagne n'oferoit marcher à
Paris, de peur de laiffer toute la Flandre dégarnie, & l'armée du Roi entre
elle & eux; que s'ils envoyoient un fecours confidérable à M. le Prince, leur
armée en même tems fe retireroit en Flandre, & ne demeureroit pas au
milieu de la France qu'avec un Corps beaucoup plus fort que l'armée du
Roi. M. de Turenne croyoit donc qu'il n'y avoit point d'autre falut pour
l'Etat que de demeurer avec le Roi entre Paris & l'armée d'Efpagne. Il avoit
encore la penfée qu'à toute extrémité, le Roi avec un Corps d'armée étoit
bien mieux dans une de fes Places de la riviere de Somme, qu'en s'en allant
vers Lyon, pour laiffer une conquête fûre aux Efpagnols depuis la Flandre
jufqu'à Paris. On fçavoit auffi la mauvaife volonté de la Normandie, &
que l'étonnement étoit fi grand par tout, qu'il y avoit peu de villes où on
n'eût ouvert les portes aux ennemis: ce qui obligea M. de Turenne d'aller
trouver M. le Cardinal qui donna tout auffi-tôt dans fon fens; & allant
voir la Reine qui n'a jamais trouvé de confeils trop hazardeux, on réfolut
que la Cour iroit à Pontoife & que l'armée marcheroit en diligence à Compiégne. Auffi-tôt qu'elle y arriva, on apprit par les partis que l'ennem ayant
pris Chauni, marchoit à Fifmes, étant joint à M. de Lorraine. M. le Maréchal de la Ferté prit quelque Cavalerie, & s'en alla vers Chauni que les
ennemis abandonnerent, n'étant pas un lieu à garder. Il s'en revint par
Soiffons que l'on affûra par des troupes que l'on y mit. Les Efpagnols étant
à Fifmes, & la communication n'étant pas libre entre Paris & eux, ils virent
que s'ils vouloient y aller, comme M. le Prince les en prffoit fort, ils ne
le pourroient faire qu'avec toute l'armée, à quoi ils n. pouvoient pas confentir: d'ailleurs ils ne pouvoient en envoyer un détachement confidérable vers Paris, fans être rencontré par l'armée du Roi. Toutes ces confidérations unies leur firent réfoudre à retourner en Flandre, & à laiffer un
Corps de troupes à M. de Lorraine qui demeura fur la frontiere.

En ce tems-là M. de Turenne ayant eu avis comme M. de Bouillon, qui étoit à Pontoise avec la Cour, étoit fort malade, s'y en alla en diligence : il y arriva le huitieme jour de sa maladie, laquelle alla toujours en empirant : un transport au cerveau l'empêcha de parler pendant les derniers jours ; mais il conserva toujours beaucoup de connoissance. Il fut fort aise de voir M. de Turenne, qui, outre l'étroite amitié qui étoit entre eux, faisoit une double perte, vû la posture en laquelle M. de Bouillon étoit à la Cour. En ces derniers tems il s'étoit fait encore plus particulierement connoître pour être très-capable des grandes affaires ; & si on peut le dire, avoit pris une maniere d'agir bien au-dessus de tous les autres ; M. le Cardinal Mazarin ayant une particuliere confiance en lui ; & comme le Ministre avoit un grand crédit sur l'esprit du Roi & de la Reine, ce n'étoit que par son moyen que l'on pouvoit se rendre considérable à la Cour. M. de Bouillon vécut jusqu'au quatorzième de sa maladie, & mourut laissant un extrême déplaisir à tous ceux qui aimoient le bien de l'Etat. M. de Turenne en fut touché très-sensiblement, l'ayant toujours aimé, & ayant été aimé de lui très-parfaitement.

Dans le tems que M. de Turenne étoit à Pontoise, on apprit que l'armée d'Espagne s'étoit retirée, & que M. de Lorraine étoit demeuré avec le renfort que les Espagnols lui avoient laissé. Comme il y avoit toujours quelque négociation de la Cour avec les Princes & avec le Parlement, on fit connoître que si M. le Cardinal Mazarin s'éloignoit, que toutes choses se raccommoderoient. En faisant proposer cela de la part des Princes, on laissoit entendre qu'il pourroit revenir un jour, & que ce n'étoit seulement que pour montrer au public que l'on n'avoit jamais voulu s'accommoder sans que le Ministre sortit de France ; puisque son retour à la Cour étoit le prétexte de la guerre. M. de Turenne à qui il en parla fort confidemment, ne le dissuada point de la pensée qu'il avoit d'aller à Sedan ; mais il lui conseilla toujours de dire que c'étoit pour en revenir. M. de Turenne ne vouloit point être dans un interêt que l'on auroit affoibli en le désavouant. Il sçavoit bien d'ailleurs que beaucoup de gens se serviroient de la dissimulation dont la Cour & M. le Cardinal voudroient qu'on usât, en disant qu'il ne reviendroit point, pour travailler plus ouvertement à empêcher tout de bon qu'il ne revint : & hors le Roi & la Reine qui désiroient son retour, il y en avoit fort peu dans la Cour qui ne travaillassent de bon cœur à l'empêcher.

M. le Cardinal partit de Pontoise, les choses étant disposées de la façon que j'ai dit, M. de Turenne & M. le Tellier s'en allerent avec lui jusqu'où étoit l'armée, où il prit quelque efcorte pour s'en aller vers Sedan. M. le Tellier retourna à la Cour, & M. de Turenne demeura à l'armée qui s'avança enfuite vers Dammartin, pour fe mettre entre Paris & l'armée de M. de Lorraine ; lequel en l'abfence de M. le Cardinal, commença à négocier à la Cour. Quoiqu'elle ne s'y fiât pas entiérement, elle ne laiffa pas d'écouter fes propofitions ; & comme il falloit que l'armée ne s'éloignât pas trop de Pontoife, où étoit la Cour, à caufe de l'armée des Princes qui étoit à Paris, elle ne marcha pas vers la Champagne, pour pouffer M. de Lorraine hors du Royaume, à la faveur des villes que l'on avoit pour foi : mais M. le Prince ayant envoyé de la Cavalerie pour faire lever le fiége de Monrond, on fit partir huit efcadrons de l'armée du Roi pour aller trouver M. de Pal-luau qui étoit devant Monrond.

Cependant M. de Lorraine qui avoit promis aux Efpagnols de fe joindre à l'armée des Princes qui étoit à Paris, faifoit traiter avec la Cour, afin qu'on ne fit point attention aux mouvemens de fon armée. Quoique celle du Roi l'obfervât, néanmoins les affurances qu'il donnoit d'un accommo-dement prompt, faifoient qu'on n'agiffoit pas avec tant de méfiance ; de forte qu'il partit des environs de Châlons, & marcha en diligence par la Brie, pour gagner la riviere de Seine entre Corbeil & Paris. L'armée du Roi paffa la Marne à Lagni ; & quoique beaucoup inférieure à celle de M. de Lorraine, on vouloit s'oppofer à fon paffage vers Paris. M. de Turenne voulut marcher le lendemain du paffage de la Marne, dans la penfée que M. de Lorraine s'avançoit fans en avoir de certitude : mais comme on fe relâche quelquefois, on féjourna ce jour-là, & le lendemain de bon matin on trouva M. de Lorraine tout proche de Brie-Comte-Robert. Si on eût marché le jour précédent, on l'auroit devancé ; mais les avant-gardes s'é-tant trouvées les unes près des autres vers Brie-Comte Robert, il fe hâta de gagner le pofte de Ville-neuve, où il avoit deffein de fe mettre afin d'a-voir communication avec Paris.

M. de Turenne qui étoit à l'avant-garde, après avoir un peu attendu M. le Maréchal de la Ferté, fut d'avis de marcher promptement pour arriver au pofte de Ville-neuve-Saint-Georges avant M. de Lorraine. En effet on y marcha avec tant de diligence, que l'on arriva en même tems que fon armée : mais comme il avoit un ruiffeau à paffer, & qu'il vit quelques ef-cadrons de l'armée du Roi fur la hauteur de Ville-neuve, il demeura de l'autre côté, & toute l'armée du Roi arriva le foir au Camp de Ville-neuve-Saint-Georges. On fçut dans le village qu'il y avoit des bateaux qui descendoient vers Paris ; & comme il étoit d'une conséquence extrême d'en avoir ou pour faire un pont , ou pour passer avec des troupes au-delà de l'eau , M. de Turenne envoya le long de l'eau & les fit remonter avec une peine extrême vis-à-vis de Ville-neuve S. Georges. M. le Prince s'avança à Charenton , croyant que M. de Lorraine étoit arrivé à Ville-neuve S. Georges, suivant qu'il lui avoit mandé le matin en partant de son Camp ; ayant envoyé trois ou quatre de ses gens qui vinrent se jetter dans l'armée du Roi, croyant que c'étoit celle de M. de Lorraine, il reprit toute la nuit un autre chemin , & joignit avec ses troupes M. de Lorraine vis-à-vis d'Ablon. M. de Turenne & M. le Maréchal de la Ferté n'ayant pû empêcher cette jonction , résolurent d'attendre dans le Camp de Ville-neuve , le parti que les ennemis prendroient , s'étant assûrés des batteaux , & espérant qu'en quelque lieu que l'ennemi se mit , ayant un Pont sur la riviere , ils trouveroient toujours quelque expédient de se mettre en bonne posture. La chose n'étoit pas sans grande difficulté : mais comme on étoit si près de l'ennemi, il n'y avoit rien de moins sûr que de songer à une retraite. Comme M. le Prince & M. de Lorraine se furent joints , ils marcherent pour prendre le même chemin qu'avoit fait M. de Turenne, quand il avoit obligé M. de Lorraine à traitter. On croyoit ce jour-là qu'ils attaqueroient le Camp comme on l'avoit cru le jour de leur jonction. L'armée du Roi n'avoit que vingt huit escadrons & cinq mille hommes de pied : les ennemis avoient quatre-vingt Escadrons & huit mille fantassins. Au lieu d'attaquer, ils vinrent se retrancher à une portée de canon du côté de la plaine , & songerent à affamer l'armée du Roi & à empêcher les fourages , ayant laissé dans Ablon cent cinquante mousquetaires pour empêcher la communication de la riviere. Ils croyoient qu'en venant se loger si près avec l'armée , on n'entreprendroit pas de sortir du Camp ni de les attaquer. Comme on ne pouvoit pas demeurer dans le Camp sans avoir la riviere libre , on résolut d'aller prendre ces cent cinquante mousquetaires. L'on partit la nuit , & à la pointe du jour le Château se trouva pris avant que l'armée des Princes pût être en bataille. Si elle étoit demeurée à son premier poste entre Ville-neuve & Corbeil, il est certain qu'au bout de quatre jours il auroit fallu que l'armée du Roi se retirât en grande confusion vers Lagni, ne pouvant avoir de pain de munition que par la commodité de la riviere.

Après que le pont de batteaux fut fait, on travailla encore à un autre , étant impossible que les fourageurs se servissent d'un seul pont : & comme ce lieu avoit été fort ruiné par l'armée de M. de Lorraine quelque tems auparavant, les trois ou quatre premiers jours que les armées étoient en préfence, tous les chevaux de celle du Roi ne mangeoient que des feuilles de vigne ; de forte que M. le Prince crut qu'en la ferrant de près avec le nombre de Cavalerie qu'il avoit, il feroit impoffible que l'on pût fubfifter que fort peu de jours dans ce pofte. Il fit auffi deux ponts entre Ville-neuve & Charenton, pour empêcher les fourageurs qui alloient dans le Long boyau : mais après avoir bien fait paliffader tous nos retranchemens, on envoyoit une bonne partie de la Cavalerie au fourage qui alloit des deux côtés de la riviere, & ainfi les ennemis ne pouvoi nt leur dreffer d'embuf-cade fûre. On envoya M. de Vaubecourt à Corbeil avec quelqu s troupes, lefquelles avec d'autres qui vinrent de Monrond faifoient environ deux mille en tout. Corbeil fervit ainfi d'un entrepôt pour les fourageurs, lefquels après avoir chargé demeuroient à ce village, & on leur faifoit fçavoir du Camp de quel côté de la riviere il falloit qu'ils revinffent. Comme les armées étoient fi proch s que l'on voyoit ce qui fortoit du Camp de l'en-nemi, les fourageurs de l'armée du Roi partoient la nuit & demeuroient deux jours dehors. Les troupes logées à Corbeil leur donnoient toute cette facilité, fans quoi certainement on n'eût pas pû demeurer dans le Camp : on fit auffi en ce tems-là defcendre quelques batteaux de foin, ce qui fit demeurer cinq femaines dans le Camp. Il y avoit fouvent des efcarmou-ches entre les armées ; mais elles n'étoient pas confidérables, & jamais aucun convoi des fourageurs ne fut rencontré par les ennemis, qui étoient tous les jours dehors avec une partie de leur Cavalerie.

A la fin, les chemins devinrent fi mauvais par les pluies continuelles, que les chevaux ne pouvoient plus aller au fourage fi loin ; de forte que l'on fut obligé de fonger à déloger. On avoit fait faire beaucoup de ponts fur la riviere qui étoit au bas du Camp fur le chemin de Corbeil où on vouloit fe retirer. Au commencement de la nuit, on fit marcher tout le bagage vers Corbeil, & trois heures après toute l'armée décampa fans que l'ennemi en eut connoiffance que le lendemain qu'on arriva à Corbeil, où on avoit fait faire quelques redoutes par M. de Vaubecourt fur une hauteur pour y recevoir l'armée quand elle arriveroit. On ne féjourna point à Corbeil qu'un jour, & le lendemain on marcha vers la Brie, pour en-fuite gagner la riviere de Marne au-deffus de Paris, & tâcher d'aller vers l'Oife ; la Cour étant à Mantes en ce tems-là.

M. le Prince étoit parti de fon Camp quelques jours auparavant la marche

che de l'armée du Roi, à cause d'un peu d'indisposition, & on a fort dit que sans cela il l'auroit attaquée dans sa retraite ; mais il est certain que de la maniere qu'elle se fit, on ne pouvoit pas combattre entre le Camp & Corbeil. L'armée du Roi marcha ensuite vers Meaux, & passant la riviere de Marne, alla se poster auprès de Senlis. Celle des Princes en partant de Villeneuve S. George, se logea entre Paris & Dammartin ; & certainement les diverses négociations, & même les passe-tems de Paris, empécherent M. le Prince de prendre beaucoup d'avantages qu'il n'auroit pas négligé en une autre occasion. Après quelques jours d'indisposition, il résolut de partir avec son armée & celle de M. de Lorraine des environs de Paris, & s'en alla sur la frontiere de Champagne : M. le Comte de Fuensaldagne l'attendoit avec l'armée d'Espagne auprès de Laon. On s'est assez étonné de ce qu'il quittoit Paris si aisément, étant certain que c'est un fort grand avantage de s'y maintenir, quand on est assez malheureux pour faire la guerre à son Roi ; mais les diverses caballes qui n'alloient pas à son but, & un peu de manque de vûe pour les choses qui devoient suivre son départ, aussi-bien que les esperances qu'il concevoit de sa jonction avec les Espagnols, l'obligerent à quitter Paris. Une autre chose y convioit fort M. le Prince : touché de la façon dont M. de Lorraine vivoit avec son armée, & las des affaires du Parlement, il desiroit se mettre dans une maniere de vivre semblable à celle de M. de Lorraine. Ainsi ils marcherent ensemble, & joignirent M. de Fuensaldagne auprès de Laon : comme on avoit mis cinq cens hommes de l'armée du Roi dans la Ferté Milon, ils passerent tout auprès sans l'attaquer.

L'armée du Roi qui étoit en ce tems-là auprès de Senlis, & d'où l'on avoit envoyé de l'Infanterie sous M. le Comte d'Estrées pour se mettre dans Laon, ne bougea point de son poste, attendant la résolution des ennemis après leur jonction. Comme Paris resta un peu ébranlé par l'éloignement de M. le Prince, quoique M. d'Orleans y demeuroit, la Cour recevoit divers avis pour sa conduite, selon les diverses vûes que ceux qui étoient à Paris avoient, ou pour l'y faire aller ou pour l'en empêcher : les Courtisans étoient même partagés sur ce sujet, chacun ayant diverses pensées ; ce qui seroit trop long à déduire. M. de Turenne ayant sçû l'état des choses, fit agréer à M. le Maréchal de la Ferté de demeurer à l'armée, & il s'en alla à la Cour, où la Reine lui ayant demandé à son arrivée son sentiment, si le Roi devoit aller à Paris ; n'y ayant qu'elle & le Roi présens, il lui conseilla de n'en point perdre le tems ; & comme

n

 il avoit la connoiſſance de l'état de l'armée, & du peu de moyens qu'il y avoit d'avoir de l'argent pour la remettre ſans être à Paris, il preſſa fort cette raiſon qu'il joignit à beaucoup d'autres, qui étoient, que l'autorité du Roi étoit ſi diminuée, que l'on ne vouloit plus le recevoir en aucune grande Ville ; que ſi l'hiver ſe paſſoit ſans aller à Paris, toute la France ſe ſouleveroit ; que le Roi n'ayant plus d'armée, ni d'argent, ni de quartiers pour en remettre une ſur pied, ce qu'il avoit enſemble ſe réduiroit peu à peu à rien, les Officiers quittant tous les jours, faute de ſubſiſtance. Ces raiſons perſuaderent la Reine ; de ſorte que la Cour quitta Mante, & s'en alla coucher à S. Germain, où l'on ſéjourna trois ou quatre jours, durant lequel tems il y vint des Députés de la bourgeoiſie de Paris, pour ſupplier le Roi d'y venir. M. de Châteauneuf y vint auſſi, mais avec une differente intention ; car il vouloit bien que le Roi allât à Paris mais il ſouhaittoit qu'on y laiſſat Monſieur, qui ſoûtenoit la caballe oppoſée au retour de M. le Cardinal, & qui ne vouloit ſe raccommoder avec la Cour, qu'à condition que le Miniſtre n'y revint plus : M. de Châteauneuf prétendoit que le Roi ne verroit point Gaſton les premiers jours ; mais qu'après, tous les intereſſés à empêcher le retour de M. le Cardinal unis en cela ſeul, & ſeparés d'ailleurs en tout, s'accorderoient enſemble à ſupplier le Roi de ne point faire revenir M. le Cardinal, & ne demanderoient autre grace que celle là. Le Roi & la Reine envoyerent en ce tems-là M. d'Aligre à Paris ; mais il s'en revint à S. Germain, ſans avoir rien reçû de poſitif ſur la négociation.

M. de Turenne & M. le Tellier étoient alors ceux à qui la Reine avoit le plus de confiance : ils furent d'avis de continuer la réſolution d'aller à Paris, ſans ſçavoir celle que Monſieur prendroit. On lui envoya une perſonne de confiance, pour lui dire que le Roi étoit en chemin, & qu'il arriveroit le ſoir à Paris : cet Envoyé revint, & trouva le Roi & la Reine entre S. Cloud & le bois de Boulogne, & rapporta que Monſieur ne prenoit aucune réſolution que celle de demeurer à Paris. Sur cela on fit arrêter le caroſſe de la Reine, laquelle étant avec le Roi, fit ſortir les femmes qui étoient dans ſon caroſſe, & commanda à trois ou quatre perſonnes qui étoient là de s'approcher pour dire leur avis. Ceux qui s'y rencontrerent furent le Prince Thomas, M. le Maréchal de Villeroi, M. le Maréchal du Pleſſis & M. de Turenne, lequel fut d'avis de continuer ſon chemin, & que le Roi & la Reine allaſſent enſemble juſqu'à la croix du tiroir ; que de-là la Reine s'en iroit au Louvre, & le Roi droit à Luxem bourg, où étoit Monfieur, pour le convier de venir ou l'emmener même avec lui au Louvre, étant certain que Monfieur n'attendroit point cela, & qu'il s'en iroit, qui eft ce qu'on demandoit. Il eût été fort dangereux de laiffer Monfieur au Luxembourg ; car au bout de deux jours, les réjoüiffances qui arrivent aux entrées du Roi étant paffées, les chofes euffent changé de face, & il eût été hors du pouvoir du Roi de faire fortir Monfieur de Paris, & principalement ayant pour lui le prétexte fpécieux de n'avoir rien à demander, fi ce n'étoit que M. le Cardinal ne revint plus à la Cour. C'eft ce qui obligeoit M. de Turenne à confeiller qu'il falloit fe fervir de l'entrée du Roi à Paris pour en faire fortir Monfieur.

On partit d'auprès du bois de Boulogne en cette réfolution : le Roi monta à cheval pour faire fon entrée à Paris, & manda à Monfieur par M. Damville ce qui avoit été réfolu ; lequel apprenant que le Roi dans une demie heure alloit y entrer, l'envoya fupplier de trouver bon qu'il y demeurât encore cette nuit-là, & que le lendemain il partiroit de bon matin. M. Damville vint retrouver le Roi comme il marchoit, & étoit prêt d'entrer au faubourg ; de forte que dans cette affurance du départ de Monfieur le lendemain, il s'en alla au Louvre, où M. le Cardinal de Retz & tout ce qu'il y avoit de gens de qualité à Paris l'attendoient, pendant qu'une foule incroyable de peuple marchoit au devant de lui.

Dans le tems que M. de Turenne demeura à Paris, qui ne fut que cinq ou fix jours, il vit M. le Cardinal de Retz, qui lui témoigna fouhaitter de fe raccommoder avec M. le Cardinal, & lui parla du mariage de Mademoifelle de Retz avec fon neveu, le priant même de le faire fçavoir à M. le Cardinal, & l'affurant qu'il le prendroit pour témoin dans toutes les circonftances de cette liaifon. M. de Turenne qui fçavoit bien que de s'entremettre d'une affaire comme celle-là, lui étoit affez inutile, & qu'il lui en pouvoit bien plus aifément arriver de l'embarras que quelque fruit confidérable, dit à M. le Cardinal de Retz qu'il feroit avertir M. le Cardinal qui étoit à Sedan, bien exactement de tout ce qu'il lui avoit dit, & que s'il y avoit une réponfe pofitive, qu'il la lui feroit bientôt fçavoir ; mais que s'il n'avoit point promptement de fes nouvelles, qu'il ne fit aucun fondement fur cette négociation, & qu'il prît fes mefures comme n'attendant aucune réponfe par lui.

M. de Turenne étoit perfuadé que M. le Cardinal de Retz vouloit s'accommoder tout de bon en ce tems-là, & ne doutoit point que fi une perfonne de grande créance en eût voulu faire fon affaire, qu'il n'eût pû y

AN. 1652. réuſſir : mais M. de Turenne partit peu de jours après de Paris ; & M. le Cardinal de Retz n'ayant perſonne de la Cour à qui il ſe liât, ni qui ſe liât à lui, on ſe donna tant de ſoupçon de part & d'autre, que les meſures au bout de deux ou trois mois furent priſes de l'arrêter ; ce qu'on fit un jour qu'il vint au Louvre, où il n'entroit qu'avec grande méfiance depuis quelque tems. M. de Turenne ayant envoyé M. de Varennes trouver M. le Cardinal, lui fit dire tout ce qui s'étoit paſſé entre lui & M. le Cardinal de Retz, dont il n'eut aucune réponſe ; de ſorte qu'il ne ſe mêla plus du tout de cette négociation. Il partit de Paris, & alla rejoindre l'armée auprès de Senlis, après avoir dit au Roi qu'il eſperoit empêcher que les ennemis ne priſſent leurs quartiers d'hiver en France.

Les ennemis étoient auprès de Laon, d'où ils partirent en grande diligence, & allerent inveſtir Rhetel, dans lequel y ayant peu de gens, la Ville fut priſe en peu de jours. Toutes les armées des ennemis jointes enſemble montoient bien à vingt-cinq mille hommes : celle du Roi ne paſſoit pas dix mille. Elle marcha le long de la Marne ; & approchant de Chalons, on apprit que les ennemis après la priſe de Rhetel avoient aſſiégé Sainte Menehould, dans lequel auſſi il ſe trouva peu de gens ; mais ils firent une bonne réſiſtance. Quand on en ſçut la priſe, l'armée du Roi étoit auprès de Vitri, & n'oſoit pas s'approcher trop près de celle des ennemis, qui de Sainte Menehould marcherent à Barleduc, où M. de Turenne avoit jetté ſix cens hommes de pied, & ſelon qu'il connoiſoit la ſituation de la Ville & du Château, il falloit qu'une armée ſe ſéparât pour l'attaquer ; de ſorte qu'il réſolut de marcher au ſecours, quoiqu'il crut que toute l'armée d'Eſpagne y étoit avec M. le Prince : elle étoit néanmoins partie de Sainte Menehould, avoit paſſé la Meuſe, & s'étoit retirée dans le Luxembourg. M. de Turenne qui étoit auprès de Vitri quand l'armée du Prince alla devant Bar, marcha toute la nuit droit à S. Diſier, d'où il vouloit partir après avoir un peu fait repoſer les troupes, pour aller ſecourir Bar, qui n'en eſt qu'à trois lieuës ; mais il apprit que la baſſe Ville ayant été ſurpriſe, le Château s'étoit rendu en vingt-quatre heures. Il eſt certain que M. le Prince entreprit ce ſiége là, n'y ayant pas beaucoup ſongé ; & on n'a point vû d'action où il ait commis l'armée avec ſi peu d'égard comme en celle-là, étant très-conſtant que ſi le ſiége eut duré, comme il le devoit ſelon toutes les apparences, il ne pouvoit pas ſauver ſon canon, & il eſt fort vrai-ſemblable que ſon armée ne ſe fut pas retirée bien aiſément.

M. de Turenne ayant appris la prife de Bar, & que l'armée d'Efpagne n'étoit plus avec M. le Prince, réfolut de s'approcher de lui, & de le combattre au premier lieu où il en trouveroit l'occafion. Ainfi il marcha à Vaucouleurs, afin de fe trouver du même côté de la riviere de Meufe que M. le Prince, qui après avoir pris le Château de Void s'approcha de Toul. Il y avoit quelques jours que M. d'Elbeuf avoit joint l'armée du Roi avec deux mille hommes des troupes de Picardie ou de nouvelles levées : avec ce renfort l'armée marcha à Vaucouleurs, où elle paffa la riviere de Meufe, afin d'être du même côté qu'étoit M. le Prince ; & le lendemain matin on marcha vers Void, d'où ayant délogé dès la nuit, le Prince fe retira à Commerci, qui étoit un lieu dont il s'étoit faifi, & où il y a deux bons Châteaux. Mais ayant fçu que l'armée du Roi continuoit fa marche après lui, il y laiffa garnifon, & fe retira le long de la Meufe à Saint-Mihel, grande Ville dont les murailles étoient à demi démolies. Il tâcha de trouver quelque lieu propre à fe pofter ; mais comme il n'avoit pas beaucoup d'Infanterie, & qu'on ne lui donna pas le tems de fe retrancher, il fut obligé de fe retirer jufqu'à Damviller, qui eft une Place qu'il tenoit à la frontiere de Luxembourg, ayant laiffé de fon Infanterie dans Barleduc, dans Ligni, dans Void & dans Commerci, qui tiennent tout un canton de pays. A la faveur de ces Places, il penfoit y faire hiverner fon armée, ou fi l'on en attaquoit une, que fe mettant à couvert d'une autre, il incommoderoit fort les affiégeans, à caufe de l'hiver dans lequel on étoit entré. Mais M. de Turenne qui voyoit bien par les petites Places qu'il prénoit, & où il mettoit des gens, quelle étoit fon intention, marcha toujours droit à lui, laiffant les Places fans les attaquer ; & ainfi en cinq ou fix jours de tems il l'obligea de fe retirer dans le pays de Luxembourg.

(1) M. le Maréchal de la Ferté arriva en ce tems-là de Nanci à Saint-Mihel : cette marche rompant à M. le Prince toutes fes mefures, lui fit perdre l'efpérance d'hiverner ni en Champagne, ni fur les frontieres de Lorraine. Ayant féparé fa Cavalerie & fon Infanterie de tous les Corps qu'il avoit laiffés dans les Places, il ne les pût rejoindre, & une partie de cette Infanterie fut prife pendant l'hiver à difcrétion.

De Saint-Mihel on marcha devant Ligni & devant Bar, où arriva M. le Cardinal Mazarin, qui avoit toujours demeuré à Sedan depuis fon départ de Pontoife. On laiffa quelque Infanterie pour attaquer Ligni ; & ayant

____

(1) Voyez les Mémoires de M. le Duc d'Yorck, 3e Partie des preuves, page XLIX.

emporté la baffe Ville de Bar par affaut, le fiége dura dix ou douze jours à la haute Ville & au Château. M. le Prince vint avec quelque Cavalerie juiqu'à Vaubecourt ; mais, comme il fçut qu'on marchoit à lui, il fe retira à Damviller. Après fept ou huit jours de fiége & d'une fort bonne défenfe, Bar & Ligni fe rendirent à difcrétion, avec fept ou huit Regimens qu'il y avoit dans ces deux lieux. De-là l'armée marcha vers Sainte-Menehould ; mais la rigueur de la faifon & le nombre d'hommes qu'il y avoit dans la Place, empêcherent qu'on ne l'affiegeât : la gelée étoit fi forte qu'il y mourut beaucoup de foldats de froid en marchant. La même raifon obligea à ne point affieger Rhetel, étant impoffible de travailler à la terre : d'ailleurs l'armée de M. le Prince, qui s'étoit jointe au Corps que les Efpagnols avoient ramené quand il alla affiéger Bar, empêcha auffi que l'on ne fît ce fiége ; parce que les ennemis qui tenoient Château-Portien auroient pû facilement fecourir la Place. Pour ne pas faire un fi grand fiége, on alla faire celui de Château-Portien qui dura fix ou fept jours, que les affiegés demanderent pour avertir M. le Prince s'il les vouloit fecourir : le Prince qui étoit logé avec toute fon armée & celle d'Efpagne à Aubenton & Rumigni, qui n'en eft éloigné que de fix ou fept lieuës, tint confeil là-deffus, & réfolut enfin de ne pas marcher, de forte que Château-Portien fe rendit. On demeura prefque toutes les nuits du fiége à la campagne avec toute l'armée, par les plus grands froids qu'il eft poffible d'endurer.

L'armée des ennemis fçachant la prife de Château-Portien, marcha à Vervins qu'ils prirent, n'y ayant que trente hommes de garnifon. L'armée du Roi marcha droit à Marle, & de-là à Vervins, où les ennemis n'ayant laiffé qu'un Regiment d'Infanterie & un de Cavalerie, la Place fe rendit en douze heures ; les ennemis fe retirerent dans leur pays, & on donna des quartiers à l'armée du Roi dans toutes les Provinces.

M. le Cardinal Mazarin qui étoit venu à l'armée au commencement du fiége de Bar, ne quitta point l'armée que le fiége de Vervins ne fut fini vers la fin de Février ; après quoi il s'en retourna à Paris, où l'autorité du Roi étoit affermie depuis fon retour. La prife de M. le Cardinal de Retz qui fut arrêté durant l'hiver, & en l'abfence de M. le Cardinal Mazarin, avec fa participation, & conformément à fes ordres, n'avoit caufé nulle émotion : il étoit en prifon dans le Château de Vincennes. Il ne fe fit nul changement confidérable à la Cour pendant l'hiver : on envoya une partie de l'armée dans les Provinces, & il demeura peu de troupes fur les frontiéres ; & comme on étoit rentré fort tard dans les quartiers d'hiver , tant du côté des Espagnols que de celui du Roi, on ne se mit en Campagne qu'assez avant dans le mois de Juin. M. le Prince tenoit Sainte Menehould & Rhetel sur la riviere d'Aisne , qui sont des postes fort considérables pour entrer en France , & principalement Rhetel, y ayant de-là une communication aisée par la Capelle que les Espagnols tenoient, aux autres Places du pays bas ; & M. le Prince tenoit aussi Stenai sur la Meuse , qui lui donnoit la communication du Luxembourg. M. de Turenne qui sçavoit bien la conséquence de ce poste-là, par la connoissance qu'il en avoit eu , durant la guerre qu'il faisoit après la prison de M. le Prince , fit trouver bon à M. le Cardinal qu'en assemblant l'armée du Roi, il allât assiéger Rhetel, pour ôter par là aux ennemis le moyen de joindre l'armée qui étoit dans le Luxembourg , & celle qui étoit sur la Sambre derriere la Capelle. L'armée du Roi se logea en passant la riviere d'Aisne à trois lieuës plus avant que Rhetel, qui étoit justement l'endroit où l'armée de Flandre & celle de Luxembourg devoient se joindre.

M. de Turenne qui avoit été long-tems à Stenai , voyoit fort bien que les ennemis pouvoient penser se joindre en ce lieu-là, & connoissoit que cette jonction étant empêchée par l'armée du Roi, il faudroit deux ou trois jours au moins aux ennemis pour se résoudre , si l'armée qui étoit sur la Sambre iroit en Luxembourg , ou si celle de Luxembourg passeroit la Meuse pour joindre celle de la Sambre ; & que selon l'un ou l'autre parti, il falloit quatre ou cinq jours au moins pour la marche du Corps , qui iroit joindre l'autre ; ce qui donnoit huit ou neuf jours de sûreté pour entreprendre le siége de Rhetel, sans avoir l'armée des ennemis sur les bras.. On entreprit donc ce siége avec la moitié de l'armée du Roi : M. le Maréchal de la Ferté y étoit aussi avec une partie de son armée.

Il n'y avoit que huit ou neuf cens hommes dans Rhetel : on prit les dehors en arrivant, & le siége ne dura que trois jours. Il n'y a rien eu dans toutes ces dernieres Campagnes de guerre de plus considérab' que d'avoir assemblé l'armée du Roi dans le pays au-delà de Rhetel, & d'avoir empêché M. le Prince de commencer la Campagne sur la riviere d'Aisne : il avoit cette année-là une armée beaucoup plus forte que celle du Roi. La guerre de Bordeaux continuoit encore ; & s'il avoit marché sous Rhetel & l'avoit conservé, ayant à sa main gauche la Meuse, où il tenoit Mouson & Stenai, & à la main droite la frontiere des Pays-bas, d'où il pouvoit tirer des vivres , il auroit été impossible de couvrir tous les pays qui lui étoient exposés, comme Verdun, S. Difier, & Vitri d'un côté, & de l'autre Güife, Laön & Soiffons, & en tête Rheims & Châlons. L'armée du Roi n'avoit pas cette Campagne-là plus de fix à fept mille hommes de pied, avec lefquels il falloit tenir la Campagne, & garnir les Places. M. de Turenne plus d'un mois avant que de partir de Paris, confidéroit l'entrée de M. le Prince par Rhetel comme le plus grand mal qui pût arriver ; c'eft pourquoi dès qu'en affemblant l'armée du Roi auprès de Châlons, il fçut que M. le Prince faifoit le rendez-vous de fa fienne, il envoya à M. le Maréchal de la Ferté, qui étoit auprès de Sainte Menehould, pour le prier de marcher ; ce qu'il fit ; & lui par un autre côté s'en alla paffer à Château-Portien, & fe logea vers le Château de Chaumont, où il y avoit deux cens hommes des ennemis qui fe rendirent à difcretion, d'où l'on alla affiéger Rhetel le lendemain.

M. le Prince à qui les mefures furent rompuës, n'ayant pas affez vû la conféquence de Rhetel, entra en France par la frontiere de Picardie avec une armée de trente mille hommes, où il trouva de grands obftacles, & où certainement il n'y avoit pas la même facilité, à faire quelque chofe de confidérable que du côté de la Champagne, quand on a Rhetel & les autres Places de la Meufe, comme Moufon & Stenai. On étoit bien avant dans le mois de Juin quand on prit Rhetel ; ce qui ôta l'excufe d'être prévenu à fe mettre en Campagne ; mais fouvent les perfonnes les plus habiles font des fautes qu'il eft plus aifé de remarquer que de prévenir.

Après la prife de Rhetel, comme l'armée des ennemis s'étoit mife enfemble vers la Capelle, l'armée du Roi tourna de ce côté-là, & alla loger auprès de Vervins. En ce tems-là, le Roi avec M. le Cardinal vint à l'armée, qui fe logea à Ribemont, comme on fçut que celle des ennemis marchoit à Fonfomme. Pendant le féjour du Roi dans fon armée à Ribemont, celle des ennemis fut toûjours à Fonfomme ; & les gardes des deux armées n'étoient qu'à un quart de lieuë l'une de l'autre : on demeura cinq ou fix jours de cette maniere ; après quoi le Roi s'en alla à Paris.

Les ennemis qui avoient féjourné à Fonfomme ayant donné les ordres néceffaires pour la provifion de leurs vivres & pour le Corps qu'ils laiffoient dans le pays, marcherent & entrerent en France avec un bon nombre de pionniers ; & laiffant la riviere de Somme à leur main droite, & la riviere d'Oife à leur gauche, pafferent à une lieuë de Ribemont, & allerent loger entre S. Quentin & Ham. L'armée du Roi marcha le même jour, & alla loger à Acheri, qui eft à une lieuë de la Fere, laiffant ce

jour-là

jour-là la riviere d'Oife entre elle & les ennemis. Le lendemain leur armée
marcha de grand matin , & laiffant Ham à main droite , s'avançoit vers
Chauni. Elle étoit fort confidérable , ayant feize mille hommes de pied ,
onze mille chevaux , & trente à quarante piéces de canon , fans compter un
troifiéme Corps qui étoit aux environs de Cambrai. Cette marche menaçoit
beaucoup de lieux , car ils pouvoient aller ou à Compiégne , ou prendre les
poftes qui font entre Compiégne & Pontoife fur la riviere d'Oife , comme
Creil & Pont S. Maxence , & de-là s'avancer jufqu'aux portes de Paris pour
y mettre toutes chofes en confufion ; les efprits y étant fort chancelans , &
le Roi n'étant pas en fûreté fi l'armée de l'ennemi en eût été proche. Ils
pouvoient auffi aller à Beauvais où il n'y avoit point de garnifon , & le peu
d'Infanterie qu'il y avoit dans l'armée du Roi avoit obligé à ne mettre
perfonne dans S. Quentin , ni à Ham , ni à Péronne , ni dans les autres Places de la Somme , fur l'une defquelles ils fe fuffent facilement jettés fi l'armée du Roi fe fut éloignée d'eux.

M. de Turenne fut d'un fentiment contraire à celui de toute l'armée , &
M. le Maréchal de la Ferté y entra ; c'étoit de ne point continuer à fuivre
la riviere d'Oife pour couvrir Compiégne , Creil & Pont S. Maxence , parce qu'on expofoit par-là aux ennemis celle des villes fur la Somme qu'ils
auroient voulu affiéger : mais de paffer la riviere d'Oife du même côté
qu'étoient les ennemis & de fe loger à deux heures d'eux dans un Camp
fort fûr. Il faut confiderer que n'y ayant que fept mille hommes de pied
dans l'armée du Roi & point d'Infanterie dans les Places , qu'on ne les
pouvoit fauver qu'en fe tenant toujours près de l'ennemi , & lui donnant
à juger que l'on arriveroit toujours douze ou quinze heures après lui devant la Place qu'il voudroit affiéger. Si on avoit mis de l'Infanterie dans
les Places , l'armée n'auroit ofé fe tenir en campagne près de l'ennemi , &
ainfi elle lui auroit donné le moyen d'entreprendre tout ce qu'il auroit
jugé à propos. M. le Prince commandant l'armée ennemie on pouvoit
s'attendre à toutes les vigoureufes réfolutions qu'il y a à prendre , quand un
ennemi fe fépare & qu'il laiffe tant de lieux expofés. Il valoit donc mieux
fe réfoudre à cotoyer toujours l'ennemi (quoique cela fut un peu dangereux) que de prendre un des deux autres partis qu'on propofoit : c'étoit de
marcher avec l'armée vers Compiégne fans paffer l'Oife , ou de jetter de
l'Infanterie dans les Places & de s'éloigner de l'ennemi avec la Cavalerie.
Par le premier il eft certain que les ennemis auroient pû affiéger la Place
la plus confidérable fur la Somme , ayant un Corps près de Cambrai avec

O

 des pionniers du pays toujours prêts, & l'armée du Roi n'auroit pû y arriver que quatre ou cinq jours après eux. Par l'autre, l'ennemi auroit eu moyen de marcher à Paris ne voyant point d'armée en Corps, ou bien auroit assiégé une Place où il n'auroit eu qu'une plus forte garnison à craindre ; mais point d'armée à appréhender. J'insiste un peu là-dessus, parcequ'assûrément la résolution de passer la riviere, de ne mettre personne dans les Places, & de s'aller loger proche de l'ennemi, a rendu cette entrée en France de nul effet ; & souvent pour appréhender trop de choses, on prend des partis différens de celui-ci, qui réüssissent fort mal. Ce n'est pas que celui-là soit bien sûr, car un ennemi peut marcher à vous & combattre : mais quand on a une bonne armée, quoique plus foible, & que l'on prend bien garde comme on campe & aux mouvemens de l'ennemi, c'est le parti le plus assûré.

L'armée de l'ennemi marcha de Chauni à Roye, & celle du Roi auprès de Noyon, ne se retrancha point ; mais regardant bien à ce que les ennemis faisoient, se logea toujours en des lieux assez avantageux. On sçut qu'ils attaquoient Roye, où il n'y avoit point de soldats ; le siége dura deux jours, & l'on ne songea pas à secourir la Place, n'étant qu'une petite ville qu'on ne pouvoit pas garder. Quand ils eurent pris Roie, ils commencerent à être fort embarrassés de la résolution qu'ils prendroient : ils n'osoient s'avancer dans le pays où ils n'avoient point de Places ; pendant qu'une armée ennemie logeoit à trois heures d'eux. Ils ne pouvoient aussi attaquer une Place sur la Somme, où il faut se séparer à cause des marais, & où l'armée du Roi fut arrivée le même jour. Comme Corbie ne vaut rien, M. de Turenne y envoya cinq cens chevaux sous M. de Schomberg.

En ce tems-là on prit une lettre que l'on envoya à la Cour pour déchiffrer, par laquelle on sçut certainement que les ennemis, avant que de rien entreprendre (leurs premieres mesures ayant manquées) vouloient faire venir un Corps de Cambrai avec une grande quantité de vivres : & comme on s'enquit diligemment par Bapaumes de ce qui se faisoit à Cambrai, on sçut que le Corps étoit prêt de partir. L'armée du Roi laissant son bagage pour la suivre, passa la Somme à Ham ; & marchant vers Peronne, M. de Turenne s'avança avec cinq mille chevaux jusques auprès de Bapaumes, pour attendre ce Corps, qui ayant eu nouvelle de cette marche, se retira à Cambrai. L'armée de l'ennemi sachant que l'on étoit entre eux & leur convoi, & ayant perdu le tems d'avancer dans le pays ou d'attaquer une

Place manquant de vivres, quitta Roie & marcha pour repasser la Somme à Cerisi, qui est entre Péronne & Corbie, ayant jetté beaucoup de fascines sur le marais. En moins de vingt-quatre heures toute l'armée avec le bagage fut passée du côté de leur pays, & ayant appris que l'armée du Roi étoit logée à une heure de Péronne proche du mont S. Quentin sans être retranchée, ils partirent la nuit & marcherent tout droit avec résolution de combattre. On fut quelque tems en doute s'ils quittoient tout-à-fait les ponts qu'ils avoient faits pour passer la Somme : mais on vit par leur marche qu'ils les abandonnoient entiérement.

L'armée du Roi avoit le front à un ruisseau ; mais les ennemis marchoient pour le prendre à la source qui n'étoit qu'à une demie heure du Camp & ainsi venoient par le flanc de l'armée. C'étoit celle de M. le Maréchal de la Ferté qui étoit du côté que les ennemis venoient, & il étoit impossible de se mettre en bonne posture devant eux ; la situation du lieu ne le permettoit pas & donnoit un grand avantage aux ennemis qui avoient le moyen de s'étendre. M. de Turenne avança, ayant M. le Chevalier de Crequi avec lui & deux ou trois de ses gens pour reconnoitre les ennemis. Ayant vû qu'ils prenoient leur marche, & qu'il n'y avoit point de tems à perdre, il fit considerer à M. le Maréchal de la Ferté la mauvaise posture où il étoit ; & étant retourné à son armée qui étoit à l'aîle droite & un peu plus loin de celle des ennemis, il envoya Varennes qui faisoit la charge de Maréchal des logis de l'armée, pour voir comment étoit fait le pays par-delà un petit bois : il reconnut que c'étoit une assez grande plaine où une partie de l'armée pourroit être en bataille, & que les ennemis ne l'avoient pas encore occupée, mais commençoient à y faire avancer quelques escadrons, & que le bois pour y aller étoit fort clair. M. de Turenne envoya aussi-tôt avertir M. le Maréchal de la Ferté qu'il marchoit à cette plaine & lui demander s'il lui plaisoit y venir prendre la gauche ; ce qu'il jugea fort à propos : & ainsi M. de Turenne commença à marcher d'auprès du mont S. Quentin, & avec un grand front, passant au travers du bois, arriva dans un vallon à côté : il se mit en bataille dans ce vallon, où faisant promptement travailler l'Infanterie à cinq ou six rédans à la tête de l'armée, en deux heures on fut bien retranché.

L'armée de l'ennemi voyant celle du Roi en cet état, & ayant été obligée de faire un peu d'alte pour attendre son Infanterie, demeura sans avancer, & après quelques escarmouches commença à se loger sur une hauteur à un quart de lieuë de l'armée du Roi. La nuit suivante on avança les travaux. On a dit que ce jour M. le Prince vouloit combattre, mais que les Efpagnols l'en empêchoient : je crois que la difficulté vint par leur longue marche, & que l'armée du Roi ayant changé de pofte, cela les obligea à faire un grand tour qui leur fit perdre du tems & en donna à celle du Roi de fe bien retrancher : ce qui étant, il n'y avoit plus d'apparence que ni M. le Prince ni les Efpagnols euffent voulu combattre. Il eft vrai qu'avant que d'avoir changé de pofte l'armée du Roi couroit grand danger, les ennemis ayant toutes les hauteurs fur elle ; & affûrément l'on auroit combattu ce jour-là avec mauvais fuccès. On demeura deux ou trois jours en préfence, s'y faifant beaucoup d'efcarmouches ; & au bout de ce tems les ennemis marcherent droit à Fonfomme, & envoyerent trois mille chevaux fous M. de Duras pour inveftir Guife.

L'armée du Roi ayant vû le matin que l'ennemi marchoit, paffa la riviere de Somme à Peronne, & on fit fept lieuës ce jour-là. M. de Turenne fit marcher en diligence M. de Beaujeu pour entrer dans Guife avec deux mille chevaux. Les ennemis avoient le chemin plus court de la moitié que l'armée du Roi pour arriver à Guife ; mais leur armée s'arrêta à trois heures de-là fur la difficulté que firent les Lorrains de faire ce fiége ; du moins on a dit que ce fut là le fujet qui fufpendit leur marche : il eft certain que s'ils l'euffent continuée ils y feroient arrivés un jour avant l'armée du Roi, & on ne fçait pas fi M. de Beaujeu y auroit pû entrer. Ce deffein ayant manqué, ils s'en vinrent loger à Caulaincourt qui eft entre le Caftelet & Ham, & l'armée du Roi auprès de Ham, la riviere de Somme entre deux : où ayant féjourné plus de quinze jours & tenu beaucoup de confeils avec M. l'Archiduc qui les vint joindre, ils partirent en diligence ; & laiffant Guife à leur main gauche, ils allerent affiéger Rocroi, où la fituation eft fi avantageufe pour celui qui y arrive le premier à caufe des grands bois qui font autour de la Place, que l'on ne voulut pas y marcher avec l'armée pour la fecourir, & on aima mieux affiéger Moufon, où on arriva en très-grande diligence : les tranchées s'étant ouvertes en même tems aux deux Places, Moufon fut pris quatre ou cinq jours avant Rocroi. Les ennemis y avoient feize cens hommes & des meilleurs Régimens de l'armée. On ne fit point de circonvallation, & on ouvrit la tranchée le foir que l'on y arriva. Le fiége dura dix-fept jours ; & comme on marchoit vers Rocroi, on eut nouvelle qu'il capituloit. Les ennemis après la prife fe retirerent plus avant dans leur pays, & dans la penfée que l'on eut qu'ils pourroient affiéger la Baffée ou Bétune, n'ayant plus que cela à faire, on y mit un fi grand nombre d'Infanterie, qu'ils ne purent affiéger ni l'une ni l'autre.

Les affaires de Bourdeaux étant finies cet Eté-là, il en vint quelques troupes au Roi avec lesquelles & fes Gardes Françoiles & Suiffes Sa Majeflé fit faire le fiége de Sainte Menehould par MM. d'Uxelles, Caftelnau & de Navailles. M. de Turenne marcha pour couvrir la Picardie & les Places de Flandre, & M. le Maréchal de la Ferté alla vers la Meufe pour s'oppo-fer à M. de Lorraine, qui venoit avec quelques troupes pour fecourir Sainte Menehould, dont le fiége continua jufqu'au commencement de Décembre. Les troupes y furent affez rebutées par les forties & par le mauvais tems, & on croit que le feu qui fe mit aux poudres des affiégés ne nuifit pas à la prife de la Place. Ainfi l'Hivei vint & les armées fe retirerent de part & d'autre : l'armée du Roi ayant pris durant la Campagne, Rhetel, Mou-fon & Sainte Menehould, & les ennemis Rocroi feulement ; quoiqu'il n'y eut entre elles aucune proportion de forces ; celles des ennemis étant beaucoup plus confidérables.

Fin du second Livre.

MEMOIRES
DU VICOMTE
DE TURENNE.

LIVRE TROISIEME.

DES GUERRES EN FLANDRE.

An. 1654. L'Hiver se passa sans qu'il y eût rien de considérable à la Cour, & l'autorité resta toute entiere entre les mains de M. le Cardinal Mazarin. Au Printems le Roi alla se faire sacrer à Rheims, où on résolut de prendre le Régiment des Gardes Françoises & Suisses & quatre ou cinq autres Régimens d'Infanterie avec douze ou quinze cens chevaux, & d'en donner le commandement à M. Fabert, pour faire le siége de Stenai : il fut résolu aussi que le Roi iroit à Sedan afin d'en être proche ; que l'armée se tiendroit sur la frontiére de Champagne, pour pouvoir se rendre aussi-tôt à Stenai si celle des ennemis passoit dans le Luxembourg ; & qu'en cas qu'ils entreprissent quelque chose vers les frontiéres de Flandre, on pût aussi marcher de ce côté. Il n'y avoit pas d'apparence que les ennemis fissent un siége aussi considérable que celui d'Arras. On croyoit que s'ils ne marchoient pas vers Stenai, ils ne pouvoient entreprendre que le siége de Béthune ou de la Bassée, & alors on auroit assiégé quelque Place sur la frontiére comme la Capelle ou Landrecies.

Dans le tems que l'armée du Roi étoit auprès de la Fere, on apprit par M. Mondejeu Gouverneur d'Arras, qu'il étoit investi, sans qu'il en eût eu auparavant le moindre avis. Dans les guerres de Flandre cela se peut aisément, parceque le pays étant fort serré, les Places sont si près les unes des autres, que les ennemis peuvent en menacer beaucoup à la fois, & les Gouverneurs ne sçavent pas à laquelle on veut s'attacher. A la réserve de

cent chevaux que M. de Mondejeu avoit dans la Place, toute fa Cavalerie **An. 1654.**
compofée de cinq cens chevaux, étoit dans un Camp volant que commandoit M. de Barre, qui étoit fur la riviere d'Authie auprès de Dourlens,
& avoit ordre de couvrir les Places d'Arras, de Béthune & de la
Baffée. Il avoit mis fon Infanterie dans les deux dernieres Places, comme
étant les plus éloignées & les plus difficiles à fecourir en cas que l'ennemi
les eût affiégées ; & il croyoit auffi-bien que le Gouverneur d'Arras qu'il
auroit toujours affez de tems pour entrer dans la Place avant que d'être
inveftie, parceque c'eft un pays de plaine, & qu'il n'en étoit pas trop
éloigné. Il ne put pas y réüffir les deux ou trois premiers jours ; mais enfuite ayant envoyé M. d'Equancourt avec quatre cens chevaux, & M. de
S. Lieu avec un pareil nombre par différens endroits & à un jour diftant
l'un de l'autre, tous deux effayerent de fe jetter dans la Place avec beaucoup de hardieffe ; mais ayant trouvé la Cavalerie de l'ennemi qui les attendoit fur deux lignes, la moitié de leurs gens fut prife ou contrainte de
retourner, & l'autre moitié entra dans la Place avec eux. M. de Turenne
fit auffi détacher de fon armée le Chevalier de Crequi avec cinq cens chevaux, compofés de fon Régiment, de celui de Bouillon, & de gens commandés, qui après avoir fait un grand tour, ayant trouvé une barriere du Camp
des ennemis qui n'étoit pas fermée, y entrât ; & quoiqu'il fût chargé par leur
Cavalerie, il fe jetta dans la Place avec deux cens cinquante chevaux : une
grande partie des autres fut faite prifonniere, & fa derniere troupe commandée par un Colonel fut perduë la nuit & ne le put pas fuivre.

Quand on fçut que cette Cavalerie étoit entrée dans Arras, on fut quelque tems en doute fi les ennemis continueroient le fiége ; mais on apprit
qu'ils faifoient travailler à leurs lignes, & que ce fecours n'avoit empêché
que quelques jours l'ouverture de la tranchée. L'armée du Roi s'avança
auprès de Peronne ; & comme on craignoit de ne pouvoir pas en tirer tous
les vivres néceffaires, M. de Turenne ne fut pas d'avis que l'on s'approchât
du Camp des ennemis qu'après que l'on auroit donné tel ordre aux vivres,
que l'on ne fut pas obligé de combattre l'ennemi dans fes lignes fans raifon, ni de fe retirer faute de fubfiftance. Pour le premier, il n'y avoit pas
d'apparence de combattre une armée beaucoup plus forte, qui n'avoit point
ouvert de tranchée & par conféquent point affoiblie ni par la défertion,
ni par la néceffité, ni par un grand nombre de gens que l'on perd dans un
fiége : & pour l'autre il étoit clair que de s'approcher de l'ennemi pour
être après obligé de s'en retirer, feroit un très-mauvais effet, & dans l'ar-

 mée & dans la ville afliégée. Sans ces inconvénie s il eft fans doute qu'il eût été prudent de fe rendre bientôt auprès des ennemis après qu'ils furent devant la Place , parcequ'on leur eût empêché de faire un grand magazin de vivres dans leur Camp : mais on crut ce dernier inconvénient moindre que les autres.

M. le Cardinal qui étoit avec le Roi à *Sedan* durant le fiége de *Stenai,* penfa s'en venir à *Peronne* ; mais il y envoya M. le Tellier. M. de Turenne & M. le Maréchal de la Ferté virent ce Miniftre le matin qu'ils marcherent vers le Camp de l'ennemi & s'affurerent tout-à-fait que lui étant fur la frontiére toutes chofes feroient bien réglées pour la fubfiftance de l'armée qui s'éloigna de neuf lieuës , alla loger à la portée du canon du Camp des ennemis , & fe mit entre eux & *Douai* d'où ils tiroient tous leurs vivres. L'armée du Roi n'avoit pas plus de quatorze ou quinze mille hommes , & celle des ennemis palloit vingt-cinq mille. M. de Turenne , à caufe de la foibleffe de l'armée & du peu d'équipage d'artillerie & de vivres , ne fut jamais d'avis d'entreprendre autre chofe d'abord , que le fecours d'*Arras* dont il a toujours cru que le fiége feroit difficile , & que fi l'armée du Roi affûrée des vivres s'approchoit du Camp des Efpagnols , elle pourroit peut-être enfuite trouver le moyen de forcer leurs lignes. Il ne fut point de l'opinion commune qu'il faut faire agir les François d'abord , perfuadé qu'ils ont la même patience que les autres Nations , quand on les conduit bien.

En deux jours on arriva à la vûë du Camp des ennemis près d'une hauteur qui s'appelle *Mouchi le Preux.* Comme les Efpagnols y avoient quelque Cavalerie , on craignit d'abord qu'ils ne fe milfent derriere en bataille pour empêcher celle du Roi de paffer un ruiffeau ; mais comme ce ruiffeau étoit loin de la Place ils ne le firent point , parcequ'il auroit fallu lever le fiége , ce qui ne pouvoit fe faire fi promptement que l'armée du Roi n'eût eû le tems de fe mettre en bonne pofture & faire appréhender avec raifon l'iffuë d'un combat. On a néanmoins dit que M. le Prince avoit voulu le faire ; mais que les Efpagnols n'y voulurent pas confentir. Auffi-tôt que leurs troupes nous virent faire divers ponts fur le ruiffeau , ils fe retirerent dans leur Camp après quelques efcarmouches , & l'armée du Roi s'étant avancée fur la hauteur , commença à s'y fortifier ; ce qui fut fait dans la fin de ce jour-là & dans la nuit fuivante.

Le Camp avoit fon aile droite fur la *Scarpe* , où on fit auffi prompte-ment des ponts pour communiquer à la Balfüe , & empêcher les vivres de
Douai.

Douaî. Tout le front du Camp tenoit l'entre-deux de la Scarpe & d'un petit ruisseau qui descend à Arleux, & par le moyen de la Cavalerie on gardoit autant que l'on pouvoit le chemin de Cambrai & de Douai, qui n'étant que de plaines on empêchoit bien qu'il ne vint des chariots, mais non pas que des Cavaliers ne portassent en croupe des munitions de guerre. On manda aussi au Comte de Broglio, Gouverneur de la Bassée, de se venir loger à Lens, avec quinze cens ou deux mille hommes de garnison ; & par ce moyen-là, on empêchoit les vivres par le côté de Doüai & de Lisle : il y avoit le côté de S. Paul qui demeuroit fort libre, par où les ennemis pouvoient avoir la communication avec Aire & S. Omer. Dès le soir que l'on arriva avec l'armée à Mouchi-le-Preux, on écrivit au Gouverneur de Hedin de mettre des gens dans S. Paul ; & si cela eût été fait, le siége d'Arras auroit assurément été levé, sans qu'on eût été obligé d'attaquer les lignes ; mais ou les interêts particuliers, ou la foiblesse de la garnison de Hedin empêcherent le Gouverneur de le faire. On y eut cependant remedié sans la mort de M. de Beaujeu, qui ayant été promptement envoyé avec douze cens chevaux & quelque Infanterie du Comte de Broglio, pour garder le côté de S. Paul, rencontra les ennemis qui alloient faire un convoi à Aire, & sept ou huit cens chevaux l'ayant attaqué à la pointe du jour, comme ses gens repaissoient, il fut mis en désordre & tué sur la Place ; mais ses gens s'étant ralliés, les ennemis furent battus, & beaucoup des leurs tués ou pris prisonniers. Comme les nôtres n'eurent plus de Chefs, ils s'en revinrent à Betune, & ne marcherent point où ils avoient été commandés. Dans cet intervalle, les ennemis envoyerent promptement de l'Infanterie dans S. Paul ; ce qui mit ce lieu en état de n'être pas pris sans que l'armée y allât ; & l'on ne pouvoit quitter le côté de Doüai, parceque les deux lieux sont justement à l'opposite.

Comme cette Cavalerie fut retournée à Bethune, M. de Turenne envoya pour la commander M. de Lislebonne, qui la mena à Pernes, pour empêcher la communication du Camp des ennemis avec Aire ; mais le côté de S. Paul demeuroit toûjours libre, d'où ils tiroient beaucoup de commodités. M. le Comte de Broglio essaya de prendre cette Place ; mais il fut repoussé avec perte. Les choses resterent quelque tems dans cette assiette, les ennemis trouvant de grandes difficultés au siége, à cause de la résistance des assiegés & de l'armée du Roi, qui étoit toûjours campée près d'eux. Comme on sçavoit tous les jours le progrès du siége, on ne s'appliqua qu'à empêcher les convois, sans essayer de forcer les lignes, jusqu'à ce que les

P

 affiégés fuſſent fort preſſés : on ſçavoit que l'armée des Eſpagnols diminuoit beaucoup ; mais leur circonvallation ne pouvoit gueres être en meilleur état. Il ne s'y paſſa donc rien de fort conſidérable pendant l'eſpace d'un mois, hors quelques poudres qui ſe brûlerent, comme les ennemis les portoient en croupe, & quelques petits convois qui furent rencontrés : tout ce qui venoit de Cambrai à leur Camp y arrivoit par des Cavaliers qui paſſoient la nuit ; & quoique notre Cavalerie fut ſur les avenuës pour les atten re, on ne les rencontroit jamais ; parceque les environs ſont de grandes plaines. Cependant les affiégés défendoient bien leurs dehors, & repouſſerent trois ou quatre fois les ennemis à une premiere paliſſade fort loin de la Place, & gardoient ſi bien leur terrain qu'au bout de ſept ſemaines de tranchée ouverte, les ennemis n'en étoient que ſur la contreſcarpe d'une demi-lune qui eſt devant le foſſé, & n'avoient pris qu'un ouvrage à corne dont il falloit s'emparer avant que d'aller à cette demi-lune : les affiégés faiſoient tout ce qui ſe peut faire pour ſe bien défendre : M. le Chevalier de Crequi, M. d'Equancourt & M. de S. Lieu furent bleſſés dans les dehors, où ils ſervoient très-bien ; M. de Mondejeu ſe conduiſoit auſſi bien qu'un Gouverneur peut faire.

Le ſiége de Stenai continuoit toûjours, & tiroit un peu en longueur par la bonne défenſe des affiégés. M. de Turenne & M. le Maréchal de la Ferté voyant que les ennemis ne laiſſoient pas d'avancer celui d'Arras, quoiqu'avec beaucoup de difficulté, réſolurent de donner aux lignes, y étant auſſi pouſſez par les nouvelles qu'ils avoient reçuës de Mondejeu, qui faiſoit ſemblant d'être un peu plus preſſé qu'il ne l'étoit en effet : il n'eſt pas étrange que les Gouverneurs en uſent ainſi ; parceque n'étant pas aſſurés que les ennemis n'attaqueront pas avec plus de vigueur, & ſi leurs gens ne ſe relâcheront pas dans la défenſe, ils veulent toûjours mettre les choſes au pis, & faire entendre qu'ils ſe défendront moins de tems qu'ils ne le peuvent en effet. On avoit déja commandé de tenir prêt toutes les faſcines & les clayes pour attaquer les lignes le jour d'après, lorſqu'on apprit le ſoir que Stenai capituloit ; & M. le Cardinal manda que le Roi marcheroit en diligence à Peronne, & envoyeroit toutes les troupes qui avoient ſervi au ſiége de Stenai pour renforcer l'armée. M. de Turenne fut d'avis d'attendre ce renfort ; parceque l'on ſçavoit très-certainem nt que la Ville pourroit encore ſe défendre, & on étoit ſi proche des ennemis qu'il ne pouvoit rien arriver dont on ne fût averti tous les jours. M. le Cardinal voulut auſſi preſſentir ſi M. de Turenne ne ſeroit pas choqué, ſi

M. le Maréchal d'Hocquincourt alloit commander les troupes qui venoient du siége de Stenai ; mais dans une situation aussi importante, M. de Turenne croyoit qu'il ne pouvoit pas y avoir trop de troupes ni trop de Chefs : M. le Maréchal de la Ferté fut aussi du même avis. Ces troupes donc marcherent en grande diligence après la reddition de Stenai, passèrent la Somme, & faisant d'assez grandes journées vinrent auprès de Bapaume.

Deux jours avant leur arrivée, M. le Duc d'York & M. de Joyeuse, qui étoit Colonel Général de la Cavalerie legere, étant allés promener avec M. de Turenne auprès du Camp des ennemis, assez proche du quartier de M. le Prince, virent deux troupes un peu éloignées de leur grande garde : M. de Castelnau s'y trouva aussi avec quelques volontaires ; & voulant pousser ces troupes, on fit avancer un escadron de notre garde pour soûtenir les volontaires, lesquels s'étant engagés, ces deux troupes retournerent ; & ayant rencontré une ravine, mirent ces Messieurs en quelque confusion avec leurs carabines, & commencerent à les suivre. L'escadron qui les soûtenoit prit l'épouvante ; de sorte qu'ils se retirererent deux ou trois cens pas, assez pressés des ennemis. Il y eut sept ou huit volontaires blessez ou prisonniers ; M. de Joyeuse fut aussi blessé d'un coup de carabine au bras : on croyoit au commencement sa blessure legere ; mais ayant été porté à Paris, il en mourut au bout de six semaines. Aussi-tôt qu'on sçut que les troupes de Stenai étoient à trois lieuës du Camp des ennemis, M. de Turenne alla joindre M. le Maréchal d'Hocquincourt avec deux mille chevaux : comme ils eurent avis que les ennemis attendoient un grand convoi de S. Paul, ils logerent la nuit à Aubigni, qui est à trois heures d'Arras, & le lendemain ils allerent vers S. Paul, que l'on prit en arrivant. On y apprit que les ennemis attendoient trois mille hommes pour mener le convoi, & que même le siége alloit lentement, faute de munitions de guerre : cela les obligea à faire des efforts pour couper ce convoi ; parceque si on l'avoit fait, les ennemis eussent levé le siége.

Après que S. Paul fut pris, M. de Turenne & M. le Maréchal d'Hocquincourt battirent tout un jour l'Abbaye de S. Eloi, où les ennemis avoient cinq cens hommes qui se rendirent à discretion : comme elle n'étoit distante que d'une petite heure du Camp des ennemis, & que M. le Maréchal de la Ferté étoit demeuré à Mouchi-le-Preux avec l'armée, on a assuré que M. le Prince avoit voulu tomber sur le corps qui attaquoit l'Abbaye du Mont S. Eloi, & que les Espagnols ne l'avoient pas trouvé à propos ; mais on rencontre souvent des obstacles dans une grande circonvallation,

 & après un long siég: qui empêchent d'exécuter les meilleurs projets.

Comme le Mont S. Eloi fut rendu, M. le Maréchal d'Hocquincourt commença à se retrancher au Camp de Cefar, & M. de Turenne s'en retourna joindre l'armée à Mouchi-le-Preux, en marchant tout le long des lignes de l'ennemi plus de deux heures. Il n'en fortit que des efcarmoucheurs que M. de Caftelnau alla reconnoître de fort près, & la Cavalerie march.. tout ce tems-là à la portée du canon des pièces de trois. On vit tout ce côté de lignes affez dégarni, qui étoit le quartier de Dom Fernando Solis, & affurément cette marche donna beaucoup de connoiffance pour l'attaque & pour le chemin qu'il falloit prendre pour y donner. M. de Turenne étant arrivé au Camp, envoya dire à M. le Maréchal de la Ferté que la Cavalerie de l'ennemi qui avoit voulu mener le convoi, prenoit le chemin de Douay, & qu'apparemment ils effayeroient d'entrer la nuit dans les lignes. Il donna tous les ordres néceffaires pour l'empêcher, ayant fait monter toute la Cavalerie à cheval ; mais par la faute d'un Officier qui étoit pofté fur la route avec un petit Corps de Cavalerie, & qui n'en donna point d'avis, M. de Boutteville qui commandoit cette Cavalerie chargée de poudres & de grenades, entra dans les lignes ; ce qui ayant été fçû, il fut réfolu de faire l'attaque le lendemain. Après avoir confideré toutes chofes, on trouva qu'il étoit à propos de donner avec les armées toutes de front, & la nuit : M. de Turenne ayant toûjours été d'avis de ne point tenter par divers côtés ; parceque chacun s'attend à donner, & ainfi on laiffe fouvent paffer le tems, & le jour vient ; d'ailleurs quand on ne fe voit point, on entre aifément en foupçon que les autres font repouffés. Le jour les ennemis mettent toutes leurs troupes enfemble ; mais la nuit ils n'oient point entierement dégarnir leurs quartiers : la plus grande difficulté qui s'y rencontre, c'eft que les marches de nuit font difficiles, & il eft aifé de fe perdre ; c'eft pourquoi il faut que les Camps foient proche des lignes de l'ennemi, afin de ne pas tomber dans cet inconvenient.

On marcha donc à l'entrée de la nuit : M. de Turenne avoit l'avantgarde ; & ayant paffé la Scarpe fous le quartier de M. le Maréchal de la Ferté, qui avoit commandé que l'on y fit quantité de ponts. On prit le même chemin que l'on avoit fait en revenant du Mont S. Eloi : on étoit bien averti de l'état des lignes de l'ennemi : ils avoient partout un foffé perdu creux de cinq ou fix pieds, & large de huit ou neuf ; & entre ce foffé & celui de la ligne, il y avoit un efpace de quatre ou cinq pas remplis de trous ou puits ronds , & profonds de trois ou quatre pieds , & environ d'un pied de diametre : quand on les avoit passé , on rencontroit la ligne , qui étoit à l'ordinaire , avec un fossé de sept ou huit pieds , & un parapet de la hauteur ordinaire : on avoit mis entre les trous comme de petites palissades , hautes seulement d'un pied & demi , pour embarasser davantage les chevaux.

On résolut de donner avec l'Infanterie sur deux lignes ; & on avoit donné à chaque bataillon de la premiere ligne quatre ou cinq escadrons pour porter les fascines & les clayes que l'on vouloit mettre sur les trous : la Cavalerie portoit aussi des outils. Ayant marché à une petite demie lieuë de la ligne , il n'y avoit plus que deux petites heures devant le jour. L'armée de M. de Turenne se rangea ; celle de M. le Maréchal de la Ferté se mit à la main gauche ; M. le Maréchal d'Hocquincourt venoit aussi d'auprès du Mont S. Eloi pour donner sur le même front. On s'approcha à deux cens pas de la ligne sans donner l'allarme ; & deux cens hommes qui étoient à la tête de chaque bataillon de la premiere ligne , aborderent le premier fossé : on leur fit une fort legere décharge ; & néanmoins si les bataillons n'eussent marché au même instant pour seconder ces gens commandés , ils se fussent renversés : on ne trouva presque point de résistance ; mais toutes les troupes avoient conçû cette action comme une chose si difficile , qu'il n'y avoit que les Officiers & quelques Soldats qui s'opiniâtroient à s'attacher au parapet , & le reste des Régimens demeuroit à la Campagne sans en oser approcher. De l'armée de M. le Maréchal de la Ferté il n'y eut que quelques Régimens qui allerent jusqu'au dernier fossé ; mais pas un n'entra par son attaque : quand on eut forcé la ligne à leur main droite , ils vinrent entrer par là. On demeura bien une demie heure à combler les fossés , la Cavalerie qui étoit derriere les bataillons mettant pied à terre , & portant les clayes & les fascines , durant lequel tems il y avoit beaucoup de bruit de timballes & de trompettes derriere la ligne ; mais un fort petit feu.

M. le Comte de Broglio, M. de Castelnau & M. du Passage commandoient l'Infanterie de la premiere ligne de M. de Turenne : M. de Roncherolles deux bataillons de la seconde , & M. le Duc d'York , M. de Lillebonne & M. d'Eclainvilliers étoient avec la Cavalerie , laquelle aussi-tôt que l'Infanterie se fût renduë maitresse de la ligne , commença à entrer par une barriere , menant les chevaux en main ; & un peu après les Régimens qui étoient sur la premiere ligne , qui étoient les Gardes Suisses , Picardie , la

 Feuillade, Pleſſis-Praſlin & Turenne, ayant fait chacun leur paſſage, la Cavalerie qui étoit deſtinée pour ſuivre chaque Régiment d'Infanterie, entra par le paſſage que ces Régimens lui avoient fait.

Il étoit fort peu devant le jour quand les ouvertures de la ligne furent faites, & les ordres étoient donnés que la Cavalerie après être entrée formeroit ſes eſcadrons près de la ligne, à la faveur de l'Infanterie qui demeureroit en bataille ; mais la grande joie que les troupes eurent de ſe voir dans la ligne, & que l'ennemi prenoit l'épouvante, comme auſſi l'eſperance du butin, obligeoient tous les ſoldats de courir en confuſion dans le Camp, l'Infanterie à piller, & la Cavalerie à ſuivre quelques eſcadrons ennemis, qui ſe retiroient du côté du quartier des Lorrains.

L'armée de M. le Maréchal d'Hocquincourt s'étant un peu égarée à cauſe de l'obſcurité de la nuit, donna aux lignes un peu après la premiere attaque, & l'emporta avec fort peu de dificulté. M. le Maréchal de la Ferté dès qu'il vit un paſſage ouvert, entra avec ſa Cavalerie, & s'avança avec quelques eſcadrons, coulans dedans la ligne à la main gauche : il y avoit auſſi quelques Officiers & Soldats de notre Infanterie qui le ſuivoient fort en déſordre.

M. le Prince ayant paſſé par le quartier des Eſpagnols, menoit de la Cavalerie au ſecours de la ligne : il y avoit auſſi de ſon Infanterie qui le ſuivoit ; mais ayant vû la ligne emportée en ſi peu de tems, & tout ſon Camp déja en ſi grand déſordre, on dit que M. l'Archiduc lui ayant demandé ce qu'il lui conſeilloit de faire, il lui répondit, *qu'il croyoit qu'il devoit ſe retirer*. Pour lui, il marcha droit où étoit M. le Maréchal de la Ferté, qui fut obligé de faire retirer ſes eſcadrons. M. de Turenne avoit raſſemblé quelques troupes, voyant bien que ſi les ennemis revenoient, il y arriveroit une grande confuſion : tout ce qu'il pût faire fut de les raſſurer, quand la Cavalerie qui s'étoit avancée s'en revint, après avoir fait paſſer la ligne à deux piéces de vingt-quatre. Il eſt certain que ſi M. le Prince eût pû mener quelques Régimens d'Infanterie avec ſa Cavalerie, qu'il eût obligé toute l'armée du Roi à ſe jetter dans Arras, tant la confuſion étoit grande dès que l'on fut entré dans les lignes ; mais comme l'épouvante étoit très-grande dans ſon armée, tout ce qu'il pût faire, ce fut de pouſſer cette Cavalerie de M. de la Ferté, & de prendre beaucoup de priſonniers de l'Infanterie que j'ai dit qui l'avoit ſuivi, & donner par ce moyen le loiſir à beaucoup d'Infanterie Eſpagnole de ſe retirer, les uns à Cambrai, les autres à Doüai : pour la Cavalerie, ils en perdirent fort peu ; mais ils laiſ-

ferent près de foixante piéces de canon ou dans leurs tranchées ou fur leurs
lign s : je crois qu'il y eut bien deux ou trois mille Soldats de leur Infanterie tués ou prifonniers , & tout leur bagage perdu. De l'armée du Roi il
y eut quelques Officiers tués ou bleſſés , & trois ou quatre cens Soldats :
de prifonniers il y en eut quelques-uns , & des Officiers des Gardes. Quand
M. le Prince fe retira , toute l'armée du Roi fe mit à piller le Camp des
ennemis ; de forte qu'on ne les fuivit pas plus loin que leur circon-
valiation.

La Cour qui étoit à Peronne vint à Arras cinq ou fix jours après la levée
du fiége ; & comme on ne pouvoit pas faire de grands fieges , n'ayant nuls
préparatifs pour cela , & toute l'armée de l'ennemi s'étant retirée dans l urs
Places , le Roi reprit le chemin de Paris. M. le Maréchal de la F rté &
M. le Maréchal d'Hocquincourt le fuivirent. M. de Turenne paſſa l'Efcaut
entre Cambrai & Bouchain ; & ayant marché jufques auprès de Condé ,
il fçut que le Quefnoi , dont les ennemis avoient fait rafer les dehors , éto t
fort dégarni de gens ; il marcha trois lieuës en arriere , & le prit le fecond
jour ; enfuite il s'avança à Binches , méchante Ville qui fe rendit ; il y demeura douze ou quinze jours , ayant laiſſé une garnifon au Quefnoi dont
il ne s'éloigna pas jufqu'au mois de Novembre , y ayant fait faire divers
convois , à caufe qu'elle eſt fort avancée dans le pays.

M. le Prince ayant engagé les Efpagnols à mettre leur armée enfemble
douze ou quinze jours après leur défaite à Arras ; & ayant les Places & les
rivieres pour lui , il fe tint toujours à deux ou trois heures de l'armée du
Roi ; de forte que pour conferver le Quefnoi , le fortifier & le garnir de
munitions de guerre & de bouche , il y eut de très-grandes difficultés , &
l'armée pâtit beaucoup. Il eſt certain que fans la défaite d'Arras , qui rend
toûjours pour quelque tems les armées moins entreprenantes , on n'eut
pû conferver le Quefnoi : auſſi fans M. le Prince les Efpagnols ne
fe feroient pas remis en Corps d'armée , & il auroit pû arriver beaucoup
de défordre dans leur pays , mais leur armée étant raſſemblée , on ne pouvoit pas marcher vers Bruxelles & le Brabant. La Campagne finit ainfi ,
en confervant le Quefnoi , & les armées fe retirerent de part & d'autre.

Encore que l'on fut forti depuis peu des guerres civiles , les hivers fe
paſſoient fort tranquilement , y ayant néanmoins beaucoup de perfonnes
ennuyées ou mécontentes du Miniſtere de M. le Cardinal Mazarin ; mais
les maux & les incommodités qu'un chacun avoit reſſentis dans ces défordres du dedans du Royaume , rendoient tous les particuliers fi clairvoyans

An. 1654. que les difcours des gens turbulens ne pouvoient plus les émouvoir : comme quand il arrive de grandes révolutions , il femble que tous croyent qu'ils font au pire état qu'ils puiffent être : ainfi au fortir des guerres civiles , de nouveaux troubles recommencent rarement , à caufe des malheurs qu'on vient d'éprouver.

An. 1655. Dans l'hiver qui fuivit cette Campagne , il y eut une mefintelligence qui dura affez long-tems entre la Cour & le Parlement fur le fuj.t des Lys, qui eft une monnoie que le Roi vouloit faire faire , & à quoi le Parlement s'oppofoit ; & comme les chofes fembloient fe porter tout à fait à l'aigreur, M. le Cardinal en préfence du Roi, pria M. de Turenne d'aller trouver M. le Premier Préfident , à caufe de l'affemblée qui devoit fe faire le lendemain : (1) M. de Turenne trouva des expédiens pour tout accommoder , fouhaittant fort que les chofes ne paffaffent pas à l'extrémité ; outre que cela eût empêché les deffeins de la Campagne , il eft certain que M. le Prince en Flandre , & M. le Cardinal de Retz à Rome , avoient beaucoup de partifans à Paris : tous enfemble euffent rendu les chofes mal-aifées à raccommoder , fi elles fuffent allées à une rupture ouverte. La Cour partit de Paris pour aller à Compiegne , & de-là à la Fere : Paris étoit plutôt las des troubles que gueri de fes préjugés. M. le Cardinal de fon naturel aimoit à tenir toutes chofes en balance , à fe raccommoder avec ceux qui avoient quelque fujet de mécontentement , & à ménager les efprits qu'il ne pouvoit gagner.

Pendant que le Roi étoit à la Fere , fon armée fe raffembla , & en mêmetems celle des ennemis : M. de Turenne prit quelques troupes , & mena deux convois au Quefnoi : il vit bien que fi on n'affiegeoit Landrecies, qu'il feroit impoffible de maintenir le Quefnoi , & que c'étoit là la conquête la plus proportionnée aux forces que l'on avoit : M. le Cardinal f dans le même fentiment ; & on y fit venir M. le Maréchal de la Ferté, de qui l'armée s'affembla vers Laon. M. le Prince & M. l'Archiduc étoient, il y avoit plus de quinze jours , hors de Bruxelles , & toute leur armée au rendez-vous ; celle de M. le Prince fur la Sambre à cinq ou fix heures de Landrecies , & celle de M. l'Archiduc auprès de Mons , n'étant féparées que de quatre ou cinq heures l'une de l'autre , & les deux enfemble à peu près d'égale force à celle du Roi ; enforte qu'il étoit fort dangereux de commencer un fiége prefque en leur préfence ; mais la fituation de Lan-

(1) Le Viconte paffe toûjours rapidement & fous filence les fervices qu'il rend à l'État.

dreciei

drecies contribuant à y pouvoir réüffir plus aifément qu'à une autre Place, à caufe que le Quefnoi, qui eft plus avancé, éloignoit un peu les ennemis, & les empêchoit de marcher fi aifément pour s'oppofer au fiége ; on réfolut à l'entreprendre : M. de Turenne ayant donné rendez-vous à l'armée qu'il commandoit auprès de Guife, & M. le Maréchal de la Ferté au même lieu, on fe trouva à trois heures après midi avec toute l'armée à une portée de canon de Landrecies.

M. de Turenne n'avoit point voulu mettre l'armée enfemble avant ce rendez-vous à Guife, parcequ'il eft certain que fa féparation en divers quartiers, faifoit que l'ennemi avoit l'œil de plus d'un côté. Si l'armée du Roi eût été enfemble, celle de l'ennemi s'en feroit approchée, & ainfi n'étant pas inégales en forces, il eût été impoffible d'entreprendre aucun fiége. La premiere nouvelle qu'en eurent les ennemis fut que l'armée du Roi étoit devant Landrecies, où ils avoient jetté depuis peu deux Régimens d'Infanterie ; de forte qu'il y avoit quinze cens hommes de pied & plus de cent chevaux dans la Place : néanmoins leur premiere penfée fut d'y envoyer quelque fecours encore & fe mettre promptement enfemble. M. le Prince & M. l'Archiduc s'étant vûs pour en conférer, la tentative du fecours ne réüfit pourtant pas, à caufe qu'il y eut quelque difficulté à raffembler les troupes.

L'armée du Roi étant arrivée devant la Place, travailla avec tant de diligence à la circonvallation, qu'elle fut achevée en trois jours M. le Maréchal de la Ferté étant tombé malade auprès de Guife, y demeura deux jours, & le troifiéme il vint rejoindre fon armée au Camp. Dans les cinq premiers jours on fit une telle diligence que la circonvallation fut en état, & qu'il y eût des vivres dans le Camp pour un mois. M. le Prince qui avoit la principale part dans les réfolutions de l'armée de Flandre, crut qu'en marchant en diligence, & fe mettant entre Guife & Landrecies, qu'il feroit impoffible que l'armée du Roi fît plus de convois, & que dans fi peu de tems l'on ne pouvoit pas être fuffifamment fourni de vivres, d'artillerie & de munitions de guerre : mais la diligence que l'on fit pour les convois lui fit prendre de fauffes mefures. Il n'arriva que le feptiéme jour après que l'armée du Roi eut invefti la Place, en un Camp nommé Vadencourt, & empêcha bien que l'on ne fît plus de convois ; mais il y avoit fuffifamment de toutes chofes pour achever le fiége. On voulut donner l'allarme au Roi & à la Reine, qui étoient à la Fere, à caufe de cette approche des ennemis ; mais le Cardinal les ayant raffûré, ils partirent pour aller à Laon avec moins de précipitation qu'ils n'auroient fait dans le premier mouvement. Il agit ainſi à cauſe que beaucoup de gens diſoient que la perſonne du Roi n'étoit pas en ſûreté à la Fere.

La tranchée s'ouvrit à Landrecies le huitième jour, & y ayant deux attaques, une de M. de Turenne & l'autre de M. le Maréchal de la Ferté, le troiſième jour on arriva ſur la contreſcarpe d'un ouvrage à corne que les ennemis défendirent fort mal : on y fit deux logemens, on deſcendit le foſſé de la corne ; & après y avoir attaché des mineurs & fait ſauter les deux faces, on emporta toute la tête de l'ouvrage. Les ennemis avoient un retranchement au milieu : on coula dans l'épaiſſeur du parapet ; l'on conduiſit des tranchées pour aller aux demi-lunes qui étoient aux deux côtes de l'ouvrage à corne. Tous ces ouvrages furent avancés avec tant de diligence & avec ſi peu de perte, que le dix-ſeptième jour après la tranchée ouverte, les mines jouèrent aux deux baſtions de la Place ; & après avoir fait de petits logemens au bas des bréches, les aſſiégés ſe rendirent & ſortirent au bout de deux jours avec bonne compoſition, au nombre d'environ douze cens hommes qui ne s'étoient pas trop bien défendus.

L'armée de l'ennemi ne fit durant ce tems-là rien de conſidérable : ils envoyèrent ſouvent contre les fourageurs où ils ne réuſſirent pas trop bien. M. de Bouteville fut battu par le Marquis de Renel & le Comte de Grand-pré (1) qui commandoient l'eſcorte des fourageurs de l'armée du Roi. Celle des ennemis qui étoit à Vadencourt ayant appris que Landrecies capituloit, ſe retira en diligence vers Cambrai : on entendit toute la nuit qu'ils apprirent cette nouvelle grand bruit dans leur Camp, & aſſurément parmi le commun des ſoldats il y avoit un peu d'étonnement.

Après la priſe de Landrecies, le Roi s'en vint à Guiſe, & on fit inveſtir la Capelle ; néanmoins après que l'on eût fait conſidérer à M. le Cardinal le peu d'importance de la Place, & comme après ſa priſe on pourroit diffi-cilement entrer dans le pays, parcequ la ſaiſon s'avançoit, & que l'armée de l'ennemi ruineroit les lieux par où il falloit que celle du Roi paſſât, il trouva bon que le Roi marchât avec ſon armée pour entrer dans le pays ennemi, & on jugea qu'il n'y avoit point de lieu plus commode pour les vivres que le long de la riviere de Sambre. Le Roi s'avança juſqu'à Thuyn : M. de Caſtelnau alla ſe ſaiſir d'un poſte auprès de Dinan, lequel on croyoit pouvoir garder ; mais ayant trouvé qu'il ne ſe pouvoit fortifier, on l'abandonna. De-là le Roi s'en vint auprès de Bavay, où on tint un con-

(1) Depuis Maréchal de Joyeuſe.

feil de guerre pour voir ce qu'il y avoit à faire. Quelques-uns de la Cour euffent bien défiré que l'on eût affiégé Avennes ; mais n'y ayant point de préparatifs , M. de Turenne ni M. le Maréchal de la Ferté n'en furent point d'avis ; de forte que l'on regarda aux moyens de paffer l'Efcaut pour s'approcher de l'ennemi , & voir s'il donneroit ouverture à faire quelque chofe , ou en fe féparant dans les Places , ou en s'oppofant au paffage de la riviere.

Les Efpagnols avoient tellement inondé le pays depuis Valenciennes juf-qu'à Condé & de Condé jufqu'à S. Guiflain , qu'il n'y avoit pas d'apparence de tenter le paffage en ces endroits , & leur armée étoit derriere pour l'empêcher ; de forte que l'on réfolut de marcher en diligence entre Bou-chain & Valenciennes. (1) M. le Maréchal de la Ferté avoit l'avant-garde , & étant parti la nuit d'auprès de Bavay , il arriva vers le midi à un lieu nommé Neuville , où ayant jetté deux ponts , & ne trouvant point de réfi-ftance , il commença à y faire paffer fon armée dont quelques efcadrons étoient déja au-delà de l'eau , quand M. de Turenne arriva dans la fin du jour , & la nuit les armées pafferent l'eau avec leur bagage. Une partie de la Cavalerie de l'ennemi s'avança à une demi-lieuë de-là ; mais voyant que l'armée paffoit , elle fe retira auprès de Valenciennes où le Corps de leur armée étoit arrivé ce jour-là. Ils jetterent la nuit quelque Infanterie dans Bouchain & commencerent à fe retrancher ; mais ils le firent fans être bien réfolus à garder ce pofte fi l'armée du Roi venoit à eux ; enforte que le lendemain comme ils virent qu'on marchoit droit à leur Camp , ils commencerent à faire filer leur avant-garde droit à Condé ; & comme on n'a d'ordinaire pas envie de fe retirer que l'on ne fçache affurément fi c'eft toute l'armée qui marche , & que l'on fe flatte fouvent que c'eft feulement un Corps de Cavalerie , M. le Prince refta un peu long-tems avec fon arriere-garde. Comme on ne voyoit pas leurs mouvemens , on croyoit qu'ils vouloient demeurer dans le retranchement , & M. de Turenne atten-doit le canon & l'Infanterie pour les attaquer. Cependant il faifoit avancer M. de Caftelnau avec fon Corps pour fe faifir d'un bois proche de leur Camp , & vouloit qu'il avançât dans leur flanc , qui paroiffoit un peu dé-couvert , n'y ayant que la tête de leur Camp retranché , & ce flanc ne l'étant pas. Comme M. de Caftelnau avançoit , il vit que l'armée de l'ennemi fe retiroit , & qu'il n'y avoit plus que quelques efcadrons dans le Camp ; il

(1) Ici le Vicomte paffe fous filence les excellens avis qu'il donna dans le Confeil de guerre , & qu'on a trouvés dans les Mémoires du Duc d'Yorck.

q ij

 le manda à M. de Turenne qui lui envoya ordre de fuivre avec fon Corps.
En quittant le Camp des ennemis pour aller vers Condé, pays fort étroit (1),
M. le Prince ayant laiffé filer toutes les troupes, étoit demeuré avec fept ou
huit efcadrons à l'arriere-garde. L'armée de l'ennemi n'avoit pas mené de
bagage au Camp de Valenciennes, ce qui leur donnoit grande facilité à
fe retirer. (2) M. de Caftelnau s'avança avec quelques efcadrons des fiens,
dont un ou deux ayant paffé un défilé, M. le Prince retourna lui-même
avec peu de gens & fit repaffer en confufion ce qui avoit déja paffé le
défilé. On efcarmoucha un peu à cette arriere-garde, & il ne s'y fit rien
autre chofe ; car l'ennemi ayant paffé la riviere d'Efcaut auprès de Condé,
laiffa deux mille hommes dans la Place, & fe retira deux heures devant le
jour vers Tournai.

L'avant-garde de l'armée du Roi arriva fort tard à la vûe de leur Camp,
l'Efcaut étant entre ces deux armées. Ce fut cette nuit-là que M. de Turenne écrivit à M. le Cardinal qui étoit avec le Roi au Quefnoi, & lui
fit une relation de ce qui s'étoit paffé. La lettre tombant entre les mains
de M. le Prince, il trouva fort mauvais deux chofes : l'une, qu'elle mar-
quoit qu'il ne vouloit pas quitter le pofte de Valenciennes ; & l'autre,
qu'un des efcadrons de l'arriere-garde des ennemis avoit paffé l'Efcaut à
la nage. Ce qui obligea M. de Turenne à mander la premiere circonftance,
ce fut que beaucoup de gens de condition ayant parlé aux gens de M. le
Prince à l'arriere-garde, ils dirent le foir à M. de Turenne que fi M. le
Prince eût été crû, il n'eût pas quitté le pofte de Valenciennes ; & pour
ce qu'il mandoit de l'efcadron qui avoit paffé à nage, M. de S. Lieu Colonel le lui avoit dit quand il l'aborda. En effet, quand l'ennemi rompit
fon pont fur l'Efcaut, il y avoit quelques gens qui paffèrent à nage. Pour
le refte de la relation, M. de Turenne ne fe nommoit en rien, ni n'appuyoit
pas fur la retraitte précipitée des ennemis, ni fur le mauvais parti qu'ils
prirent de venir à un pofte au-devant de l'armée du Roi, pour le quitter
en fa préfence & enfuite entrer dans une telle confufion, qu'ils abandonnerent toutes les rivieres & les pays du monde les plus avantageux ; ayant
une armée, laquelle, s'ils ne l'euffent pas affoiblie en prenant jaloufie de
leurs Places fans fujet, n'étoit pas inferieure à celle du Roi.

M. le Prince fe fentit fort piqué de cette Relation & envoya un Trom-

---

(1) Il appelle le pays fort étroit lorfqu'il s'y trouve beaucoup de défilés, rivieres, canaux ;
bois ou hauteurs.

(2) Ici le Vicomte cache la faute de Caftelnau, comme il tait les bonnes actions qu'il fait
lui-même.

pette à M. de Turenne avec une Lettre fort piquante par laquelle il lui AN. 1655.
mandoit, que s'il avoit été à l'avant-garde de son armée pendant que lui
étoit à l'arriere-garde de la sienne, il eut mieux vû les choses & n'en eût
jamais dit de si éloignées de la vérité. M. le Prince écrivit aussi à beaucoup d'Officiers de l'armée du Roi, comme voulant faire un Manifeste, &
manda à M. le Maréchal de la Ferté que M. de Turenne ne parloit pas de
lui en bons termes dans sa Relation. M. de Turenne reçut la lettre de M. le
Prince devant beaucoup d'Officiers & la leur montra aussi-tôt, sans rien dire
sur l'heure au Trompette. En effet la lettre ne le facha pas, sentant qu'il
n'avoit rien fait contre l'estime qu'il a pour M. de Condé, ni contre le respect
que l'on doit à un Prince du Sang ; mais il vit bien que les choses ne lui
ayant pas réüssi, il s'échauffoit sur une matiere bien légere. Aussi comme M.
le Prince passoit un peu les bornes de ce qui se pratique, M. de Turenne dit
à son Trompette qu'il le feroit punir s'il lui apportoit de semblables lettres
à l'avenir. Il ne récrivit point à M. le Prince qui dans la fin de cette Campagne & dans la suivante témoigna beaucoup d'aigreur contre lui, & ils
ne s'écrivirent plus comme ils avoient fait les années précédentes.

On passa l'Escaut auprès de Condé, & comme il étoit inutile de suivre
l'ennemi qui se mettoit sous Tournai, on attaqua Condé qui fut pris le
troisième jour de la tranchée ouverte. Les fortifications n'en étoient pas
bonnes, & il n'y avoit que de petits travaux qui ne valoient gueres mieux
qu'un retranchement de Camp : mais comme il y avoit deux mille hommes
dans la Place, ils firent grand feu quand on travailloit, & tuerent beaucoup
de soldats & deux Capitaines aux Gardes avec d'autres Officiers. Durant ce
siége M. de Bussi étant allé pour escorter les fourageurs avec trois Régimens de Cavalerie, en se retirant fut chargé par quelque Cavalerie de l'armée de l'ennemi qui étoit venuë à Valenciennes, & fut battu avec fort peu
de résistance.

On étoit si fort avancé dans le pays de l'ennemi qu'il avoit jalousé pour
toutes les Places : en les garnissant de troupes il n'osoit s'approcher en
Corps d'armée, & il lui arrivoit ce qui arrive ordinairement, qui est, que
l'on craint beaucoup plus d'un ennemi qu'il ne peut éxécuter ; & quoique
l'on ait une grande expérience, on ne laisse pas d'appréhender des choses
que l'on sçait bien que l'on ne feroit pas si on étoit à sa place : mais comme
il arriveroit de grands maux si un ennemi faisoit plus qu'on ne pense, on
aime mieux remédier à ce que même on croit qu'il ne peut pas faire. L'ennemi envoya un Corps pour couvrir Bruxelles. Comme l'armée du Roi

 avoit beaucoup de peine à avoir des vivres fans s'avancer plus loin que Condé, elle alla affiéger S. Guilain, qui n'en eft qu'à trois lieuës & où les vivres pouvoient venir avec facilité.

Le Roi qui avoit demeuré au Quefnoi durant cette marche de l'armée, vint au fiége de S. Guilain, qui fut pris en peu de jours : on donna la même capitulation qu'à Condé, qui fut d'en laiffer fortir la garnifon & la conduire à la plus prochaine Place. Le Roi après avoir demeuré huit ou dix jours à l'armée, retourna à Guife, & fon armée demeura plus de fix femaines à faire travailler à la fortification de ces deux Places, & à faire venir des convois pour les munir. Il falloit que tous les vivres vinffent de Guife ; car encore que Landrecies & le Quefnoi donnaffent de la facilité pour les convois, c'étoient des conquêtes fi nouvelles & fi dépourvûës de vivres, qu'il falloit leur en apporter de France & pour l'armée auffi : de forte qu'il y avoit quatre Places auxquelles il falloit fournir le courant & rav.tailler pour tout l'hiver, & outre cela donner le pain tous les jours ; ce qui fit qu'on acheva la Campagne avec peine.

Les ennemis crurent long-tems que l'on vouloit avancer vers Bruxelles, ce qui leur ôta la penfée d'empêcher nos convois ; d'ailleurs ils furent quelque tems à fe remettre du mauvais fuccès de la Campagne : à la fin néanmoins ils fe raffemblerent & vinrent fur la riviere de Sambre. M. de Turenne ayant mis plus de quatre mille hommes de pied dans les Places conquifes, demeura jufqu'au fept ou huitième Novembre en campagne. M. de Caftelnau refta à Condé avec un Corps d'Infanterie d'environ deux mille cinq cens hommes. L'armée fe retira vers Ribemont ; le mauvais tems empêchant qu'il n'y pût venir de convois, à caufe que les chemins étoient trop rompus. Comme il fe retiroit, il vint un Secretaire nommé Ronferet que M. le Cardinal lui envoyoit, pour lui dire que M. d'Hocquincourt étoit allé à Péronne, & que l'on avoit avis qu'il traittoit avec les Efpagnols pour cette Place & pour Ham. Ronferet faifoit auffi entendre à M. de Turenne que l'on fouhaitteroit qu'il s'approchât de Péronne avec l'armée ; mais il ne lui porta nul ordre exprès. M. de Turenne lui dit qu'il croyoit que s'il s'approchoit avec l'armée, cela obligeroit M. d'Hocquincourt à prendre quelque réfolution extrême ; & que la chofe pouvant fe raccommoder, il ne falloit rien faire qui précipitât la réfolution de M. d'Hocquincourt. L'armée de l'ennemi n'étoit pas ruinée ayant toujours demeuré dans fon pays ; mais celle du Roi étoit fort affoiblie par les longues fatigues, par le manque des vivres & par la diftance des lieux d'où il falloit faire venir les convois ;

de forte que c'étoit un étrange contre-tems d'appréhender en ce tems-là
avec raifon, que M. le Prince & l'armée Efpagnole euffent à leur difpofition Péronne & Ham, deux Places fur la Somme, & des entrées très-confi-
derables, pour porter la guerre jufqu'auprès de Paris, & dans la Normandie.

La préfence de M. le Prince durant cette conjonĉure rendoit la guerre
en partie civile. M. de Turenne qui alla trouver la Cour à Compiégne,
confeilla à M. le Cardinal de ne point faire approcher l'armée de Péronne,
& de ne point donner fujet à M. le Maréchal d'Hocquincourt à entrer en
liaifon avec les ennemis. M. le Cardinal avoit fouvent fur le cœur de voir
que le Roi traitât avec un de fes fujets qui demandoit deux cens mille
écus, & que le Gouvernement d'une de ces deux Places demeurât à fon fils :
Mais quand on regardoit Péronne & Ham entre les mains de M. le Prince,
toute l'armée d'Efpagne prête à le foutenir, & l'affiette des efprits de prefque toutes les perfonnes de qualité de France qui ne demandoient qu'un
défordre, ou pour fe mettre contre la Cour, ou pour fe faire achetter très-
cher ; M. de Turenne crut devoir porter l'efprit de M. le Cardinal à un
accommodement. M. le Prince & une partie de l'armée d'Efpagne vinrent
à Cambrai, & il y eut durant quinze jours auprès de M. le Maréchal
d'Hocquincourt des Envoyés du Roi & des Efpagnols à qui il donnoit des
audiences feparées, ne fe cachant point aux uns ni aux autres ce que chaque parti lui offroit, comme s'il eut été libre de choifir. Madame de Châtillon qui avoit ménagé M. le Maréchal d'Hocquincourt pour les intérêts
de M. le Prince, ayant été arrêtée, le Maréchal, qui en étoit amoureux, fe
hâta de faire fon accommodement avec le Roi, de peur qu'on ne traitât
mal cette Ducheffe. C'eft une longue hiftoire dont je n'entre point dans
le détail : il fuffit de dire que le traité fut enfin conclu, & qu'il fut arrêté
que l'on donneroit à M. d'Hocquincourt deux cens mille écus, & qu'il re-
mettroit Péronne & Ham entre les mains du Roi. On accorda le Gouvernement de la première à fon fils, en qui M. le Cardinal avoit beaucoup de
confiance.

M. le Prince qui s'étoit avancé à deux ou trois heures de Péronne, & qui
le refte du tems demeuroit avec un Corps d'armée auprès de Cambrai, fe
retira vers la Sambre ayant appris le traité. On fut en doute s'il attaqueroit
la ville de Condé ou Saint-Guillain en fe retirant, & pour cela l'armée du Roi
s'étoit avancée jufqu'auprès de Saint-Quentin ; mais ayant appris qu'il fe
retiroit plus avant dans le pays, le Roi, après avoir été à Ham & à Péronne
avec M. le Cardinal, retourna à Paris, & M. de Turenne le fuivit deux

jours après, les quartiers d'hiver ayant été diftribués à l'armée.

Ce fut cet hiver-là que l'on commença à metre la Cavalerie dans les vil-lages, lui faifant payer fur les tailles à raifon de vingt fols par cavalier, & un nombre certain de Places pour les Officiers, ce qui empêchoit la dé-penfe des remifes de l'argent, & faifoit qu'il n'y eut point de non-valeurs. Les troupes fe faifoient payer fur les lieux, & les cavaliers étant difperfés par les villages leur fervoient de fauve-garde, & y dépenfoient une bonne partie de l'argent qu'ils en tiroient ; ce qui a fait que beaucoup de villages du plat pays ont labouré avec plus d'affurance, & contre l'opinion commu-ne, une partie des villages de Champagne fe font remis par cette nouvelle façon de diftribuer les troupes.

Cet hiver fe paffa dans une entiere confiance du Roi & de la Reine pour M. le Cardinal, qui avoit toujours une grande confidération pour M. de Turenne, lequel fçavoit autant que perfonne les interèrs de la Cour les plus cachés, & affurément dans une affaire difficile il eut eû la principale confiance. M. le Cardinal n'étant nullement contraint par le Roi ni par la Reine, & ayant une parfaite connoiffance de tous les efprits de la Cour, vivoit felon les fentimens dans lefquels il fçavoit qu'un chacun étoit, ayant une maniere toute particuliere de mener les efprits à fon point.

Les convois que l'on avoit mis dans Condé & dans Saint-Guillain, & le foin que M. de Caftelnau prit pendant tout l'hiver d'en faire entrer beaucoup de petits par la commodité du Quefnoi, mirent ces Places en état de n'avoir point de neceffité jufqu'au mois de Mai, auquel tems M. de Turenne étant forti de Paris s'en alla à la frontiere, & vint à Condé y menant un grand convoi. En dix ou douze jours on mit une quantité de vivres dans les Places avancées, fuffifamment pour y entretenir l'armée & les garnifons. Les en-nemis n'étant point en campagne, il n'y eut aucune difficulté pour ces convois.

Le Roi vint à la Fere, & M. le Cardinal ayant fouvent parlé à M. de Turenne des deffeins de la Campagne, on avoit remis jufqu'à ce qu'on fut fur la frontiere pour voir ce qu'on pourroit entreprendre. M. le Maréchal de la Ferté envoya fon Corps de Lorraine ; mais s'étant trouvé incommodé lui-même, il ne put venir à l'armée que quelque tems après. La venuë de Dom Juan d'Autriche étant comme un nouvel établiffement, avoit em-pêché les ennemis de fe mettre de bonne heure en campagne : cela fit fonger à des entreprifes un peu vaftes. M. de Turenne propofa à M. le Cardinal d'aller à Tournai, & de l'attaquer s'il étoit dégarni, ou fi on le

trouvoit

trouvoit trop bien pourvû, de revenir inveſtir Valenciennes : le Miniſtre ne s'y oppoſa point, quoiqu'il eût aſſez de raiſons pour craindre un mauvais ſuccès ; mais il vouloit bien hazarder quelque choſe, perſuadé qu'à la guerre il faut toûjours tâcher de faire de nouvelles conquêtes, & que dès que l'on ſe relâche, on court riſque de tout perdre. Il y avoit beaucoup de troupes & de recruës qui n'avoient pas encore joint l'armée ; mais comme les ennemis n'étoient pas enſemble, il n'étoit pas dangereux d'avancer dans leur pays ; de ſorte que M. de Turenne ayant raſſemblé ce qui étoit ſur la frontiere, marcha en grande diligence à Condé, & de-là juſqu'à deux lieuës de Tournai avec toute la Cavalerie, faiſant ſuivre l'Infanterie, le canon & tout l'équipage des vivres que M. le Marquis d'Uxelles commandoit. Quand on fut allé par de-là Mortagne, ayant envoyé M. de Caſtelnau, qui paſſa par S. Guiſlain avec une partie de la Cavalerie, pour inveſtir Tournai, M. de Turenne ſçut qu'il y avoit quelques Régimens de l'ennemi campés auprès de Tournai ; & comme la penſée de l'attaquer n'étoit que ſûr ce qu'il ſeroit ſans garniſon (n'y ayant point d'apparence de faire un ſiége qui durât quelque tems, ſi avant dans le pays ennemi, & par conſéquent ſi éloigné de ſes vivres & de ſes munitions de guerre,) il retourna à Condé ; & ayant laiſſé ſon pont à Mortagne, qui eſt ſcitué à l'endroit où la Scarpe & l'Eſcaut ſe joignent, avec un Corps de troupes, pour attendre quatre mille hommes qui venoient du côté d'Arras, il marcha le lendemain matin devant Valenciennes, ayant donné ordre à ce Corps laiſſé à Mortagne, & aux troupes qu'il attendoit, de l'y venir joindre.

Il n'y avoit pas dans Valenciennes plus de mille hommes de pied & deux cens chevaux ; mais comme c'eſt une grande Ville, la bourgeoiſie pouvoit ſervir de troupes : M. de Turenne fit paſſer M. le Marquis d'Uxelles qui commandoit le Corps de M. le Maréchal de la Ferté dans l'iſle de S. Amand, & lui ordonna de s'avancer juſqu'à l'Eſcaut au-deſſus de la Ville ſur le chemin de Bouchain. Il marcha lui-même par les campagnes qui regardent le Queſnoi & Cambrai, & inveſtit la Place par ce côté. Il y avoit en ce tems-là fort peu de difficulté à ſe communiquer par le haut de la riviere ; & le même ſoir que M. de Turenne arriva devant la Place, il paſſa ſur un pont qui fut fait au quartier de M. le Marquis d'Uxelles, & laiſſa M. de Caſtelnau au-deſſous de la Ville : on fit quitter aux ennemis deux redoutes qu'ils tenoient au-deſſous de la Ville ; de façon que dès la premiere nuit la Place étoit aſſez bien fermée. On commença dès le lende-

r

 main matin à travailler à la circonvallation : le troifiéme jour il y avoit affez de terre remuée par tout pour empêcher un petit fecours d'entrer dans
la Ville : quoique l'on parlât de quelque retenuë d'eau qui fe pouvoit faire
à Bouchain , on n'avoit jamais crû qu'elle fût fi grande qu'on la vit depuis. Les ennemis tenterent un petit fecours de fept ou huit cens hommes la troifiéme nuit par le quartier des Lorrains ; mais il n'y entra perfonne : quelques-uns furent pris , & le refte fe retira à Bouchain.

Le cinquième ou fixième jour la circonvallation fut en très-bon état ; pre-
mierement , avec un feul foffé , & après avec un double foffé & des paliffades ; mais comme il n'y avoit pas beaucoup d'Infanterie pour une fi grande enceinte , tout ne pouvoit pas fe trouver en également bon état : on
travailloit feulement aux principales avenuës , & ce qui n'étoit pas fi facile
à attaquer fe raccommodoit après. On commença les deux ou trois premiers jours à voir croître la riviere entre Bouchain & Valenciennes , & fe
déborder dans la prairie ; mais ayant fait porter quantité de fafcines , on
tenoit le paffage libre ; fi on eût vû au commencement l'eau haute , comme elle le devint depuis , on n'auroit pas fongé à faire une communication , ni à s'engager au fiége : comme elle croiffoit peu à peu , on y
remédioit par un foin continuel ; & prefque toute la Cavalerie de l'armée
portoit deux ou trois fois par jour des fafcines , outre des Régimens entiers qui y furent occupés. A la fin , il y eut plus de mille pas de diftance ,
où il y avoit partout plus de dix pieds d'eau , & en certains endroits beaucoup davantage. Dans tout cet efpace , on fit un pont de fafcines flottant
dans quelques endroits , & en d'autres attaché avec des piquets , fur lequel
l'Infanterie a toûjours paffé , & la Cavalerie dès qu'il étoit un peu raccommodé : il y venoit quelquefois de telles cruës que l'on étoit dans l'eau jufqu'à la ceinture fur la digue ; mais par le travail de l'armée , cela fe raccommodoit le même jour : c'étoit au-deffus de la Ville , & cependant au-
deffous on fit des ponts de communication , enforte que le neuvième jour
on étoit en état d'ouvrir la tranchée. Les vivres que l'on avoit mené dans
les Places avancées faifoient qu'il y en avoit d'abondance dans le Camp ,
& de munitions de guerre. Les ennemis ne pûrent jetter aucun fecours dans
la Place , quoiqu'elle foit au milieu de toutes leurs Villes fortifiées. Comme M. de Turenne eût avis qu'ils s'étoient affemblés auprès de Doüai , &
qu'ils alloient marcher vers le Camp , on retarda de trois jours l'ouverture
de la tranchée , afin d'avoir plus de tems de travailler à la digue & à la
circonvallation. L'ennemi attendoit auffi que la tranchée fut ouverte pour

s'approcher le lendemain : ils vinrent d'abord se loger à une lieuë de l'armée ; & continuant à marcher, ils se posterent au-dessus du Camp des Lorrains, à une demie portée de canon des lignes : leur armée étoit un peu plus foible que celle du Roi ; ils avoient au moins vingt mille hommes. La grande étenduë de la circonvallation, & la difficulté de rassembler les quartiers, ôterent le moyen de songer seulement que l'on pût les attaquer : ils se retrancherent dès le même jour ; & on m'a dit que Dom Juan d'Autriche avoit voulu attaquer les lignes en arrivant : elles se rendirent bien meilleures par leur présence, & il arriva à M. de Navailles encore quatre cens hommes de pied ; ce qui obligea à faire une avance à la ligne, afin de gagner une petite hauteur qui étoit entre les ennemis & le Camp des Lorrains. On demeura sept ou huit jours de cette façon : la tranchée ouverte dans un grand front faisoit qu'on étoit fort incommodé du canon de la Ville ; néanmoins on avança fort les premiers jours, & on perdoit fort peu de gens ; mais comme on approchoit des travaux de l'ennemi, on commença à perdre beaucoup de travailleurs : il y avoit deux attaques, & les ennemis ne firent point de sortie considérable. Quand on approcha de la contrescarpe des dehors, ils la défendirent fort bien, & on fut repoussé trois ou quatre fois en s'y voulant loger : les ennemis de dehors n'étant campés qu'à une demie portée de canon de l'armée du Roi, obligeoient M. de Turenne à ne pas demeurer à la tranchée dès que la nuit venoit, ce qu'il eut fait sans cela ; & il a toûjours tenu pour certain que les ennemis donneroient aux lignes ; de sorte que comme il ne manquoit rien pour continuer le siége, il ne le pressoit pas comme la principale affaire : on jugea à peu près du tems que les ennemis donneroient aux lignes, & que ce seroit l'avancement du siége qui leur seroit prendre leur parti.

M. le Maréchal de la Ferté vint à l'armée huit ou dix jours après la tranchée ouverte, étant encore un peu indisposé : il fit fort travailler aux lignes de son quartier, (1) & à la digue dont j'ai parlé ; & au bout de trois semaines de tranchée ouverte à l'attaque de M. de Turenne, il y avoit une branche sur le bord du fossé de la Place, & une autre branche dans le fossé de la demi-lune ; & à l'attaque de M. le Maréchal de la Ferté, on avoit pris une tenaille. Ceux de la Ville avoient fait leurs grands efforts ;

(1) On ne peut assez répéter ni admirer le silence du Vicomte sur toutes les fautes de ses rivaux : celle du Maréchal de la Ferté causa le secours de Valenciennes ; c'est le Marquis de Puysegur qui le raconte dans ses Mémoires.

 & on voyoit bien que depuis trois ou quatre jours ils commençoient à se relâcher. Enfin les ennemis prirent le matin les armes, & on vit marcher leurs bagages vers Bouchain : on ne douta point qu'ils ne donnassent la nuit aux lignes : leur Camp étoit sur une éminence au-dessus du quartier des Lorrains : ils avoient à leur main gauche l'Escaut, sur lequel ils avoient fait cinq ou six ponts, la riviere étant fort étroite ; & à leur main droite ils avoient un petit ruisseau, qui vient de devers le Quesnoi, & qui séparoit les Lorrains des autres quartiers de M. de Turenne : les ennemis avoient fait aussi divers ponts sur ce ruisseau.

On attendit toute la premiere nuit, ayant été averti par un homme qui se vint rendre, qu'ils vouloient marcher vers le quartier de M. le Maréchal de la Ferté. Ce que M. de Turenne pouvoit faire, c'étoit de tenir de l'Infanterie prête à marcher sur la digue, avec ordre de passer, si on attaquoit le quartier de delà, ou de marcher en deçà, au lieu où ils verroient que seroit l'attaque. Dans une circonvallation très-grande, il n'y avoit pas plus de douze mille hommes de pied, & il falloit de l'Infanterie aux deux attaques ; de façon qu'il étoit impossible d'avoir aucun endroit bien garni : mais on comptoit sur un grand Corps de Cavalerie derriere la ligne, & sur l'Infanterie qui marcheroit promptement de renfort, & aussi sur ce que ceux qui attaquent s'embarassent souvent eux-mêmes, pour petite que soit la résistance.

La premiere nuit se passa sans allarme : tout le jour du lendemain on vit l'ennemi en bataille sans bagage ; & la nuit vint, que l'on étoit dans la même disposition où l'on avoit été le jour précédent. M. de Turenne étoit au quartier qui regardoit celui des ennemis ; & M. le Maréchal de la Ferté ayant poussé leur garde, & pris quelques prisonniers, ils lui rapporterent qu'on devoit attaquer son quartier ; mais ayant les ennemis en présence, sans qu'il y eût rien qui les empêchât d'être en une demie heure devant les retranchemens, il ne pouvoit rien changer à la disposition premiere. On étoit aussi averti qu'il y avoit un Corps de trois ou quatre mille hommes sous M. de Marsin à S. Amand, qui devoient faire une attaque à part. M. de Turenne a toujours crû que les ennemis tenteroient une grande attaque au front des Lorrains, où ils pouvoient venir en bataille en sortant de leur quartier ; & que cependant M. de Marsin avec ce Corps de Saint Amand, marcheroit dans l'isle au-dessous de la Ville ; ce qui étoit deux grandes lieuës de distance l'un de l'autre, & ainsi sans moyen de se pouvoir assister. Dom Juan d'Autriche & M. le Prince ayant pris le dessein d'attaquer l'armée de M. le Maréchal de la Ferté, commencerent à paſſer la riviere à l'entrée de la nuit, laiſſant à leur ordinaire les gardes à la tête de leur quartier : celui des Lorrains étoit ſi proche de celui des ennemis, que l'on avoit fermé toutes les grandes barrieres, & il n'y avoit en tout le front du Camp des Lorrains que deux ſorties, où il ne paſſoit qu'un cheval de front ; ce qui étoit cauſe que l'on ne tenoit la nuit que dix ou douze chevaux hors des lignes. L'ennemi n'étant pas découvert, paſſa la riviere d'Eſcaut ; & M. le Maréchal de la Ferté n'ayant fait tenir perſonne hors des lignes, dans la croyance qu'il avoit que cela étoit inutile, l'ennemi paſſa l'eau, ſe mit en bataille, les Eſpagnols à main droite, & M. le Prince à gauche.

La premiere allarme que l'on entendit, fut quand ils arriverent au premier foſſé du retranchement : ils y donnerent dans un grand front, & emporterent la ligne avec peu de réſiſtance de l'Infanterie, qui fut fort mal ſecondée de la Cavalerie. Au premier coup de mouſquet, deux Régimens de M. de Turenne paſſerent la digue, & quatre autres ſuivoient ; mais le Régiment de Vervins, qui arriva le premier, trouva toutes les troupes de l'ennemi entrées dans la ligne, dans l'obſcurité de la nuit ; quoique M. le Maréchal de la Ferté y vint avec quelques eſcadrons, il y trouva la confuſion ſi grande, qu'il n'y pût faire aucun effet. Toutes les troupes de l'ennemi trouvant ſi peu de réſiſtance, comblerent les deux foſſés, rompirent les paliſſades, & le jour arrivant, ils marcherent à la Ville de Valenciennes, & firent pourſuivre toutes les troupes qui s'enfuyoient par leur Cavalerie : une grande partie de l'armée du Maréchal de la Ferté fut faite priſonniere, & le reſte ſe ſauva à Condé, quoique le Maréchal eut fait tout ce qui ſe pouvoit : ce qui cauſa la grande perte, fut qu'il n'y avoit qu'un pont, où les bagages s'embaraſſerent. Les deux Régimens que M. de Turenne avoit fait paſſer ſur la digue, ayant été défaits par l'ennemi déja entré dans la ligne, les autres s'arrêterent ſur la digue, où M. de Turenne arriva un peu après le commencement du combat, lequel ne dura pas un quart d'heure, depuis le tems que les ennemis vinrent au bord du foſſé, juſqu'à celui qu'ils furent en bataille dans les retranchemens.

Dans ce moment le jour vint ; M. de Turenne ne ſçachant pas aſſurément ce qui s'étoit paſſé, y ayant envoyé en diligence ſes Gardes, qui furent tous pris ou tués, perſonne ne vint aſſez à tems pour défendre la ligne. Comme on vit par des cris de joye qui ſe faiſoient à Valenciennes, que la Ville étoit ſecouruë ; & parcequ'il n'y avoit plus de feu à la ligne, qu'elle étoit forcée, il envoya en diligence aux tranchées, afin que l'on se retirât ; mais comme il y avoit plus d'une lieuë de-là, on y arriva un peu tard, & quelques troupes de l'ennemi avoient déja passé dans la Ville ; de sorte qu'il perdit la moitié des troupes qui y étoient. Le jour devenant plus grand, on vit toute l'armée de l'ennemi en bataille, qui marchoit droit à la Ville. M. de Turenne retira l'Infanterie qui étoit sur la digue, & commanda que l'on prît tout le canon qui étoit sur les lignes, se servant des chevaux qui étoient de garde, pour mener les piéces d'un lieu à un autre, en cas d'attaque : il commanda aussi que l'on fît abattre les lignes ; & marchant avec les Lorrains vers le quartier de M. de Castelnau, il fit sortir M. de Navailles ; & ainsi on se rejoignit au bord des retranchemens.

Les ennemis firent passer un Corps de Cavalerie dans la Ville, & M. le Prince passa lui-même en diligence ; pendant que M. de Turenne faisant rompre la ligne en quantité d'endroits, & ayant fait ferme avec quelques escadrons, sortit des retranchemens, y laissant quelques tentes & bagages. Comme on se rassembloit de tant de côtés, il étoit impossible qu'il n'y eût un peu de confusion d'abord ; néanmoins à une demie heure de la Ville, on se mit en bon ordre ; ce que les troupes de l'ennemi voyant, s'arréte-rent, & ne suivirent pas avec grande ardeur, trouvant en beaucoup d'en-droits quelque chose à prendre.

On marcha au Quesnoi avec cinq ou six piéces de canon : les ponts du dessous de la riviere, vers l'isle dont j'ai parlé, s'étant rompus, les troupes de M. le Maréchal de la Ferté ne pouvoient se retirer vers le quartier de M. de Turenne, où M. de Marsin, qui avoit fait une attaque avec ces trou-pes de S. Amand, fut repoussé. Le désordre étant commencé dans l'armée du Roi de l'autre côté, fut aussi cause de la grande perte de l'armée ; parcequ'il aidoit à leur couper le chemin du pont ; & après avoir pris M. le Maréchal de la Ferté, qui avoit très-bien fait, & presque tous les Offi-ciers Généraux, & quantité d'autres de son armée, les ennemis s'arréte-rent à Valenciennes, n'ayant gueres poursuivi avec leur Cavalerie. Toute l'armée du Roi croyoit qu'on passeroit au-delà du Quesnoi ; qu'on s'en iroit vers Landrecies, & sur les frontieres de France : le bagage commen-çoit déja à filer par delà le Quesnoi ; mais M. de Turenne envoya quel-ques troupes pour le faire arréter ; & ayant choisi un Camp proche de la Ville, s'y logea cette nuit. Le lendemain de grand matin, il fit mettre l'ar-mée en bataille, pour regler les ailes de la Cavalerie & les bataillons de l'Infanterie, afin que l'on se mît ensemble, & que l'on se rassurât ; car quoiqu'il n'y eût de perte notable que dans l'armée de M. le Maréchal de la Ferté, il ne laiſſoit pas d'y avoir un grand étonnement. Quoique le bruit fût que les ennemis alloient aſſieger Condé, M. de Turenne croyoit bien qu'ils pourroient venir à lui, & l'opinion de l'armée n'étoit pas que l'on attendit. Ils reçûrent le lendemain de la levée du ſiége un renfort de deux mille hommes de pied Allemans. Après avoir donné un jour entier pour ſe remettre en ordre & ſe débarraſſer de leurs priſonniers, ils marcherent droit à l'armée du Roi. Il eſt certain que ſi M. de Turenne n'eût craint que la perte du Queſnoi, il ſe ſeroit retiré ſur les frontiéres ; mais il voyoit une ſi grande ſuite à cette retraite, par le mécontentement géneral qu'elle cauſeroit en France, & dans la Cour même, & par la préſence de M. le Prince, qu'il aima mieux attendre les ennemis, que de commencer une retraite qui eût attiré tant d'accidens.

Il falloit paſſer deux petits ruiſſeaux pour venir du chemin par où venoient les ennemis au Camp où étoit l'armée du Roi ; & comme on ſçait bien que les armées ne s'approchent l'une de l'autre qu'avec beaucoup de précautions, & que cela donne du tems, M. de Turenne commanda que l'on ne prit point les armes ; mais que l'on ſe tint prêt, craignant que par la marche de quelque bagage, il ne ſe fit quelque méchante contenance ; & auſſi il vouloit faire voir à ſon armée qu'il n'y avoit aucun ſujet de craindre, encore que l'ennemi approchât. M. de Turenne en diſcourut avec les Officiers Généraux ; mais on ne tint point de Conſeil de guerre, pour ſçavoir ſi on demeureroit dans ce poſte, ou ſi on ſe retireroit. L'ennemi s'approcha à une portée de canon de l'armée du Roi : M. de Turenne s'avança avec quelques Régimens de la grande garde ; & l'ennemi voyant toutes les tentes tenduës, & la grande garde à la tête, vit bien que l'armée n'étoit pas délogée, en quoi ils furent trompés, ayant commandé trois mille chevaux pour la ſuivre, & n'ayant jamais douté qu'après la défaite de Valenciennes (ſçachant bien que ce qui étoit reſté de l'armée de M. le Maréchal de la Ferté étoit à Condé) que l'armée du Roi ne ſe retirât devant eux. Il eſt vrai qu'il étoit venu quinze cens hommes joindre l'armée du Roi le jour qu'elle partit de Valenciennes, leſquels étoient deſtinés pour mener un convoi au ſiége.

L'armée de l'ennemi arrivant un peu tard, ne ſongea ce jour-là qu'à ſe loger ; & M. de Turenne n'ayant point d'outils pour faire de grands travaux, & n'en voulant point faire de petits, qui n'euſſent témoigné que de la crainte, & n'euſſent donné que peu de ſûreté, ne fit pas travailler. Les ennemis demeurerent deux jours en préfence , fans avoir rien tenté : tout ce tems-là on avoit nouvelle qu'ils vouloient attaquer l'armée , & auffi qu'ils penfoient à marcher entre le Quefnoi & Landrecies , pour empêcher les vivres & les fourages de l'armée du Roi , auquel cas M. de Turenne étoit d'avis de s'oppofer à cette marche des ennemis , & de combattre , quoique cela parût un peu téméraire en l'état qu'étoit l'armée ; mais en prenant le parti de demeurer aù Quefnoi , il falloit ne fe relâcher en rien.

Deux ou trois mille hommes qui s'étoient fauvés de l'armée de M. le Maréchal de la Ferté à Condé , ayant paffé à S. Guiflain , vinrent à Landrecies , & de-là au Quefnoi , le fecond jour que les armées furent en préfence ; de forte que les ennemis ne jugeant pas à propos de rien entreprendre , marcherent vers Condé. M. de Turenne voyant qu'ils délogeoient , envoya mille chevaux chargés de farine à S. Guiflain & à Condé : dans la derniere Place , il y avoit beaucoup de vivres au commencement du fiége de Valenciennes ; mais M. de Turenne en avoit fait venir une grande quantité , pour avoir toutes fes provifions dans fon Camp.

M. du Paffage , qui commandoit dans Condé , n'avoit retenu que deux mille cinq cens hommes : les ennemis trouverent beaucoup de facilité à affiéger cette Place , qui ne fervoit qu'à aider à avancer les conquêtes ; mais le fiége de Valenciennes étant levé , elle demeuroit fi enclavée dans leur pays , qu'il étoit fort aifé à l'ennemi , fans féparer leurs quartiers , d'empêcher qu'on ne la fecourût ; ainfi ils prirent leurs quartiers les uns après les autres , n'étant pas en peine qu'on y pût jetter des vivres , à caufe de la fituation. M. de Turenne en mit dans S. Guiflain , voyant l'impoffibilité de fecourir Condé , & ayant eu nouvelle du Gouverneur qu'il n'y avoit des vivres que pour dix ou douze jours , ne crut pas qu'en l'état où étoit l'armée , qu'il fût raifonnable de rien entreprendre : il en dit fon fentiment à M. le Cardinal , qui le trouva à propos , l'ayant vû à Guife là-deffus : mais comme le Gouverneur avoit plus de vivres qu'il ne falloit , & que le fiége tira en longueur , M. le Cardinal fut d'avis que M. de Turenne marchât vers l'Efcaut , & laiffa à fon choix , ou de donner jaloufie au Catelet , ou de marcher vers la Lys.

Cette marche fe fit dans le tems que Condé étoit prêt à capituler , & à deffein de fauver les troupes qui y étoient : M. de Turenne ayant paffé l'Efcaut , marcha à Arras , & de-là fur la riviere de Lys ; & il eût attaqué S. Venant , s'il n'eût eu nouvelle que Condé étoit rendu. La Capitulation

tulation de la garnifon fut, qu'elle feroit ramenée en France par le pays de Luxembourg. Les ennemis, après avoir donné trois ou quatre jours de tems à abattre les fortifications, marcherent affez proche de Cambrai pour donner jaloufie qu'ils vouloient entrer en France, ou, en cas que l'armée du Roi allât couvrir la frontiére, attaquer Betune ou la Baffée. M. le Cardinal avoit fait tous les efforts poffibles pour remonter la Cavalerie depuis l'action de Valenciennes. Il fit mettre de cette Cavalerie qu'il avoit remontée dans les Places de la frontiére, & M. de Turenne ne bougea point de Lens, qui eft à quatre lieuës d'Arras & trois de la Baffée.

Les ennemis s'étant rafraîchis quelques jours dans les plaines entre Cambrai & Bapaume, marcherent, laiffant Arras à leur gauche, pour s'en venir vers Lens, où M. de Turenne avoit demeuré dix ou douze jours avec deffein d'y attendre les ennemis : mais comme il vit qu'ils pouvoient venir par des hauteurs, à la faveur defquelles ils étoient maîtres d'un paffage où l'on pouvoit les combattre, & qu'il falloit, faute de fourage, déloger de Lens devant eux, il aima mieux en partir avant qu'ils fuffent en préfence ; & comme il fçut leur arrivée à trois lieuës de lui, il marcha vers Bétune. Il voyoit fort bien que cela faifoit un mauvais effet dans l'efprit de l'armée, encore un peu étonnée de fe retirer fur la venuë de l'ennemi ; mais ayant confidéré la néceffité qu'il y avoit de décamper, il ne s'arrêta point à ce fcrupule. Il avoit vu fur la Carte un lieu nommé Houdain qui étoit dans la fituation qu'il défiroit, pour avoir Arras affez proche de foi, & donner la main à Betune & à la Baffée : mais y étant arrivé, il y trouva une grande difficulté pour abbreuver les chevaux & un campement fort incommode ; de forte qu'il fe retrancha un peu la nuit, & le lendemain alla chercher un lieu plus propre à fe loger, qui étoit la Buffiere, diftant d'une lieuë de Houdain. Comme il fçut par des prifonniers que les Efpagnols étoient arrivés à Lens avec intention de le fuivre, bien glorieux de fa retraitte, & croyant qu'ils le feroient toujours marcher devant eux, M. de Turenne crut que le lieu de Houdain étoit meilleur pour attendre l'ennemi, non pas qu'il fut trop avantageux pour combattre : mais fa principale raifon étoit que l'on y avoit Arras derriere foi pour en avoir des vivres. En demeurant à la Buffiere, & l'ennemi fe logeant à Houdain, il en ôtoit toute la communication : de façon que partant à minuit, afin qu'au point du jour il put être en bataille (croyant que l'ennemi y marcheroit de bonne heure), il s'avança avec l'armée vers Houdain, & mettant l'aile droite fur une hauteur, l'Infanterie & l'aile gauche defcendoient dans la plaine, prenant la diſtance qu'il faut quand on ſe met en bataille. Il y avoit un ruiſſeau derriere ; mais M. de Turenne ne le voulut pas paſſer, craignant que l'ennemi ne ſe mit devant la Baſſée, dont la ſituation eſt telle, qu'y arrivant dix heures devant un ennemi, il eſt mal-aiſé de la ſecourir, & M. de Turenne vouloit être en état d'y arriver bientôt après l'ennemi ; ce que le défilé du ruiſſeau eût empêché.

A huit ou neuf heures du matin les ennemis commencerent à paroître environ à une lieuë & demie de l'armée du Roi : auſſi-tôt qu'ils la virent en bataille, ils firent alte plus de trois heures, & tinrent conſeil, après lequel ils marcherent droit à nous. On croyoit combattre ce jour-là ; mais la nuit venant, ils ſe mirent en bataille à un petit quart de lieuë de nous, étendant leurs ailes de Cavalerie & leur Infanterie dans le même ordre que celle qui leur étoit oppoſée. Dans la nuit, M. de Turenne voulut ſe ſaiſir d'un village & y mettre ſon Infanterie, afin de changer la forme de l'aîle gauche qu'il ne trouvoit pas bien placée. Après avoir perdu trois ou quatre heures dans cet embarras, il crut que le meilleur étoit de laiſſer l'armée comme elle étoit, & fit faire en deux heures quelques petits redans à la tête de l'aîle gauche. On dit que l'ennemi s'étoit approché croyant que nous nous retirions. Comme le jour vint, les ennemis vinrent reconnoître, & il y eut quelques eſcarmouches, en quoi ſe paſſa toute cette journee. Le lendemain au matin ils marcherent vers Lens avec beaucoup d'ordre : comme ce ſont de grandes plaines, cela empêche la confuſion dans la marche. Il y eut aſſez d'eſcarmouches dans leur retraite, ce qui commença un peu à faire changer la ſituation des eſprits dans les deux armées. M. de Turenne au Camp de Lens avoit fait ſouvent faire l'exercice à l'Infanterie ; ce qui y avoit remis un peu de vigueur. Les ennemis allerent ſe loger auprès de Douai, d'où quelques jours après ils détacherent un Corps d'Infanterie pour aller aſſiéger S. Guiſlain pendant qu'ils couvriroient le ſiége avec leur armée : la ſituation du pays leur donnoit cette facilité, & rendoit le ſecours de la Place impoſſible : comme ils attaquoient auſſi avec peu de gens, le reſte de leur armée ſuffiſoit pour empêcher qu'on n'entreprit rien en Flandre. M. de Turenne, dès que l'ennemi fut délogé de devant lui, envoya S. Martin, Lieutenant de l'artillerie, trouver M. le Cardinal qui étoit à la Fere, afin de donner ordre à tenir de l'artillerie prête & des outils emmanchés, dans la penſée que M. de Turenne eut qu'il pourroit aſſiéger la Capelle qui étoit ſi éloignée du lieu où il étoit, qu'il croyoit que les ennemis n'en auroient aucun ſoupçon. M. le Cardinal ayant laiſſé au choix de M. de Turenne les mesures qu'il falloit prendre , il partit AN. 1656. d'auprès de Béthune , paſſa par Arras , fit ſemblant de marcher vers la riviere de Somme , pour dérober ſa marche à la garniſon de Cambrai ; & coulant tout du long de la riviere , laiſſa ſon Infanterie derriere & alla inveſtir la Capelle.

M. le Prince avoit détaché un Corps ſous le Comte de la Suze qui devoit ſe jetter dans la Place ; mais étant logé à deux heures de la Capelle , & n'ayant point de nouvelles de l'armée du Roi , il n'entra point , & ne l'eſſaya qu'après avoir appris que la ville étoit inveſtie. M. de Turenne avoit pris en paſſant quinze cens hommes de pied qui venoient de Condé avec leſ-quels & la Cavalerie on commença à ſe retrancher. Quelques troupes du Corps de M. de la Suze tâcherent inutilement d'y entrer la premiere nuit ; mais la ſeconde , le fils de M. de Chamilli Gouverneur s'y jetta avec en-viron quatre-vingt chevaux , après avoir paſſé tout au travers des eſcadrons qui étoient autour de la Place. L'Infanterie arriva le ſecond jour après la Cavalerie ; & comme il n'y avoit pas plus de deux cens hommes dans la Place , on emporta en une nuit la contreſcarpe , on prit trois demi-lunes , & paſſant le foſſé on attacha des ſoldats au baſtion , qui étant très-bien revêtu , ils ne s'y purent pas tenir. Tous ces dehors que l'on prit étoient très-bien fraiſés & paliſſadés : cependant les ennemis s'étant raſſemblés à S. Guiſlain , réſolurent de faire lever le ſiége de la Capelle , & y marcherent en diligence dans l'eſpérance qu'ils pourroient retomber ſur S. Guiſlain ; la ſituation du pays donnant ſujet de ſe fier ſur ces meſures.

M. de Turenne ſçut que toute l'armée des ennemis ayant levé le ſiége de S. Guiſlain arrivoit à Aveſnes , une heure après que tous les dehors de la Capelle furent emportés ; cela obligea à preſſer le ſiége. Quoique la Place de la Capelle fut fort petite , la circonvallation avoit plus de trois lieuës de tour : mais comme il y avoit des bois autour de la Place qui empê-choient qu'une armée ennemie ne pût donner jalouſie par tous les endroits , on fit travailler en diligence à la tête par où l'ennemi pouvoit venir , qui avoit un grand front ; & la nuit , comme on ne craignoit pas la Place , on en tenoit l'armée fort près , afin d'aller promptement au quartier d'où les ennemis s'approcheroient. Ils s'avancerent ſans perdre de tems à une heure de la circonvallation ; mais étant fort fatigués d'une pluye continuelle pen-dant deux jours de marche qu'ils avoient faite en grande diligence , ils ne trouverent pas à propos de combattre , & demeurerent deux jours à cette diſtance du Camp de l'armée du Roi. Les ſoldats qui s'étoient avancés la premiere nuit jufqu'à la muraille du baftion, n'ayant pu y demeurer, on y fit des trous à coups de canon, dans lefquels les mineurs fe logerent, & la Place fe rendit le quatrième jour *en préfence de l'armée ennemie.*

Après la reddition de la Capelle, M. le Prince envoya de fes troupes dans Rocroi, & les Efpagnols fe fentirent hors d'état de retourner fi-tôt devant S. Guiflain. Ils allerent fe loger à Maubeuge, & le Roi avec M. le Cardinal arrivant à Guife, ils trouverent à propos de faire jetter un grand convoi dans S. Guiflain. Il y avoit grande apparence que les ennemis fe remettroient dans leur vieux Camp, devant cette Place, qui étoit fort avantageux, pour empêcher que l'on n'y allât avec le convoi, & même avec l'armée : néanmoins M. le Cardinal ne laiffa pas de croire que le Roi devoit hazarder ce voyage. Il partit donc de Guife avec l'armée, & venant fe loger auprès du Quefnoi, le lendemain M. de Turenne s'étant avancé à une heure de la Place, y envoya M. de Caftelnau avec quatre ou cinq cens hommes de pied, des vivres pour huit mois & beaucoup de munitions de guerre. L'ennemi ne s'étant pas trouvé en état de l'empêcher, marcha auprès de Mons qui n'eft qu'à une heure de S. Guiflain, & fe montra devant la Place deux heures après que les troupes qui avoient mené le convoi furent retirées. Il y avoit un méchant Château que l'on prit dans cette marche. De-là le Roi s'en alla à Guife, & comme la faifon étoit fort avancée, il retourna à Paris bien-tôt après.

Les ennemis ne furent plus en état d'affiéger S. Guiflain, & l'armée du Roi demeura dans le Cambrefis jufqu'au commencement de Novembre, alors elle repaffa la Somme pour fe mettre dans fes quartiers en France, & celle de l'ennemi fe retira entre Mons & Namur, où après avoir demeuré quelque temps dans les villages, on la fepara dans les pays où elle a accoutumé d'être. L'armée du Roi fut diftribuée dans les villages, & on commença cette année-là à y mettre de l'Infanterie, à qui on donnoit des Places comme à la Cavalerie, tant aux Officiers qu'aux Soldats.

 Pendant l'hiver les ennemis ayant pratiqué des intelligences avec quelques Officiers Irlandois qui étoient dans S. Guiflain, & qui leur avoient promis de faire revolter les foldats quand ils en approcheroient, vinrent fe mettre autour de la Place avec quelques troupes tirées des garnifons, & attaquerent les dehors qu'ils emporterent. Quoique l'intelligence ne réuffit point, ils continuerent le fiége & prirent la Place en fix ou fept jours de tranchée ouverte. M. de Schomberg y commandoit avec une garnifon de fix cens hommes, & s'en revint avec capitulation au Quefnoi. Il n'y eut

rien de fort confidérable à la Cour cet hiver, où le plein pouvoir demeuroit entre les mains de M. le Cardinal Mazarin.

Le traitté ayant été fait avec le protecteur d'Angleterre, il promit de
fournir fix mille hommes que le Roi payeroit, pour entreprendre le fiége
de Dunkerque ou de Gravelines, & l'on convint que la premiere que l'on
prendroit lui feroit remife entre les mains ; & que fi c'étoit Gravelines,
que ce lui feroit un ôtage jufqu'à ce que Dunkerque fut pris qu'on lui
mettroit entre les mains, & Gravelines feroit rendu au Roi.

L'armée fe mit en campagne au commencement de Mai, avec intention
de faire ce qui fe pourroit du côté de la mer. M. de Turenne fut quelque
tems à Amiens avant la Cour, afin d'affembler l'armée. La lenteur des Officiers à faire leurs recruës, & celle des Anglois qui ne débarquerent auprès
de Calais que bien avant dans le mois de Mai, donnerent du tems aux
ennemis d'être enfemble en Flandre. Comme le Roi ne tenoit aucun paffage pour y entrer, on n'efpéroit le fuccès des entreprifes du côté de la
mer, que parcequ'elles fe feroient de fi bonne heure, que l'armée des ennemis ne pourroit pas être raffemblée. Ces mefures furent rompuës du côté
de la Flandre, qui eft un pays fi ferré, qu'il n'y a point de projet apparent
à y faire, quand on n'y tient point de paffage, & qu'il y a une armée ennemie pour s'y oppofer. M. le Maréchal de la Ferté étoit avec un Corps
d'armée vers le Luxembourg, afin d'attaquer Arlon, s'il le trouvoit dégarni,
ou tout au moins avec intention d'y arrêter le Corps d'armée de M. le Prince
qui hivernoit depuis quelques années en ce pays-là & en ceux de Gueldres,
Juliers & Brabant.

M. le Cardinal vint à Amiens, où M. de Turenne réfolut avec lui que
l'armée marcheroit vers la Lys ; que le Roi s'en iroit à Montreuil, afin
de donner jaloufie à l'ennemi du côté de la mer, & que l'on retourneroit
tout d'un coup fur Cambrai qui étoit entiérement dégarni. Pour donner
plus d'apparence à ce deffein, & faire que les ennemis ne pourvûffent pas
à Cambrai, il falloit que les Anglois ne débarquaffent qu'au même tems
que l'armée du Roi arriveroit devant Cambrai ; parce qu'autrement le
féjour de l'armée dans le Boulenois auroit donné du foupçon à l'ennemi que l'on marchandoit à entrer en Flandre, & incontinent le feroit
fonger à mettre des gens dans Cambrai, où l'on pouvoit aller en deux
jours de marche. De l'autre côté, on ne jugeoit pas à propos que M. le
Maréchal de la Ferté repaffât la Meufe & quittât le Luxembourg, de peur
que M. le Prince avec fon Corps d'armée, voyant qu'il avoit la tête tour-

 née pour venir en Flandre, ne marchât auſſi vers Cambrai. Ces conſidé-
rations faiſoient que M. de Turenne, ſans les Anglois & ſans l'armée de
M. le Maréchal de la Ferté, vouloit ſe mettre devant Cambrai, aimant
mieux hazarder à y laiſſer entrer quelque ſecours, & en ce cas-là ne continuer pas le ſiége, que de découvrir ſon deſſein en y allant avec plus de
précaution, & en faiſant approcher les Anglois & M. de la Ferté ; ce qui
auroit engagé les ennemis à mettre la Place dans un état que l'on n'auroit
pû ſonger à l'attaquer. Etant parti d'auprès de Betune, il marcha avec toute
ſa Cavalerie, & en un jour & une nuit il arriva devant la Place, ayant
paſſé l'Eſcaut au-deſſus de la ville, & fait le tour de la Citadelle. Il rencontra M. de Caſtelnau qu'il avoit envoyé avec une bonne partie de la Cavalerie entre Cambrai & Bouchain, & l'Infanterie étant arrivée avec un pont
de batteaux le ſoir du même matin que M. de Turenne y étoit avec la
Cavalerie, on fit en une heure le pont pour ſe communiquer ; & ayant
diſtribué les outils le même jour, on commença à ſept heures du ſoir à
travailler aux lignes. On n'avoit aucune langue de l'ennemi, & M. de Turenne ſçavoit bien qu'avec toute la diligence qu'une Cavalerie peut faire,
celle des Eſpagnols en Flandre ne pouvoit y être que le lendemain, auquel
tems il croyoit pouvoir être fermé ou par des lignes, ou par les bagages
de l'armée & par les charettes de vivres ; de maniere que nulle Cavalerie
ennemie ne pouvoit paſſer. Comme il venoit du côté de la Flandre pour
inveſtir Cambrai, il ne ſçavoit rien de M. le Prince, qu'il croyoit vers la
Meuſe. M. de Condé preſſé par les Eſpagnols de marcher en Flandre,
qu'ils aimoient mieux ſauver & laiſſer courir hazard aux Places du Luxembourg, arriva le même matin avec toute ſa Cavalerie à Valenciennes, que
M. de Turenne arrivoit devant Cambrai ; & en ayant été averti par divers
couriers du Gouverneur qu'il envoya à Bouchain, comme il commença à
voir paroître l'armée du Roi, & auſſi par les coups de canon de la citadelle
& de la ville, il s'en vint à Bouchain avec ſa Cavalerie, qui n'eſt qu'à
deux heures de Valenciennes, & il y en a autant de-là à Cambrai. Il arriva
vers les dix heures du matin à Bouchain, vit tout ce jour-là l'armée du Roi
défiler vers Cambrai ; & quoique beaucoup de gens lui conſeillaſſent d'attendre des troupes d'Eſpagne pour ſecourir la Place, il jugea bien que la
difficulté s'augmenteroit, s'il donnoit le tems de travailler aux lignes ; dès
la même nuit que l'on avoit inveſti Cambrai, ſur les onze heures du ſoir,
il marcha par les plaines, qui eſt le ſeul pays qu'il y ait autour de Cambrai,
droit à la Citadelle, avec près de trois mille chevaux ſans Infanterie.

M. de Turenne averti à l'entrée de la nuit qu'il étoit arrivé neuf escadrons de Cavalerie à Bouchain, crut que c'étoient des troupes d'Espagne qui vouloient entrer dans la Place, & pensant qu'ils éviteroient le lieu où étoit le Camp, pour prendre le tour & entrer sans rencontrer personne, il s'alla poster dans l'endroit où ils devoient passer avec sept ou huit Régimens de Cavalerie, laissant toutes les troupes étenduës le long de la plaine. On ne sçait pas bien si M. le Prince fut égaré par le guide qui vouloit, à ce qu'on dit, le mener par un autre endroit, pour éviter le Camp; mais il s'en vint par le grand chemin de Bouchain à la Citadelle. Il avoit vingt-cinq ou vingt-six escadrons, trois escadrons de front, & les autres derriere sur trois colones. Ils ne trouverent à leur chemin que quatre ou cinq escadrons de Cavalerie de l'armée du Roi, qui ayant fait quelques décharges, & une partie ne s'opposant pas au front, les laisserent passer avec peu de perte. Un escadron de Clérembaut avec lequel étoit M. de Varenne, chargea celui où étoit M. le Prince, le suivit jusques sur la contrescarpe de la Citadelle & fit beaucoup de prisonniers: il y en eut aussi quelques-uns qui se trouverent embarrassés dans l'obscurité de la nuit; mais M. le Prince se trouva une heure devant le jour sur les fossés de la Citadelle avec toutes ses troupes, à la réserve de vingt-cinq ou trente Officiers & trois ou quatre cens Cavaliers qu'il perdit. M. de Turenne étoit fort éloigné de-là, & on lui avoit amené le Lieutenant Colonel du Regiment d'Enguien, qui fut pris comme M. le Prince entroit dans le Camp. Ayant marché vers ce côté, il ne put pas apprendre avant qu'il fut jour, s'il étoit entré ou non un Corps dans Cambrai.

Le jour commençant à paroître, M. de Turenne vit toutes les troupes de l'ennemi en bataille sur la contrescarpe de la Citadelle, & ordonna aussi-tôt à M. de Castelnau, qui étoit de l'autre côté de l'Escaut, de repasser en-deçà, & ne délibéra pas à lever le siége; ne l'ayant entrepris que sur l'assurance qu'il trouveroit peu de gens dans la Place, & persuadé que s'il battoit le secours des Espagnols, qui ne pouvoit pas être fort considérable la premiere ni la seconde nuit, qu'il pourroit continuer aisément le siége. mais l'arrivée de M. le Prince à Bouchain, le jour qu'il investit Cambrai, & la résolution que le Prince prit d'entrer lui-même dans la Place (ce qui fut une chose fort hardie) rompit tout-à-fait les mesures de M. de Turenne, & l'obligea d'assembler toutes les troupes. Ayant levé tous les ponts de l'Escaut, & remis dans les chariots tout ce qui put être déchargé dans un blocus d'une nuit, il commença à marcher entre Cambrai & le Catelet.

Comme M. de Castelnau avoit achevé de passer l'Escaut , & qu'il rechargeoit son pont , il y parut quelque Cavalerie de l'armée d'Espagne , que M. le Prince , étant arrivé à Bouchain , avoit fait hâter. Il n'y eut aucune escarmouche considérable à l'arriere-garde , & l'armée du Roi , après avoir séjourné deux jours auprès de Cambrai , se rapprocha de S. Quentin , où le Roi qui étoit en Picardie arriva quelques jours après. Cette tentative de Cambrai ayant donné le tems aux ennemis de se mettre ensemble , les entreprises depuis la mer jusqu'à l'Escaut devinrent comme impossibles ; de sorte que l'on fit avancer les Anglois vers S. Quentin , qui avoient débarqué au nombre de près de six mille hommes , & le Roi y vint avec M. le Cardinal : M. de Turenne y étant allé , il fut résolu que l'on envoyeroit proposer à M. le Maréchal de la Ferté d'attaquer Arlon ou Monmédi , croyant que l'attaque d'une petite Place en Luxembourg pourroit faire prendre un mauvais parti à l'ennemi ; ce que l'on aimoit mieux faire que de se mettre devant une grande Place , après avoir donné le tems aux Espagnols de se rassembler ; ce qui lui auroit donné moyen ou d'entrer en France , ou d'attaquer quelque Place que l'on ne pouvoit pas bien garnir , quand une armée est occupée à un grand siége , & qu'elle a beaucoup de Places à garder. C'est ce qui fit prendre la résolution d'attaquer Monmédi , à quoi M. le Maréchal de la Ferté donna les mains : & quoiqu'il y eût de grandes difficultés à cause du roc , néanmoins on se flatta que l'on y trouveroit peu de gens , comme en effet il n'y avoit pas plus de quatre cens hommes.

M. de Turenne envoia quatre mille hommes de pied à M. le Maréchal de la Ferté , & fit approcher de lui le corps des Anglois , afin de s'opposer à l'armée des ennemis ; & mettant quelque Infanterie dans Landrecies & dans le Quesnoi , il se tint à la tête de la frontiere afin d'empêcher que les ennemis n'entreprissent de secourir Monmédi , ni de rien faire de considerable. Le Siége donc commença & M. de Turenne y marcha une fois avec sa Cavalerie , sur un avis que l'ennemi marchoit entre la Sambre & la Meuse pour y aller. Il y retourna une seconde fois , toute l'armée de l'ennemi ayant été jusqu'à Charlemont qui est sur la Meuse , d'où ils retournerent en diligence par la Flandre jusqu'à Calais , pour une entreprise qu'ils avoient sur cette Place , laquelle manqua : & M. le Cardinal qui étoit à la Fere avec le Roi , envoya promptement des Mousquetaires de Sa Majesté à Ardres , lesquels avec de la Cavalerie que M. de Castelnau y envoya aussi , empêcherent que l'ennemi après avoir manqué son entreprise sur Calais , ne s'arrêta à Ardres : mais s'étant rafraichis près de quinze

jours ,

jours, ils se rapprocherent encore de la frontiére & vinrent jusqu'à Ribemont.

Le siége de Monmédi dura beaucoup plus que l'on ne l'avoit crû, à cause
des rochers qui se trouvoient près de la contrescarpe; ensorte que les ennemis
étonnés de la longueur du siége , après toutes ces tentatives pour la secourir, & d'avoir marché à Calais, se résolvoient encore de faire semblant d'entrer en France , après avoir envoyé M. de Marcin avec un Corps en Luxembourg, pour tâcher de secourir Monmédi : mais ils ne demeurerent
qu'un jour à Ribemont , & se retirerent de-là dans leur pays. M. de Turenne envoya encore un renfort de troupes à Monmédi ; de sorte qu'après
plus de deux mois de tranchée ouverte la Place se rendit , les ennemis
n'ayant rien entrepris,& leur armée s'étant fort ruinée en diverses marches qui
avoient fort mal succedé. On avoit resté quelque tems dans une sort mauvaise opinion du siége de Monmédi ; ce qui obligea le Roi de s'en approcher, & ensuite la Reine qui étoit demeurée à la Fere , s'y en alla trouver
le Roi , lequel fut toujours à Stenai , allant de tems en tems se promener
pour voir le siége.

Quand la Place se rendit , toute l'armée des ennemis étoit entre la Sambre & la Meuse , & M. le Cardinal proposa à M. de Turenne le siége de
Rocroi ; ce que les ennemis jugeant faisable, s'en approcherent avec toute
leur armée. M. de Turenne étoit à quatorze ou quinze lieuës de l'endroit
où étoit la Cour, & sçavoit bien que l'on n'avoit rien de réglé pour les
entreprises; la Cour croyant toutes choses bonnes, pourvû qu'elles pussent
réüssir : mais lui, voyant que l'ennemi s'étoit avancé vers Rocroi, résolut
de marcher de grand matin , de les prévenir, & d'arriver en Flandre avant
eux. Il avertit, en commençant à marcher , M. le Cardinal de son dessein ;
& toutes les troupes de M. le Maréchal de la Ferté , tant celles qui étoient
de son Corps, que celles qu'on lui avoit envoyées, demeurerent auprès
de Monmédi, à la réserve de la Cavalerie que M. de l'Islebonne & M. de
Varennes commandoient. En partant de Rumigni, il prit sa marche auprès
d'Avesnes , & de-là passa la Sambre à Amiens , où il ne séjourna que le
tems qu'il falloit pour donner loisir de repaitre. Il passa auprès du Quesnoi,
& alla traverser l'Escaut à la Neuville , à une heure au-dessous de Bouchain,
d'où il alla loger à Sailli sur la Scarpe, & envoya de-là , dès la nuit , M.
de Castelnau investir S. Venant , lui ayant donné ordre de passer de l'autre
côté de la Lys. M. de Turenne arriva en même tems en-deçà avec toute
la Cavalerie & quelques mousquetaires commandés. On fit de la Sambre

t

 en trois jours la marche jufqu'à S. Venant ; le premier à la Neuville auprès
de Bouchain , le fecond à Sailli fur la Scarpe , & le troifième devant faint
Venant.

M. de Turenne fçavoit bien qu'il ne pourroit gagner le devant à l'ennemi
que d'un jour, lequel pouvant marcher par fon pays, ne feroit point re-
tardé en fa marche ; ce qui fut caufe qu'il ne voulut pas affieger Armen-
tières , parce que l'ennemi eût pû y être un jour plutôt qu'à S. Venant.
Cette diligence que fit l'armée du Roi ne fut point retardée par le bagage
que l'on avoit prefque tout envoyé, à la réferve de quelques chariots &
du canon qui marchoient avec l'armée. M. de Ciron qui le conduifoit eut
ordre de M. de Turenne de prendre des outils, qui devoient être à S. Quentin , & de s'en venir par Arras & Betune droit à S. Venant.

Comme l'armée y fut arrivée , on trouva la Place affez dégarnie ; n'y
ayant pas plus de trois cens hommes : & comme on n'avoit pû mener que
fort peu de munitions & de vivres de guerre avec l'armée, M. de Turenne
fit promptement venir ce qu'il put de la Baffée & de Bétune. M. le Prince
& Dom Juan d'Autriche ne perdirent pas de tems , & ayant marché fans
bagage , leur avant-garde arriva à quatre heures de S. Venant , le jour d'a-
près que l'armée du Roi étoit arrivée devant la Place, où l'on manquoit
de toutes chofes pour un fiége. M. de Turenne prit de la Cavalerie &
s'en alla à la Baffée ; d'où après, en repaffant à Betune, il mena quelques
vivres au Camp , & un peu de munitions de guerre.

L'armée de l'ennemi arriva toute entiere devant la Place , le troifième
jour après celle du Roi. L'on eut avis ce jour-là que le bagage de l'armée,
conduit par fept ou huit Régimens de Cavalerie & quinze cens hommes
de pied , étoit parti d'Arras & venoit au Camp. M. de Turenne envoya cinq
cens chevaux au-devant & manda à M. de Ciron qui le conduifoit de prendre le tour par Lilers , où il campa le foir à une heure & demie de S. Venant ;
& le lendemain M. de Ciron, en étant parti affez tard, s'en vint le matin trouver M. de Turenne , avec une partie des troupes qu'il avoit mifes à l'avant-
garde , n'ayant pas nouvelles des ennemis , dont un Corps de mille ou
douze cens chevaux renforcé des garnifons d'Aire & S. Omer fous la conduite de M. de Bouteville eurent nouvelle par Aire , que ces bagages
étoient campés auprès de Lilers ; & étant partis de la Motte au bois , s'en
vinrent par Aire droit à Lilers : ils trouverent le bagage dans la marche ,
une partie étant déja affez près du Camp. Comme ce font tous défilés où
la tête ne peut pas fecourir la queüe , trois Régimens de Cavalerie & le

Régiment d'Infanterie d'Alsace, qui étoit à l'arriere-garde , furent chargés AN. 1657.
par cette Cavalerie , rompus , & une partie du bagage pris : on fauva beaucoup de chevaux , mais il y eut beaucoup de Régimens qui firent une
perte fort confidérable. On n'en eut que bien tard l'allarme au Camp,& beaucoup de Cavalerie y courut en défordre ; ils prirent quelques prifonniers
de l'ennemi qui s'étoient trop arrêtés , & qni n'eurent pas le loifir de piller
le refle du bagage.

Il y eût tout ce jour-là beaucoup d'abbattement à caufe de cette perte ;
il y arriva néanmoins des outils avec lefquels on commença à travailler en
diligence ; & comme le pays eft fort couvert & ferré , les ennemis ne pouvoient ni voir l'état auquel étoit l'armée du Roi, ni s'élargir pour venir en
bataille l'attaquer, quoiqu'ils fuffent fort proches & qu'on ne fut pas retranché : on ne raffembla aucun quartier ; mais on fe lioit, en leur oppofant
peu de troupes , à la difficulté qu'ils avoient à venir.

La tranchée n'étoit pas ouverte , & l'ennemi croyant que c'étoit fa préfence qui l'empêchoit, vint fe loger à une portée de canon d'un village
par lequel on entroit au Camp , & qui étoit le lieu le plus aifé à l'attaquer.
Il trouva , en venant s'y loger, qu'il y arrivoit quelques caiffons qui portoient du pain de Betune. Trois efcadrons qui les conduifoient fe mirent
à l'arriere-garde , & faifant entrer le convoi en fureté , furent chargés par
beaucoup d'efcadrons de l'ennemi qui faifoient l'avant-garde de leur armée,
& furent renverfés jufques dans la barriere qui étoit au village , dont quelques charettes de vivandiers qui marchoient après le convoi, empêchoient
l'entrée. C'étoit à quatre heures après midi, & cela vint fi promptement,
qu'il n'y eut que quelques moufquetaires qui étoient à la barriere qui tirerent quelques coups. Toute l'Infanterie étant au travail, fe trouva fort loin
de ce lieu-là. M. de Turenne étoit dans le Camp qui courut au bruit &
n'avoit que douze ou quinze perfonnes avec lui , entre lefquelles étoit
M. d'Humieres qui, s'avançant, arriva à la barriere où les ennemis étoient
déja. M. de Turenne y arriva en même tems ; de maniere que les ennemis,
qui n'avoient point de deffein formé fur le Camp , fe retirerent vers le leur
qui n'étoit pas à plus de mille pas de-là. S'ils avoient eu des dragons ou
de l'Infanterie à leur avant-garde, il eft certain qu'ils pouvoient en ce
tems-là mettre une grande confufion dans l'armée qui étoit fort féparée.
M. de Turenne voyant que l'ennemi n'avoit autre deffein que de l'empêcher d'ouvrir la tranchée , & fauver par ce moyen la Place, par l'appréhen-
fion que l'on avoit du voifinage de leur armée, dans un tems que celle

du Roi n'étoit ni plus d'à moitié retranchée, ni pourvûë de chofes néceffaires pour un fiége, connut fort bien que le retardement ne feroit que rendre les chofes plus difficiles, & ôter les raifons d'entreprendre, au lieu d'en
fournir; de forte qu'il ouvrit la tranchée dès le foir même.

La Place, quoique de conféquence aux ennemis, à caufe du paffage de
la Lys, n'étant pas de celles qui puiffent faire appréhender les événemens
des grands fiéges, l'ennemi ne prit pas de réfolution cette nuit; il demeura
tout le jour dans fon Camp. Après quelques efcarmouches, & après que
M. le Duc d'Yorck & M. le Duc de Gloceftre euffent parlé avec beaucoup
d'Officiers François de leur connoiffance, la nuit fuivante les Efpagnols
marcherent en diligence devant Ardres, ayant envoyé le jour auparavant
les troupes qui étoient vers Aire, pour inveftir la Place.

Toute la nuit que les ennemis délogerent, on ne put pas fçavoir leur
deffein, & même la nuit d'après; n'ayant point d'autre nouvelle que celle
qu'ils marchoient vers Aire : on crut qu'ils faifoient le tour du Camp pour
l'attaquer par un autre côté ; de forte que les tranchées ne s'avançoient qu'à
l'ordinaire : mais auffi-tôt que M. de Turenne fçut qu'ils arrivoient devant
Ardres, il fit emporter la contrefcarpe par fon Régiment d'Infanterie qui
étoit de garde (1). Il y avoit un grand foffé plein d'eau pour y aller ; de
maniere qu'il s'y noya quelques foldats, & on fit le logement, fans le
combler qu'après qu'il fut fait : on y perdit bien cent foldats & près de
vingt-cinq Officiers tués ou bleffés. Les affiégés qui en faifoient leur capitale défenfe s'y opiniatrerent fort, & ce fut une des plus difficiles actions
qui fe foit vûë dans les fiéges. Cela preffa fi fort les ennemis, que la garde
qui fuivit ayant encore emporté un ouvrage, *ils demanderent à capituler*;
voyant toute la Cavalerie de l'armée qui portoit des faicines pour remplir
le foffé de la Place. M. de Turenne ayant parlé aux ôtages à la tête du
travail, preffa fi fort la reddition, que dans une heure on fut maître d'une
porte. Il commanda à l'inftant à quatre ou cinq mille chevaux de marcher
à Ardres en paffant près des portes d'Aire, afin que la Place tirât le canon :
l'armée qui étoit devant Ardres vit que S. Venant étoit pris, & ainfi ceffa
de continuer le fiége. C'eft ce qui en effet fauva la Place ; car les ennemis
fachant qu'il n'y avoit que des dehors en état de défenfe, ne firent qu'une
faute, qui étoit de ne pas les emporter la premiere nuit qu'ils arriverent :
mais les ayant attaqué la feconde, & ne trouvant perfonne pour les défen-

(1) Le Vicomte tait ici la belle action qu'il fit, en faifant couper fa vaiffelle pour la
diftribuer aux foldats.

dre , ils defcendirent la même nuit dans le foffé par trois endroits , la def-
cente n'étant pas difficile , & attacherent des mineurs à une courtine & à
un baftion : ce fut cette même nuit-là qu'ils entendirent le canon à Aire ,
& firent fommer diverfes fois la Place , & eurent nouvelle le matin que
toute l'armée du Roi marchoit à Ardres ; ils crurent ainfi que l'avant-
garde étoit l'armée même , prirent l'allarme , & fe retirerent dans la Flandre fur les onze heures du matin le même jour : ils laifferent quelques
mineurs attachés au baftion , & quelques poftes d'Infanterie qu'ils ne
pûrent retirer le jour. Il eft certain qu'Ardres auroit été pris , n'y ayant
pas deux cens hommes dans la Place , fi on l'avoit affiégé felon les
régles.

M. de Turenne ayant marché ce jour-là fept lieués avec l'armée , apprit
le foir que celle des ennemis s'étoit retirée en Flandre : après s'être ra-
fraîchi trois jours , il retourna par S. Venant paffer la Lys , & fit prendre
la Motte au Bois , Château qui incommodoit fort S. Venant , & commanda qu'on le fît rafer : fçachant que l'armée de l'ennemi étoit près de la
Colme , mais incertain fi elle l'avoit paffée , & efperant en trouver une
partie en deçà , il laiffa fon bagage dans le Camp , avec ordre de marcher
jufqu'à Caffel , & d'y demeurer ; & lui avec l'armée alla en un jour depuis
Merville jufqu'à la Berge : le tems fut fi mauvais , qu'il n'y eut qu'une
partie de l'avant-garde qui y pût arriver avec peu d'ordre. On apprit par
des prifonniers , que toute l'armée des ennemis étoit au-delà de la riviere ,
& on les fut reconnoître le lendemain : on vit qu'ils achevoient de s'y retrancher ; & le tems étant perdu d'entreprendre quelque chofe , l'armée
alla à Wate , où M. de Turenne ayant appris que les ennemis quittoient
le pofte de Bourbourg , & avoient gardé le Fort de Rupt , il empêcha par
fa diligence qu'ils ne coupaffent les digues , réfolut de paffer la Colme , &
d'affieger Mardyck. Il envoya le fieur Talon à Londres , pour en faire la
propofition à M. le Protecteur , ayant toujours eù ordre de la Cour de
s'approcher de la mer quand il le pourroit , & fçachant bien que c'étoit
l'intention d'exécuter le traitté fait au commencement de la Campagne.
Comme on ne peut agir que felon le tems que l'ennemi donne , M. de
Turenne crut ne devoir pas négliger celui-ci , quoique la faifon fut fort
avancée , pour commencer des conquêtes en Flandre.

Le mois de Septembre fut prefque fini , quand M. Talon alla en Angleterre. On prit néanmoins le Fort d'Hennuin , qui étoit un paffage , &
l'on prépara toutes les chofes néceffaires , tant vivres qu'artillerie , pour

entreprendre un fiége. L'armée féjourna neuf ou dix jours à Wate, pendant lefquels il ne fe paffa rien de confidérable : ce féjour fit croire aux ennemis que l'on ne fongeoit pas à aller plus avant ; de forte qu'ils avoient réfolu d'abord de faire fauter le Fort de Mardyck, & avoient commencé à creufer des mines fous les baftions ; mais fe flattant enfuite que l'incommodité de la faifon & la difficulté des chemins empêcheroient le fiége de la Place, ils firent ceffer le travail, & y mirent garnifon. M. de Turenne qui ne pouvoit affiéger ni Gravelines, ni Dunkerque, dans une faifon avancée ; la première, à caufe de la bonté de la Place, & la derniere, à caufe que l'ennemi étoit campé fous fes murs, réfolut d'aller à Mardyck, fans avoir de nouvelles pofitives de ce que penfoit M. le Protecteur : il fçavoit bien que la flotte d'Angleterre étoit à la rade, & aimoit mieux commencer une chofe, quoique très-difficile, que d'achever la Campagne, fans rien faire davantage : ainfi ayant envoyé fon bagage fous Calais, avec cinq ou fix Régimens de Cavalerie, il marcha à Mardyck. Il falloit que toute l'armée paffât fur une digue, & s'avançât dans un pays où il n'y avoit de retraite que par le même chemin par lequel on alloit : on commanda à toute la Cavalerie de porter des paliffades, & à l'Infanterie des fafcines, n'y ayant point de bois auprès de Mardyck, lequel eft fi proche de Dunkerque, où étoit l'armée des ennemis, qu'il falloit planter des paliffades en y arrivant.

Les ennemis avoient dans la Place fix ou fept cens hommes, compofés de trois Régimens Italiens, & le refte d'Efpagnols & de Walons : on fut deux jours que les vaiffeaux ne pouvoient pas entrer dans la foffe, à caufe du vent, & que l'on voyoit paffer des batteaux qui alloient de Dunkerque à Mardyck ; ce qui rendoit le fiége fort difficile ; & auffi le manque de fourage faifoit voir que l'armée ne pourroit pas y demeurer longtems. M. de Turenne balança un jour entier, s'il commenceroit le fiége ; & M. de Caftelnau l'y ayant déterminé, l'on réfolut d'ouvrir la tranchée, & d'emmener du canon pour battre le Fort du Bois ; voyant que les ennemis vouloient l'abandonner, quelque Cavalerie courut fur le bord de la mer, entre les deux Forts : ayant ôté par ce moyen la communication de la mer, on pourfuivit, avec plus de plaifir, la réfolution qui étoit prife d'ouvrir la tranchée ; ce qui fe fit cette nuit, où les gardes entrerent, & on s'approcha fort près de la contrefcarpe. Le lendemain on y fit une attaque générale, & on l'emporta de tous les côtés ; & s'y étant logé, on commença fans perdre de tems, à la percer, pour defcendre dans le foffé de la Place : le matin, comme on y jettoit des fafcines pour le combler, les ennemis demanderent à capituler ; & n'étant point reçûs à fe rendre, que prifonniers de guerre, après avoir rompu deux ou trois fois en cinq ou fix heures la tréve, ils accepterent la capitulation, & fortirent le lendemain au matin tous prifonniers de guerre, excepté le Gouverneur & un Capitaine Efpagnol, venu en ôtage, que M. de Turenne renvoya : on laiffa feulement aller à Dunkerque quelques Officiers, pour folliciter la liberté des autres, qui furent renvoyés en France, & difperfés dans les Villes.

Après la prife de Mardyck, la confervation en étoit bien plus difficile que n'en avoit été la conquête ; parceque M. de Turenne avoit mieux aimé paffer par deffus beaucoup de confidérations, pour entreprendre quelque chofe, que d'achever la Campagne fans rien faire. Comme il avoit marché au fiége de Mardyck fans avoir de réponfe pofitive de M. le Protecteur, s'il vouloit faire les chofes néceffaires pour fa confervation, la Place étant prife, il fe rencontra beaucoup de difficultés à prendre un parti. L'Ambaffadeur d'Angleterre, qui étoit à la Cour, arriva dans cet intervalle, & apporta les ordres à M. de Turenne, de faire toutes chofes poffibles pour le fiége de Dunkerque ou de Gravelines : quoique l'un & l'autre fût impoffible, néanmoins M. le Cardinal étoit bien aife de contenter M. le Protecteur, en faifant la propofition : l'armée ennemie campée fous Dunkerque, empêchoit de fonger à ce fiége. M. de Turenne réfolut une fois de demeurer quelques jours dans le Camp, pour fortifier Mardyck ; mais le manque de fourages, & le tems qu'il faut pour mettre en état une Place dénuée de toutes chofes, lui faifoit fonger auffi à rafer la Place ; mais ce parti, quoique le plus fûr, avoit de fi mauvaifes conféquences, à caufe de l'alliance avec les Anglois, qu'il ne pût s'y réfoudre : il fe trouva dans cette fituation, où lors qu'il n'y a rien de bon à faire, on fe contente de choifir le moins mauvais. J'ai oublié de dire que M. de Schomberg avoit été laiffé à Bourbourg avec près de deux mille hommes, pour garder le paffage, & conferver cette Place, qui étoit entierement rafée ; mais elle donnoit autant de difficulté à être mife en état que Mardyck. M. de Turenne crut qu'en s'approchant de Gravelines, il pourroit peut-être trouver moyen de l'inveftir, & d'y paffer tout l'hiver, & par ce moyen conferver Mardyck & Bourbourg ; mais fa penfée n'étoit pas bien fondée, & dans tout ceci il n'y avoit aucuns principes bien fûrs, fur lefquels on pût former une réfolution : il arriva auffi qu'il plut

 beaucoup la nuit & le jour que l'armée décampa ; de forte qu'il fut impoffible de s'arrêter près de Gravelines , & l'armée repaffa au-delà de
Bourbourg , où les chemins devinrent fi mauvais , que l'on fut obligé de
laiffer le canon. Toute l'armée , & principalement l'Infanterie , fe dé-
banda entiérement pour aller chercher des lieux où il y avoit du bois
pour fe chauffer , après avoir été trois jours fur des digues , avec des incommodités qui ne fe peuvent exprimer : perfonne dans ce tems-là ne
vouloit demeurer à Bourbourg ; & fans M. de Schomberg qui y refta , il
eft certain qu'il eût fallû abandonner la Place. M. de Varenne avoit été
bleffé à Mardyck.

M. de Turenne voyant qu'il falloit ceder au mauvais tems , laiffa près
de deux mille hommes à Bourbourg , fept ou huit cens Anglois à Mardyck , & marcha à Ruminghen , lieu le plus proche où il pût trouver
de la terre ferme pour camper , & réfolut de faire des chemins pour porter
les provifions de-là à Bourbourg , efperant que le féjour de l'armée dans
ce pofte pourroit empêcher le fiége de Mardyck : il doutoit néanmoins
lui-même de la réüffite , & perfonne ne croyoit la chofe faifable ; en effet,
l'entreprife étoit difficile : c'étoit dans le mois d'Octobre : Bourbourg étoit
une Place rafée , qui manquoit de tout ; il falloit accommoder les canaux,
pour aller depuis Calais à la riviere d'Aa , & y dreffer des Forts & des
Ponts ; enfin il falloit envoyer les Soldats du Camp de Ruminghen à
trois grandes heures de Bourbourg , pour travailler à tous les ouvrages ,
fans qu'il y eût en aucun lieu ni bois, ni couvert. Le long féjour de l'armée
dans ce Camp , qui dura près de fix femaines , donna de la facilité à tous
ces travaux. Jaquier, Munitionnaire général , fe chargea de rendre les
canaux navigables , & en vint à bout , avec le travail de beaucoup de gens
de Calais. M. de Caftelnau & M. le Marquis d'Uxelles entreprirent chacun
un Fort fur la riviere d'Aa , qu'ils mirent en état, avec des Ponts fur la
riviere ; & M. de Schomberg fit travailler à fa Place.

Les ennemis fe flattant toujours que l'armée fe retireroit , n'attaquerent
point Mardyck. L'Ambaffadeur d'Angleterre étoit fort en peine de la Place,
& s'il devoit demander qu'on l'abandonnat : il avoit fort fouhaitté que
l'armée du Roi retournât à Mardyck , pour fortifier la Place : il en voyoit
fort bien l'impoffibilité ; mais il vouloit fe décharger de fa garde. M. de
Turenne voyant que les ennemis négligeoient la Place , avoit propofé d'y
envoyer des Mineurs , pour faire fauter les baftions ; mais l'Ambaffadeur
d'Angleterre ayant repréfenté que cette conduite feroit voir à M. le Pro-

tecteur

tecteur que l'on ne vouloit point continuer le traitté , M. de Turenne réfolut d'hazarder plutôt la prife de la Place par les ennemis , que d'encourir une mefintelligence affurée avec les Anglois : il y envoya donc deux ou trois cens François pour fe pofter fur la contrefcarpe , qui étoit demeurée près d'un mois dans un tel état , que les ennemis l'auroient emportée en fix heures.

Quelques jours après que les François y furent entrés , les ennemis firent une tentative , dont on n'a pas pû bien fçavoir la raifon , fi ce n'eft qu'ils avoient quelque intelligence dans la Place : ils ne raferent point le bas Fort , comme ils le pouvoient , demeurerent toute la nuit affez près de la contrefcarpe fans y faire d'attaque , & fe retirerent avec perte de quelques gens ; cela ne laiffa pas de donner beaucoup de courage aux affiégés : on fe ranima en Angleterre pour la confervation de la Place. M. de Turenne y envoya encore quelque Infanterie ; & il y vint quelques paliffades de Londres , avec lefquelles on fit travailler au bas Fort.

Vers la fin du mois de Novembre , l'armée du Roi fut obligée de fe retirer de Ruminghen ; & celle des ennemis , qui avoit toujours été campée derriere Dunkerque , fe retira auffi dans fon païs , fans avoir pû rien entreprendre. M. le Prince étant tombé malade , fe fit porter à Gand , où il fut en danger ; mais s'étant rétabli , on le mena à Bruxelles. Comme M. de Turenne faifoit retirer l'armée vers le Boulenois , il fçut par M. le Cardinal , qui avoit de très-bonnes intelligences en Flandre , que les ennemis avoient toujours deffein d'attaquer Mardyck , pendant l'hiver que l'armée du Roi ne pourroit plus fecourir la Place ; c'eft pourquoi il y envoya un renfort d'Infanterie Françoife ; & les Régimens n'ayant plus gueres de Soldats (la défertion étant venuë , à caufe que l'on n'avoit rien touché durant toute la Campagne ; ce qui n'avoit jamais été depuis le commencement de la guerre) on fut obligé de commander des Officiers de chaque Corps , fans Soldats , ce qui ne s'étoit point encore fait ; & depuis le Roi y envoya tous fes Moufquetaires , avec les Compagnies de Gendarmes & Chevau-legers de M. le Cardinal , & fes Gardes. Comme M. de Turenne revint avec l'armée fur la frontiere , M. le Marechal d'Aumont , qui étoit dans fon Gouvernement du Boulenois , eut ordre de s'en aller à Mardyck , où il demeura bien avant dans le mois de Janvier.

Les ennemis ayant vû toutes ces précautions , n'entreprirent rien , & fe contenterent de faire hiverner prefque toute leur armée dans la Flandre , tant pour ne pas perdre de tems à attaquer cette Place , quand ils en trouveroient l'occafion , que pour être plus près pour s'oppofer à l'attaque des Villes de Flandre , quand le Roi, favorifé des Anglois, le voudroit entreprendre. Son armée demeura jufqu'au commencement de Janvier fur les frontieres, après quoi elle fut féparée à l'ordinaire dans fes quartiers en diverfes Provinces de France. M. le Prince qui avoit été en quelque danger à Bruxelles, commença à fe porter mieux ; & les Généraux ennemis s'y raffemblerent , ayant laiffé leurs frontieres du côté de la Flandre , avec des garnifons beaucoup plus fortes qu'à l'ordinaire.

Au commencement de Mars, le Gouverneur de Hedin étant mort, on donna ce Gouvernement à M. de Moret. Le Major fe trouvant à Paris , vint auffi-tôt le trouver pour recevoir fes ordres , & s'en alla enfuite fans aucun foupçon dans la Place ; M. de Moret y alla fort peu de jours après, & on lui refufa la porte : on apprit qu'il y avoit long-tems que ce Major s'étoit rendu maître de l'efprit d'une partie des Officiers ; & voyant que le Gouverneur étoit mal fain , avoit penfé à s'emparer de la Place. M. le Maréchal d'Hocquincourt , depuis fort long-tems mécontent en Picardie, étant un homme qui prenoit des réfolutions fort legerement , s'en alla à Hedin , fçachant les intentions de Defargues , Major de la Place , y demeura quelque tems fans y avoir aucun pouvoir , & de-là alla trouver M. le Prince en Flandre. Ceux de Hedin ne trouvant plus de fûreté à fe raccommoder avec M. le Cardinal après ce qu'ils avoient fait , traitterent avec M. le Prince & avec les Efpagnols , qui leur envoyerent des troupes qu'ils ne reçûrent point dans la Ville , mais ils les mirent quelque tems dans un Camp fort proche ; & infenfiblement , après beaucoup d'allées & de venuës pour négocier à Bruxelles , ils les introduifirent dans leurs fauxbourgs : ils traitterent durant tout ce tems-là à la Cour ; mais on vit bien que c'étoit pour gagner du tems , & pour diminuer l'envie qu'on avoit de les aller attaquer promptement.

L'armée du Roi n'étant point encore en état de fe mettre en Campagne, M. le Cardinal vit que cette négociation ne pouvoit nuire à rien. Le tems arriva que les troupes fortirent de leurs quartiers , & que le Roi s'en vint à Amiens avec la Reine. On eut par un Commis de M. le Tellier , nommé Carlier , qui avoit fait divers voyages à Hedin , des nouvelles qui donnerent moins d'efperance que jamais que la Ville s'accommodât avec le Roi. Cette nouveauté commençoit à réveiller beaucoup de gens en France , où naturellement il fe trouve toujours des mécontens : d'ailleurs la longue guerre & la difette où étoient les Provinces , par la continuation des grandes charges & tailles, donnoit fujet au peuple de fouhaitter un changement dans le Miniftere, & il le fouhaittoit avec tant d'ardeur, qu'il ne regardoit pas s'il lui feroit avantageux ou dommageable.

Il y avoit eu auparavant des affemblées de nobleffe en diverfes Provinces, avec quelques Gentilshommes pour Chefs, & fur tout en Normandie. Quoique Madame de Longueville fut dans une dévotion fi grande qu'elle ne fe mêloit d'aucune caballe, néanmoins fon efprit avoit tant d'afcendant fur les perfonnes, qu'elle les faifoit pancher du côté où elle avoüoit bien que fon inclination la portoit ; c'eft-à-dire, du côté de M. fon frere. La retraite auffi quelquefois comme le grand monde, fait éclore les femences des plus grandes affaires.

Les chofes étoient ainfi défefperées quand la Cour vint à Amiens, où le Roi demeura quelques jours, & on y affembla une partie de l'armée. En ce tems-là fe fit cette entreprife fur Oftende, où M. le Maréchal d'Aumont, qui avoit été durant l'hiver quelque tems dans Mardyck, s'engagea, fur la parole de quelques petites gens, qui furent trompés groffierement par ceux d'Oftende, lefquels ayant joüé une farce dans la Ville, firent femblant d'arrêter leur Gouverneur, criérent : Vive le Roi, dans les ruës, & dirent mille injures des Efpagnols : ces gens crédules allerent trouver M. d'Aumont, comme il étoit à la rade avec douze ou quinze cens hommes, & l'ayant affuré qu'il étoit maitre de la Ville s'il vouloit y venir ; lui fans prendre aucun ôtage, entra fur le pont avec une partie de fes gens : les Efpagnols, qui étoient cachés dans les caves, en fortirent ; & fermant le Havre, prirent cinq ou fix cens hommes avec M. le Maréchal d'Aumont ; mais le refte qui n'étoit pas entré, fe retira dans les navires.

Cette entreprife d'Oftende manquée, avec l'affaire de Hedin, faifoit concevoir de grandes efperances à M. le Prince, & fit commencer la Campagne avec de fort méchantes apparences de fuccès. La Cour même qui fe trouvoit en ce tems-là à l'armée, décrioit au moins pour la plûpart les affaires autant ou plus que les autres. Quoique la plûpart des Officiers de l'armée n'étoient pas encore venus, le Roi s'approcha de Hedin avec dix ou douze mille hommes : ceux de dedans ayant quelques troupes Efpagnoles campées dans les dehors, fortirent pour efcarmoucher, & on tira le canon fur le Roi même, qui s'étoit avancé ; de maniere que par cette déclaration fi ouverte, on ne fongea plus à traitter avec Hedin ; mais à s'y conduire comme avec une Place ennemie.

Durant l'hiver, M. le Cardinal avoit traitté avec l'Ambassadeur d'Angleterre, qui pressoit extrémement que l'on s'engageât devant Dunkerque, & on avoit signé les articles ; par lesquels il fut arrêté, que Dunkerque seroit mis entre les mains des Anglois ; qu'ils fourniroient six mille hommes de pied, & tiendroient la mer avec leur armée navale. Le traitté n'étoit que pour un an, dans lequel ils devoient continuer le même secours par terre, aider aussi par mer au siège de Gravelines, qui devoit demeurer au Roi, & ne prétendre point à d'autre Place qu'à celle de Dunkerque. M. le Cardinal souhaitta que l'on marchât en Flandre ; & M. de Turenne, sans sçavoir si on pourroit assiéger Dunkerque, ou si on s'arrêteroit à Bergues, désiroit aussi de faire voir naïvement aux Anglois, que l'on faisoit tout son possible pour l'exécution du traitté. Le Roi qui étoit campé à une petite heure de Hedin, s'en alla rejoindre la Reine à Montreüil, pour retourner ensemble à Calais, avec deux ou trois mille hommes que M. de Castelnau commandoit ; & M. de Turenne avec sept ou huit mille hommes, prit le chemin de S. Venant, pour y passer la Lys, & ensuite marcher vers Bergues & Dunkerque.

En arrivant auprès de Betune, il apprit de M. le Marquis de Créqui, qui en étoit Gouverneur, qu'il y avoit deux ou trois Régimens de l'ennemi dans Cassel, à cinq heures de S. Venant sur le chemin de Bergues ; il lui donna sept ou huit cens chevaux, & quelques mousquetaires commandés, avec lesquels s'avançant, il prit dans Cassel deux Régimens d'Infanterie Irlandois, qui faisoient deux ou trois cens hommes. M. de Turenne y arriva peu de tems après avec l'avant-garde ; & à cause des mauvais chemins, il y séjourna un jour pour attendre son bagage ; & s'il eût crû tous ceux du pays, il n'en auroit point mené, non plus que le canon, à cause de la difficulté qu'il trouveroit par les chemins, lesquels avoient été rendus plus mauvais qu'à l'ordinaire, à cause du grand hiver qui avoit duré si long-tems. Au mois de Mai, M. de Turenne voyant bien que la diligence étoit fort nécessaire, & apprenant par les prisonniers que l'armée ennemie n'étoit pas ensemble, il fit suivre toute la nuit le bagage, & faisant raccommoder les chemins, s'avança sur la Colme, & laissant Bergues à main gauche, marcha par des pays fort inondés, auprès d'une petite redoute que les ennemis gardoient, avec trente hommes & un Capitaine : on fit un passage sur la rivière ; & ayant trouvé quelques pilliers sur lesquels on mit des planches, on y mena quelques chevaux par la bride : ce que voyant ceux de la Redoute & qu'on s'y avançoit avec cinquante ou soixante mousquetaires, ils se rendirent. C'étoit le seul passage dont on put se servir, à cause du pays inondé qui est entre Furnes & Bergues. On ne voyoit de-là à Dunxerque rien que de l'eau, & M. de Turenne s'en retourna avec peine à son quartier qui étoit à une heure de-là ; ayant laissé M. de Bellefons, Lieutenant Général, avec quelque Infanterie, afin de reconnoître les chemins de-là à Dunxerque.

Il n'y avoit aucun homme dans le pays qui dit qu'il y eût un chemin ; & M. de Turenne ayant envoyé ce soir-là M. de Varenne le long de la Colme, laissa Bergues à droite, pour voir s'il y auroit moyen de communiquer par-là avec Mardick, où étoit M. de Castelnau. Il lui rapporta qu'à cause des eaux on ne pouvoit point passer : toute la nuit se passa sans qu'il crût qu'il y eût aucune apparence de pouvoir aller vers Dunxerque. Le matin, M. de Bellefons lui manda que les ennemis avoient quitté une autre Redoute près de Bergues, & qu'il y avoit une digue par laquelle il croyoit que l'on pouvoit aller vers les *Forts*, entre Bergues & Dunxerque. Les ennemis, depuis la prise de Mardick, avoient travaillé sur la digue de Bergues à Dunxerque, à deux grands Forts qui étoient à une telle distance, qu'il est certain qu'étant en-état de défense, on ne put point assiéger Bergues ni Dunxerque sans les prendre, n'étant chacun qu'à une portée de canon l'un de l'autre, & à la même distance chacun de ces deux villes. On n'avoit point eu d'information juste de leur état ; de maniere que cela avoit toujours paru le plus grand obstacle pour le siége de Dunxerque : mais, comme j'ai dit, la résolution étoit prise de faire toutes choses pour répondre avec netteté au traitté des Anglois.

M. de Turenne se trouva de grand matin avec toute l'armée à cette Redoute qui avoit été prise le soir auparavant ; & faisant accommoder le pont sur la Colme, on s'avança vers ces Forts. Les prisonniers de la Redoute avoient dit que l'un étoit en état de défense & l'autre hors d'état. Après avoir fait combler beaucoup de fossés, les ennemis voyant que l'armée s'avançoit entre Bergues & Dunxerque, commencerent à abandonner les Forts & la Digue. M. de Castelnau étant arrivé avec les trois mille hommes qui étoient partis avec le Roi & trois mille Anglois, étant dès le jour auparavant à une portée de canon des ennemis, ils firent sortir deux bataillons de Dunxerque, & environ six ou sept cens chevaux pour défendre le canal & les Forts.

L'armée s'approchant avec beaucoup de difficulté entre Bergues & Dunkerque, les ennemis furent pris par derriere, & leurs Forts n'étant point en défenfe, ils fe retirerent à Bergues & à Dunkerque : mais la plus grande partie entra dans la derniere Place. M. de Turenne ayant marché avec peu de gens fur cette digue, envoya promptement un de fes gens à nage, pour avertir M. de Caftelnau comme il avoit paffé. Il s'en vint le trouver auffi-tôt ; & comme il falloit à l'inftant fe réfoudre au fiége de Bergues ou de Dunkerque, le premier étant fort aifé & l'autre fort difficile ; M. de Turenne croyant que fi on perdoit ce moment, que l'on ne pourroit jamais y revenir, réfolut, malgré toutes les difficultés, d'aller à Dunkerque. On ne put pas y marcher ce jour-là, à caufe des eaux & des canaux ; mais ayant travaillé aux ponts fur la Colme, fur le canal de Honfcote à Dunkerque & fur celui de Furnes à la même ville, on fe trouva le lendemain à deux heures après midi auprès des Dunes.

Toutes les troupes de l'ennemi qui étoient dans le voifinage s'y jetterent de façon, qu'il fe trouva dans la Place environ deux mille deux cens hommes de pied & fept à huit cens chevaux : M. le Marquis de Lede y étoit auffi entré le jour auparavant que l'armée y arriva. M. le Prince & Dom Juan étoient encore à Bruxelles, perfuadés que l'entreprife étoit impoffible, puifque nous n'avions ni Bergues, ni Furnes, ni Gravelines, dont la premiere n'étoit diftante que d'une heure, l'autre de trois, la derniere de quatre ; & la faifon empêchant qu'il n'y eût aucune herbe pour faire paitre les chevaux. On commença dès ce foir-là à prendre les quartiers ; & durant les cinq ou fix premiers jours, fi quelque Officier Général des ennemis avec un peu de troupes fe fut mis à Furnes ou à Bergues, difficilement eût-on pû faire les communications avant qu'il y fût entré beaucoup de troupes dans la ville : mais l'ennemi ayant crû au commencement que l'on affiégeroit Bergues, & ayant enfuite appris le fiége de Dunkerque, envoya feulement deux ou trois Régimens fous de méchans Officiers, qui, ayant ordre d'entrer dans la ville, demeurerent à Bergues, mandant l'impoffibilité d'éxécuter ce qu'on leur commandoit. Les Efpagnols réfolurent alors d'affembler promptement l'armée pour venir au fecours.

Les premiers jours on effuya de très-grandes difficultés par l'affiette du Camp, à caufe des communications ; par le manque de bois pour les foldats, & par celui du fourage pour la Cavalerie. Comme on n'avoit que la mer, il eft impoffible d'en tirer les affiftances néceffaires à caufe de la difficulté des débarquemens ; & auffi les Anglois, hors quelques canons

& cinq mille hommes d'Infanterie qui ont très-bien fervi , apporterent **An. 1658.**
fort peu de commodités au fiége. Le Roi qui étoit à Calais, dès qu'il fçut
que l'on étoit devant Dunkerque, preffa M. le Cardinal qui y donna les
mains ; de maniere qu'ils vinrent dans le vieux Fort de Mardick trois jours
après que l'on fut arrivé devant Dunkerque, où l'armée prit fes quartiers. M.
de Turenne fe logea dans les Dunes auprès de l'étang, & retint une bonne
partie des troupes avec lui depuis la mer jufqu'au canal de Furnes, où il
pofta un Régiment d'Infanterie. Il mit enfuite quelques Régimens Lorrains , & un Régiment d'Infanterie dans le grand Fort entre Bergues &
Dunkerque avec peu de Cavalerie, & un Corps de troupes du côté de la
mer, par où les ennemis pouvoient venir.

M. de Caftelnau demeura au-delà du canal de Bergues avec les troupes
qu'il avoit menées avec lui & les Anglois. Il y eut des difficultés extrêmes
à faire des ponts de communication : l'ennemi fortoit quelquefois de la
ville avec fept ou huit efcadrons ; mais comme il n'y avoit point de tranchée ouverte, on n'étoit pas affez près de lui pour pouvoir rien entreprendre.

Ces premiers jours ayant été très-difficiles, il commença à venir au Camp
quelques barques avec des vivres , & enfuite de l'avoine pour la Cavalerie
qui étoit du côté des Dunes : il y vint auffi des outils & quelques paliffades
avec quoi on travailla à la circonvallation qui ne valut jamais rien , &
principalement du côté des Dunes. On fit auffi une eftacade de gros piliers ,
liés par des chaines que les matelots Anglois venoient accommoder, lefquels ne pouvoient jamais réfifter aux grandes marées , quand il y avoit
beaucoup de vent. Mais toutes les nuits la Cavalerie étoit de garde fur le
bord de la mer : on mettoit des caiffons quand la mer s'en alloit , & on les
ôtoit avec les chevaux quand elle revenoit ; de forte qu'il n'y demeuroit
jamais d'efpace vuide. L'armée qui étoit fort foible au commencement ,
groffiffoit peu à peu par beaucoup de troupes qui vinrent de France. On
avoit trouvé à propos de commencer le fiége avec peu de troupes , plutôt
qu'en les attendant de donner du tems aux ennemis de fe raffembler ; ce
qui affurément auroit rompu le deffein , leur étant aifé de pourvoir à une
Place comme Dunkerque , & voyant bien que ce n'étoit que par-là feulement que la France maintenoit l'alliance des Anglois : mais l'affaire de
Hedin & d'Oftende leur avoit donné de la fecurité. Le Roi fut quelques
jours à Mardick , où M. le Cardinal faifoit pourvoir à toutes les munitions
de guerre , & avoines pour la Cavalerie , & à faire apporter par mer des
fafcines & des plates-formes. Comme on commença à parler avant que la

An. 1658. tranchée fut ouverte , que les ennemis s'affembloient , il confeilla très
prudemment au Roi de s'en retourner à Calais , n'y ayant aucun lieu où
il pût demeurer furement, & ce fiége-là étant par la fituation du pays d'une
telle condition que la retraite étoit comme impoffible, s'il arrivoit du malheur à un quartier de l'armée.

Trois ou quatre jours après le départ du Roi , de la Reine & de Monfieur, en ouvrit la tranchée du côté des Dunes, dont on fe fervoit comme
de Place d'armes. La premiere nuit les ennemis firent une fortie avec toute
leur Cavalerie : on eut beaucoup d'allarmes en plaçant les travailleurs , &
les *Anglois*, qui n'étoient pas fort accoutumés aux fiéges, quittoient le
travail & couroient auffi-tôt à leurs armes. Comme les premieres nuits ne
font gueres dangereufes , on ne perdit prefque perfonne. On vit le matin
toute la Cavalerie des ennemis dehors , & la face de la ville étant grande
de ce côté-là , les ennemis avoient bien vingt piéces de canon qui voyoient
les tranchées ; de forte que jufqu'à onze heures ou midi , la Cavalerie ennemie s'avançant à la faveur du canon , paroiffoit comme des troupes en
campagne , les unes devant les autres ; mais dès qu'elle vouloit approcher
des tranchées, la Cavalerie du Roi la repouffoit avec tant de vigueur,
qu'en diverfes forties que les ennemis ont fait , ils n'ont pas eu le moindre
avantage ; & quoique notre Cavalerie perdit beaucoup par le canon &
même par la moufqueterie , en approchant de la contrefcarpe , on les a
toujours pouffés jufques fur le bord.

Les Suiffes releverent les Gardes, & le quatrième jour que *Picardie* étoit
en garde , & que le Régiment du Pleffis avoit la tête de la tranchée , il
faifoit un fi grand vent , que l'on ne pouvoit pas voir à caufe du fable. Les
ennemis fortirent, raferent un peu le bout de la tranchée, & blefferent
ou tuerent cent hommes des nôtres. Les *Anglois* avoient une attaque à la
main gauche , & la cinquième ou fixième nuit on fut fur les bords des
premieres paliffades, que les *Anglois* attaquerent fort vigoureufement ;
mais quoiqu'ils allaffent hardiment fur les paliffades , ils ne fçavoient pas
s'y loger , & revenoient toujours dans les tranchées avec beaucoup de
perte : on l'a auffi effayé trois ou quatre fois du côté des *François* fans y
réüffir. Vers le fixième ou feptième jour de la tranchée ouverte , M. de
Turenne eut avis que les ennemis s'affembloient , & que M. le Prince &
Dom Juan arrivoient à *Furnes* avec l'armée.

On ne pouvoit rien faire de bon du côté des Dunes pour la circonvallation ;
& quoique l'on en prît quelques unes avancées, on en voyoit toujours d'autres

tres qui incommodoient ; & l'incertitude fi un ennemi viendra encore par quelque côté, fait toujours paroître les chofes moins dangereufes que quand on le voit en préfence. Les affiégés avoient fait diverfes forties avec leur Cavalerie ; mais ils furent toujours repouffés avec tant de vigueur par la Cavalerie de l'armée du Roi, que cela les empêchoit de rien faire de conféquence : mais on y perdit toujours de bons Officiers, & principalement par leur canon, dont ils demeurerent long-tems les maîtres. Tous les Officiers Généraux qui étoient M. de Schomberg, M. de Crequi, M. de Varenne, M. d'Humieres, M. de Bellefons, M. de Gadagne, fe fignaloient toujours où ils fe rencontroient, & le Marquis de Crequi fit très-bien à une ou deux forties de Cavalerie, dans l'une defquelles M. le Comte de Guiche, Meftre de Camp aux Gardes, fut bleffé, comme il y étoit couru volontaire : M. le Comte de Soiffons eut auffi un cheval tué, & penfa être pris prifonnier tout proche des paliffades de la contrefcarpe.

Au huit ou neuvième jour de la tranchée ouverte, on avoit déja pris quelques paliffades avancées fur le glacis de la contrefcarpe, & effayé quelques logemens, où on n'avoit pu fe maintenir ; lorfqu'on vit un Corps de Cavalerie qui s'avançoit le long des Dunes : on ne fçavoit pas fi c'étoit toute l'armée. M. de Turenne marcha avec peu de gens le long de la mer : dans ce tems-là ils poufferent la garde de l'autre côté des Dunes, qui n'étoit que d'un Régiment de Cavalerie ; & M. le Maréchal d'Hocquincourt s'étant avancé avec les coureurs, reçut un coup de moufquet par quelques foldats avancés à un petit travail, dont il mourut le foir. On ne fçut pas feulement qu'il fût bleffé, que par des Trompettes qui vinrent, & cette Cavalerie fe retira auprès de l'Abbaye de Dunes, qui eft affez proche de Furnes, où étoit l'armée des ennemis, environ à deux heures du Camp.

Les Suiffes entrerent ce jour-là aux tranchées, & on ne put pas fe rendre maître de la contrefcarpe. Le lendemain on vit toute l'armée des ennemis qui marchoit dans les Dunes, & cet avantage qu'elles leur donnoient pour s'approcher du quartier général, fe faifoit encore bien mieux voir quand l'ennemi étoit proche ; de forte que M. de Turenne s'avança de fept ou huit cens pas feulement, au-devant de fon quartier avec les troupes qui y étoient, laiffa toutes les autres dans la circonvallation, & occupa une haute Dune, où il craignoit que les ennemis ne vinffent fe mettre ; fit promptement planter des pieux fur l'Eftrang vis-à-vis de ce lieu ; l'autre eftacade lui devenant inutile, à caufe qu'il avoit fait avancer fes troupes.

x

 On fit auffi quelque petit retranchement fur le haut des Dunes en préfence ; mais on peut bien juger que tous ces travaux-là ne pouvoient être guere bons, étant faits en fi peu de tems ; & que des piliers plantés à la hâte où la marée revenoit, ne pouvoient gueres bien tenir.

L'ennemi s'étant avancé à une demie heure de ce lieu, où M. de Turenne s'étoit mis avec l'armée, fit alte ; & on vit bien qu'il falloit loger. Dom Juan d'Autriche avoit la main droite qui regardoit la mer, & M. le Prince de Condé avoit la gauche qui alloit fur le canal, qui vient de Furnes à Dunkerque. Il y a de cet efpace-là environ quinze cens pas de Dunes qui font acceffibles, mais inégales, l'Eftrang à la main droite, & à la main gauche une prairie de douze ou quinze cens pas, traverfée de petits foffez qui vont jufqu'au canal de Furnes. M. le Prince fit facilement la communication de ces petits foffez, & deux ou trois heures devant la nuit il fit un pont fur le canal avec beaucoup de barques qui lui vinrent de Furnes ; & ce pont tenoit à fon aile gauche. M. de Turenne allant le long de ce canal, les vit travailler au pont, & le faire en une heure. Il fit retirer toutes les gardes avancées qui étoient de ce côté-là, & voiant l'avantage que l'ennemi auroit de marcher d'un côté & d'un autre du canal vers Dunkerque, il fentit à l'inftant qu'il n'y avoit rien à faire que de combattre les ennemis, il envoia fes ordres à tous les quartiers, pour fe rendre deux heures devant le jour au fien. Il commanda aux Anglois qui étoient entre Dunkerque & Mardicx d'envoyer leur bagage fous le Fort, & aux troupes qui étoient en-deçà du Canal de Dunkerque à Bergues, de mettre le leur fous un grand Fort que les ennemis avoient commencé l'hiver & que l'on gardoit.

Comme il y avoit fix ou fept canaux entre les quartiers, il étoit bien plus facile à ceux de Dunkerque de faire quelque fortie fur eux quand ils étoient affoiblis, & ainfi il étoit fort dangereux de laiffer une grande circonvallation fans troupes ; ceux de la ville pouvant mettre le feu au Camp & rompre les ponts de communication. Outre cela la tranchée le mettoit en grande peine ; car une fortie des affiégés & un étonnement de troupes qui fe croyoient abandonnées, l'armée marchant au-devant de l'ennemi, l'auroit obligé à lever le fiége. D'ailleurs, comme on étoit tout proche du chemin couvert de la contrefcarpe, & qu'il y avoit déja quelques traverfes de glacis prifes, les forties étoient fort à craindre, parcequ'on ne peut plus fortir des tranchées, quand la tête eft pouffée ; & la confufion s'y met aifément. L'ennemi ayant toutes les contrefcarpes, & le feu de la Place, au lieu que les tranchées étoient fort referrées, & fi avancées que la Cavalerie ne pouvoit plus agir, on ne pouvoit pas remédier à cela & continuer son dessein de combattre, qu'en faisant entrer, comme l'on fit, une bonne garde de tranchée qui fut deux bataillons des Gardes Françoises, qui eurent ordre d'essayer à se loger sur la contrescarpe, comme les jours précédens. Les Anglois entrerent aussi à la main gauche avec une bonne garde, & il y eut huit escadrons de Cavalerie commandée pour y être de renfort.

Les troupes marcherent toute la nuit selon l'ordre donné, & les dernieres furent un peu devant le jour au quartier de M. de Turenne. La nuit se passa de cette façon, les ennemis ayant seulement envoyé donner une allarme ou deux. Il s'y trouva de l'armée du Roi, sans compter ce qui demeura au Camp, aux bagages & à la tranchée, huit à neuf mille hommes de pied & cinq ou six mille chevaux. Il y avoit dix bataillons François & six Anglois, & deux bataillons François mêlés dans l'aîle droite de la Cavalerie, & des mousquetaires François & Anglois dans l'aîle gauche avec dix piéces de canon, dont cinq alloient à l'aîle droite entre les Dunes & la prairie, & les cinq autres le long de l'Estrang, lequel étoit très-large, parceque la mer étoit basse. Il y avoit cinquante quatre escadrons de Cavalerie légere, & quatre de Gendarmes.

La premiere ligne de l'aîle droite & de l'aîle gauche étoit composée chacune de quatorze escadrons, les secondes lignes de dix chacune, quatre escadrons de Gendarmes qui soutenoient l'Infanterie, & six escadrons de réserve qui marchoient à une assez grande distance derriere toute l'armée. La premiere ligne d'Infanterie étoit de dix bataillons & la seconde de six, qui n'avoient point de commandés devant eux que cinquante mousquetaires des Gardes, pour faire un peu éloigner la Cavalerie ennemie qui étoit en petites troupes sur les Dunes un peu loin de leur armée.

M. de Castelnau commandoit l'aîle gauche, & avoit M. de Varennes qui menoit la premiere ligne de la Cavalerie; & comme les Lorrains en faisoient une partie, M. de Ligneville commandoit quelques escadrons près de l'Infanterie. M. le Marquis de Crequi commandoit les escadrons de la droite de l'aîle droite, & M. d'Humieres étoit avec ceux qui étoient proche de l'Infanterie. M. de Schomberg commandoit la seconde ligne de l'aîle gauche, & M. d'Esquencourt la seconde ligne de l'aîle droite. M. de Richelieu étoit à la réserve, & M. de Gadagne commandoit la premiere ligne de l'Infanterie, & M. de Bellefons la seconde. L'Infanterie Angloise de la premiere & seconde ligne étoit commandée par M. le Général Lockart, Ambassadeur d'Angleterre en France, & par M. Morgan, Général Major.

An. 1658. `A une heure de jour, on fortit en cet ordre de ce lieu où M. de Turenne s'étoit avancé le jour précédent dans les Dunes, & où les troupes l'étoient venu joindre la nuit ; & comme les Gardes des deux armées fe voyoient, dès que l'armée du Roi commença à monter fur la premiere Dune, fes ennemis furent promptement avertis de fa marche ; de maniere que l'on vit revenir en diligence quelques chevaux qui étoient à la pâture, & former les efcadrons & bataillons qui étoient dans le Camp fans bagage. Leur armée étoit demeurée comme le jour précédent : Dom Juan d'Autriche à la main droite avec le Marquis de Caracêne & le Duc d'York, le Duc de Gloceltre & Dom Eftevan de Gamare ; & à la main gauche M. le Prince de Condé avec fes Officiers Généraux, M. de Coligni, M. de Bouteville, M. de Perfan, M. de Guitaut & M. le Comte de la Suze : M. de Marfin qui étoit le feul Officier Général qui y manquoit, étoit avec un petit Corps vers le Luxembourg. La Cavalerie de l'aîle gauche qui étoit fort étenduë vers le canal, ne pouvant pas être employée dans cette prairie, à caufe des foffés, M. le Prince la mit fur cinq ou fix lignes depuis les Dunes jufqu'à ces foffés, où ni les uns ni les autres ne pouvoient marcher que deux où trois efcadrons de front. Il mit deux bataillons dans un lieu un peu couvert, tout devant fa Cavalerie ; & après, en remontant les Dunes, il commençoit à y en avoir jufqu'à ce qu'ils joigniffent l'Infanterié de Dom Juan d'Autriche, laquelle alloit jufqu'au bord des Dunes qui regarde l'Eftrang, & toute fa Cavalerie étoit derriere fon Infanterie, de laquelle il avoit avancé un bataillon Efpagnol fur une Dune affez haute, qui étoit près de cent pas devant toutes les autres.

On les vit fe ranger en cet ordre-là : comme l'armée du Roi marchoit à eux, & comme la hauteur des Dunes empêchoit de voir tous leurs mouvemens, M. de Turenne croyoit qu'il y avoit beaucoup de Cavalerie derriere leur Infanterie, & on lui dit après que M. le Prince, qui avoit cinq ou fix lignes les unes derriere les autres, en vouloit prendre quelqu'une pour mettre derriere fon Infanterie, comme en effet fes Gardes y étoient, & encore quelques efcadrons. Le canon de l'ennemi n'étoit pas encore venu, & il devoit arriver ce foir-là avec leur bagage ; & il pouvoit y avoir dans leur armée neuf à dix mille chevaux & cinq à fix mille hommes de pied. M. le Prince courut lui-même avertir Dom Juan que l'armée du Roi marchoit, & il fit mettre fes troupes en ordre avec toute la diligence qu'il fe peut.

Les chofes étant ainfi difpofées des deux côtés, l'armée du Roi marchoit

au petit pas, & l'ennemi étant affez empêché à fe mettre en bataille, tous
les Officiers Généraux y étoient occupés, & on voyoit bien qu'il n'en venoit point à leurs gardes avancées, lefquelles fe retiroient vers le gros de
l'armée, fans efcarmoucher. On voyoit bien auffi que plus de diligence
à marcher apporteroit un grand avantage, ôtant toujours à l'ennemi un
tems de fe mettre en ordre : mais un Corps d'armée qui marche en bataille
ne peut aller qu'un certain pas réglé, & fouvent il faut un peu attendre les
uns les autres pour fe pouvoir ranger. On avoit, comme j'ai dit, dans l'armée du Roi cinq pièces de canon à chaque aîle, qui marchoient à la tête
des premiers efcadrons & étoient à une diftance raifonnable de l'ennemi.
On tiroit un coup ou deux de chacune, & après on attelloit en diligence
pour reprendre la tête des efcadrons. On fit quatre ou cinq décharges avant
que de joindre les ennemis.

Les Anglois qui étoient à l'aîle gauche, trouvant les premiers cette
Dune qui étoit plus avancée, monterent avec deux bataillons pour l'attaquer, & ils eurent quelque tems les piques croifées avec les Efpagnols ;
mais la grande réfolution avec laquelle ils les attaquerent, & quelques
commandés d'Infanterie du Corps Anglois qui vinrent par le flanc, obligea un Régiment Efpagnol à fe mettre en confufion & à s'enfuir : c'étoit
celui de Dom Gafpard Boniface.

La Cavalerie de l'ennemi foutint affez bien au commencement fon Infanterie ; mais les Régimens de Cavalerie de l'aîle gauche, ayant promptement fecouru les Anglois, & auffi quelques efcadrons des nôtres ayant
pris le long de l'Eftrang, vinrent fe mettre entre les deux lignes de l'ennemi ; ce qui les mit en confufion, étant auffi chargés vigoureufement à la
tête, dans le tems que les Anglois étoient montés fur la Dune, & que ce
Régiment Efpagnol & celui qui le foutenoit commençoient à reculer. Les
Gardes, les Suiffes, les Régimens de Picardie & de Turenne commençoient à attaquer l'Infanterie qui étoit devant eux ; & les quatre efcadrons
de l'avant-garde marcherent à ce qui avoit la tête du Corps de M. le Prince.
Son Infanterie ne fit qu'une fort méchante décharge, & l'Infanterie de l'armée
du Roi ne tira prefque pas, & ne fe mit en nulle confufion pour les rompre. La Cavalerie rompit auffi les premiers efcadrons de l'ennemi avec peu
de réfiftance ; & pouffant trop avant, elle fut ramenée par celle de l'ennemi, où M. le Prince fe trouvant, il y eut un tems où les chofes furent un
peu en balance. Toute la Cavalerie de l'ennemi avançant en bon ordre, à
caufe de ce petit fuccès ; mais n'y ayant eu que quatre efcadrons pouffés,

 la Cavalerie se trouvoit derriere en bon ordre, & les Gardes & les Suisses qui avoient trouvé fort peu de résistance, & qui étoient en fort bon ordre (quoique les derniers eussent été chargés par les Gardes à cheval de M. le Prince, dont il en demeura une partie sans qu'ils entrassent dans le bataillon) se tournerent un peu à droit, & reçurent avec un fort grand feu cette Cavalerie de M. le Prince qui s'avançoit. Le Régiment de Montgommeri Infanterie, qui étoit aussi mêlé dans l'aîle droite, fit une décharge, & ces Régimens poussés se remirent. M. le Prince y eut son cheval blessé & en prit diligemment un autre : la confusion commençant déja dans ses troupes, il eut grand' peine à se sauver. MM. de Bouteville & Coligni y furent pris : M. de Meille pris & blessé, dont il mourut peu de jours après.

Ceci arrivant un peu après que la confusion se fut mis dans l'aîle droite des ennemis, toute leur armée se mit en désordre sans se rallier ; & hors quelques escadrons qui se débanderent, toute l'armée les suivit un quart d'heure en fort bon ordre : une partie de leur Infanterie se sauva par la main gauche dans le marais ; tout le reste fut pris : il y eut bien entre trois & quatre mille prisonniers de l'ennemi, & mille au plus tués ou blessés. De l'armée du Roi, il y eut quelques Officiers & Cavaliers tués des escadrons de la droite & de la gauche des deux aîles, quelques Soldats & Officiers de l'Infanterie Angloise, & peu du reste de l'Infanterie.

Comme on étoit engagé au siége, on ne put pas suivre fort long-tems ; néanmoins la Cavalerie poussa jusqu'auprès de Furnes, derriere laquelle Place les ennemis se retirerent, & s'y arrêterent, sçachant bien que l'armée du Roi s'arrêteroit au siége : il s'y sauva quantité de prisonniers, que les Cavaliers & les Officiers laissoient aller pour leur rançon ; & on sçut depuis que presque tous les Officiers de l'ennemi le furent dans le combat : Dom Juan & le Marquis de Caracene, M. le Duc d'York & M. le Duc de Gloceftre son frere, étoient à l'aîle droite, qui firent très-bien ; mais ils furent obligés de se sauver avec les autres.

M. de Turenne retournant au Camp, envoya M. de Pertuis en porter la nouvelle au Roi, qui étoit à Calais, lequel revint le lendemain à Mardyck, & le siége se continua. Les assiégés n'ayant point relâché de leur vigoureuse résistance ; trois jours après la bataille, M. le Marquis de Créqui se logea avec le Régiment de Turenne sur la contrescarpe, où on perdit beaucoup de gens ; & depuis cela, M. de Schomberg, M. de Varenne, M. d'Humieres, M. de Bellefons & M. de Gadagne avancerent à leur garde autant qu'il se pouvoit : comme il y avoit beaucoup de traverſes, il n'y avoit point de garde où il ne fallût faire quelque choſe de fort vigoureux à découvert. Les Anglois qui étoient à main gauche, quoiqu'ils fiſſent très-bien leur devoir, ne purent jamais ſe loger ſur la contreſcarpe qu'après qu'elle fut abandonnée. M. de Caſtelnau, qui avoit agi avec beaucoup d'utilité & de vigueur durant tout le ſiége, fut bleſſé, allant au Fort Leon, dont il mourut. Comme depuis la bataille on ne craignoit plus d'engager beaucoup d'Infanterie devant la Ville, on avoit commencé une attaque à ce Fort, qui ſervit plutôt à une diverſion qu'à autre choſe : on fit auſſi abandonner aux ennemis un Fort de bois, dans lequel ils avoient du canon, auſſi-bien que tout le long d'une digue qui avançoit dans la mer, dequoi ils incommodoient fort la tranchée ; mais ils le quitterent bientôt ; de maniere que ſix ou ſept jours après la bataille, qui étoit le dix-huitième de l'ouverture de la tranchée, comme on étoit logé au pied de leur dernier ouvrage, ils demanderent à capituler. On ſçut que le Marquis de Lede étoit mort le même jour, ayant été bleſſé cinq ou ſix jours auparavant.

Le Roi étant depuis cinq ou ſix jours à Mardyck, vint le lendemain avec M. le Cardinal au quartier de M. de Turenne, où les ôtages étant donnés, la Capitulation fut ſignée, & la garniſon ſortit un jour après, & fut conduite à S. Omer : il y reſtoit mille hommes de pied en ſept ou huit Régimens, & ſix à ſept cens chevaux. La Ville fut, ſelon le traitté, remiſe aux Anglois ; & deux jours après M. de Turenne marcha à Bergues. Les ennemis étoient demeurés à Furnes, & avoient laiſſé huit ou neuf cens hommes dans Bergues. Le Roi qui n'avoit bougé de Mardyck depuis la priſe de Dunkerque, y vint comme l'armée y arrivoit ; & la tranchée étant ouverte le lendemain, il vint encore ſe promener au quartier de M. de Turenne, & il paroiſſoit bien qu'il avoit fort mauvais viſage ; & en effet il eut dès le ſoir une grande fiévre, & avoüa qu'il en avoit quelque reſſentiment depuis deux jours ſans l'avoir voulu dire : c'eſt là où ſa grande maladie commença ; & étant porté à Calais, il y fut à l'extremité.

La premiere nuit de la tranchée à Bergues, on emporta une redoute que les ennemis avoient proche de leur contreſcarpe, & on ſe logea en un lieu, avec toute la garde de la tranchée, où on ne pouvoit pas aller de jour. Le lendemain, M. de Schomberg commanda la garde : on emporta la contreſcarpe & tous les travaux de dehors, & on ſe logea ſur le bord du foſſé, lequel on commença à remplir, & il fit mener du canon

 à découvert près de la porte , de forte que ceux de la Ville demandant à
capituler , ne-furent reçûs que prifonniers de guerre. Il y avoit cinq vieux
Régimens d'Infanterie & un Régiment de Cavalerie dans la Place , qui
faifoient entre huit & neuf cens hommes : dès qu'ils eurent demandé à
capituler , & qu'ils virent qu'on ne les vouloit recevoir que prifonniers de
guerre , il leur prit un fi grand étonnement, que beaucoup fe jetterent
dans le marais pour fe fauver ; mais ils furent repris par les Soldats , &
le refte jettoit les armes , & abandonna tous fes poftes le long des murailles ; & fi M. de Turenne n'y fût arrivé , on alloit piller la Ville : on
fit enfermer tous ces Soldats & Officiers , & ils furent envoyés en France
par Calais. Le lendemain M. de Turenne fçachant que l'ennemi quittoit
les environs de Furnes , y envoya M. de Varenne avec deux mille hommes , & fuivit quatre ou cinq heures après , avec fort peu de gens. Ceux
de Furnes ayant tiré quelques coups , voyant qu'ils étoient abandonnés
par leur armée , qui étoit à Nieuport , & qu'elle n'y avoit laiffé que quatre-vingt hommes , fe rendirent à un Trompette qu'il leur envoya , après
avoir fort menacé les Bourgeois qu'ils feroient pillés s'ils fe défendoient ,
& dans l'inftant même M. de Turenne entra dans la Ville , & renvoïa
ces quatre-vingt hommes à Nieuport, où étoit Dom Juan d'Autriche. Il
y demeura cette nuit-là ; parcequ'ils ne fe rendirent qu'à une heure de
nuit , & s'en retourna le lendemain de grand matin au Camp ; & comme
il avoit tenu M. le Marquis de Créqui avec un Corps à Rofebrugh , qui
eft fur le chemin de Bergues à Ypres , il lui ordonna de prendre le chemin de Dixmuyde par le dedans du païs ; & lui il marcha le long de la digue droit à la Fintelle & à la Kenoque, où fe fépare le canal qui va à
Ypres & à Dixmuyde.

Les ennemis qui depuis la prife de Bergues s'étoient retirés entre Nieuport, Dixmuyde & Ypres , vouloient garder ces canaux là ; mais la marche fi promte , qui ne leur donnoit aucun tems, les empêchoit d'ofer s'arrêter en aucun lieu , n'ayant pas eu le tems de s'accommoder. Ils commençoient à travailler à une redoute à la Kenoque , & il y avoit quelque
Cavalerie derriere ; & comme c'eft un pays où on ne va que par des digues , le premier fortifié en un lieu y a grand avantage ; mais le peu de
tems qu'ils avoient pour difpofer leurs affaires , les faifoit toujours prendre des partis aufquels on voyoit bien que la néceffité les obligeoit , &
ainfi ils étoient toujours embaraffés dès que l'on s'avançoit , étant aifé de
connoître qu'ils ne s'arrêtoient que dans l'efperance qu'ils avoient , que

l'on

l'on n'iroit pas plus avant, & leur bagage étoit toujours quatre ou cinq heures derriere eux. L'armée du Roi ayant donc fait une grande marche de Bergues à la Kenoque, où un tiers de nos troupes paſſa à nâge pour prendre des beſtiaux qui étoient au-delà ; on marcha le lendemain de grand matin vers Dixmuyde, qui n'en eſt qu'à une bonne heure, & où on ne va auſſi que par des digues.

La Ville avoit été fort négligée, étant au cœur du pays, & l'on commençoit depuis huit ou dix jours à en raccommoder les contrefcarpes. M. le Prince qui demeura long-tems à une porte pour voir arriver l'armée du Roi, vit bien qu'il n'étoit pas en état de la défendre ; il y laiſſa néanmoins trois ou quatre cens hommes, avec ordre, comme il parut depuis, de fe rendre en cas que l'on paſſât la riviere, & qu'ils viſſent que l'on formât le ſiége. L'armée de l'ennemi étoit entre cette Place & Nieuport ; mais ayant mis des gens dans Ypres, ils s'étoient beaucoup affoiblis ; & outre cela, ils ne trouvoient pas à propos, à caufe de l'étonnement de leurs troupes, de faire tête en aucun endroit, quelque ferré qu'il fût.

L'armée du Roi fit un pont auprès de Dixmuyde ; & ayant fait paſſer quelques troupes pour fommer la Ville, M. de Moret arriva en ce tems-là, envoyé par M. le Cardinal à M. de Turenne, pour lui dire que le Roi étoit à l'extrémité, & qu'il n'entreprît rien avant que de fçavoir l'état de la maladie de Sa Majeſté : peut-être que l'on eût fongé à paſſer la riviere, fi la Ville ne fe fût rendue. Les habitans envoyerent demander à capituler ; & M. de Turenne permit à la garnifon de fe retirer à leur armée ou à Nieuport ; ce qu'elle fit. M. le Cardinal mandoit à M de Turenne de lui envoyer quelques Compagnies des Gardes & deux ou trois des Suiſ-fes ; ce qu'il fit : M. le Comte de Soiſſons s'en alla avec ces Compagnies de Suiſſes. On étoit fort en peine de la maladie du Roi ; & toute l'armée avoit les fentimens qu'elle devoit, réfolue de demeurer dans fon devoir fi quelque malheur arrivoit. Comme c'eſt une chofe qui regarde le détail de la Cour, beaucoup de perfonnes qui y étoient, pourront parler de toutes les circonſtances, lefquelles M. de Turenne a fort bien fçûës. Le Roi a toujours dans cette extremité témoigné une grande tendreſſe à M. le Cardinal, lequel fut un jour ou deux en peine des difpofitions de Monfieur, auquel il parla de très-bon fens, & lui dit qu'il fçavoit qu'il y avoit des gens qui caballoient avec lui fur la maladie du Roi, & que fi quelque malheur arrivoit, qu'il ne falloit pas qu'il fe mît en peine, ni douter que lui & tout le Royaume ne fe foumiſſent. M. le Cardinal contre qui on crie,

y

comme on fait d'ordinaire contre ceux qui gouvernent, trouva beaucoup d'amis en ce tems-là. Il y eut quelques femmes à qui la Reine sçut fort mauvais gré des discours qu'elles avoient tenu durant la maladie du Roi, & de leur curiosité de voir comme il se portoit. Le Roi fut deux jours à l'extrémité, & revint par du vin émétique, parlant dans ses reveries fort souvent de l'armée. Il commença après un grand effort de nature à reprendre un peu de vigueur, & il n'y eut d'allarme que ces deux jours ; car les réjouissances recommencerent après, & l'on envoya des courriers par tout annoncer la convalescence de Sa Majesté.

M. de Turenne ne bougea de l'armée auprès de Dixmuyde, & recevoit tous les jours de M. le Cardinal des lettres sur l'état où étoit le Roi, dont la maladie fit arrêter l'armée neuf ou dix jours, sans rien entreprendre. On fit seulement avancer M. le Marquis de Créqui fort proche de Nieuport : l'ennemi croyant que c'étoit le Corps de l'armée, quitta son Camp qui étoit à une demie heure de Nieuport, derriere un canal où il commençoit à se retrancher, & se sépara. M. le Marquis de Caracêne entra à Nieuport avec une bonne partie de l'Infanterie ; M. le Prince s'en alla à Ostende, & Dom Juan à Bruges. Sans la maladie du Roi, M. de Turenne se seroit mis entre Nieuport & Ostende le même jour que l'ennemi se sépara ; & comme on a sçû depuis qu'ils n'avoient ni vivres ni munitions de guerre dans cette Place, & qu'on pouvoit couper tous leurs convois, il est certain que l'on eût pris les deux tiers de l'armée d'Espagne, avec un peu de patience.

Le Roi commençant à se mieux porter, M. le Cardinal manda à M. de Turenne qu'il s'en venoit à Bergues, & le pria de s'y en venir. C'étoit dans le commencement du mois de Juillet ; & M. le Maréchal de la Ferté qui avoit assemblé son Corps ordinaire de troupes, qui pouvoit monter en tout à cinq ou six mille hommes, étoit vers Lens ; & M. le Cardinal lui avoit promis dès le commencement de la Campagne, qu'il prendroit quelque tems pour lui faire faire un siége ; de sorte qu'il lui manda de s'en venir à Cassel, & M. le Cardinal s'y trouva avec M. de Turenne : M. le Tellier y étoit aussi ; & devant que de partir de Bergues, on étoit convenu qu'il n'y avoit point d'autre Place à assiéger que Gravelines, M. de Turenne ayant fait voir à M. le Cardinal qu'il esperoit couvrir avec l'armée Bergues, Furnes & Dixmuyde, & qu'il pouvoit donner la main à Gravelines, si l'ennemi y alloit ; ce qu'on ne pouvoit pas faire au siége d'aucune autre Place, où il eût fallû s'éloigner davantage des Villes con-

quifes. J'avois oublié de dire que M. de Turenne avoit déja vû une fois
M. le Cardinal à Bergues depuis la maladie du Roi, où il lui avoit conté
tout ce qui s'y étoit paffé. Le Miniftre laiffa partir le Roi pour aller à
Paris avec la Reine : Sa Majefté étoit encore fort foible ; mais elle fe remit fort promptement ; & le *Cardinal voulant voir encore commencer*
quelque chofe avant que de s'en aller, allongea fon féjour dans le pays
jufqu'à la prife de Gravelines. On alla donc à Caffel, où étoit M. le Maréchal de la Ferté, qui dit à M. le Cardinal, que pourvû qu'il demeurât
dans le voifinage, il entreprendroit ce qu'il voudroit, & ainfi il fit marcher des troupes pour inveftir Gravelines.

Depuis la bataille de Dunkerque, l'ennemi avoit retiré fa meilleure Infanterie de Gravelines ; & ayant le cœur du pays à défendre, n'avoit laiffé
dans cette Place que fept à huit cens hommes. M. de Turenne envoya
fept ou huit Régimens d'Infanterie pour le fiége, & demeura auprès de
Dixmuyde : M. le Marquis de Créqui étoit toujours avec un Corps détaché près de Nieuport, où M. le Duc d'York & M. le Marquis de Caracêne furent plus d'un mois, M. le Prince à Oftende, & Dom Juan à Bruges, & M. le Prince de Ligne à Ypres. L'armée du Roi ne s'affoibliffoit
que par les maladies, quoiqu'il fallût aller tous les jours au fourage, &
que l'on fit beaucoup de courfes dans le pays.

M. de Turenne envoya M. de Varenne, Lieutenant Géneral, que M.
le Maréchal de la Ferté lui demanda, comme une perfonne qui entendoit
très-bien les fiéges. Le troifième ou quatrième jour après la tranchée ouverte, il fut tué d'un coup de canon. Il avoit été toute fa vie avec M. de
Turenne ; & c'étoit un des meilleurs Officiers qu'il y eût en France. M. le
Comte de Moret fut auffi tué du même coup. Il étoit Lieutenant des Gendarmes de M. le Cardinal, & devoit avoir le Gouvernement de Gravelines. M. de Turenne l'aimoit tendrement ; & il n'y avoit point de Gentilhomme en France à qui il eût fi-tôt ouvert fon cœur, lui ayant reconnu
en diverfes affaires un procedé fort fincere, & accompagné de beaucoup
de jugement, fans laquelle qualité toutes les autres, & principalement à
la Cour, fe rendent inutiles & à foi & à fes amis. Il n'eft pas croyable
combien il en a été touché, comme d'une perte qui ne fe répare point.

On ne fit prefque point de circonvallation à Gravelines, à caufe que
l'armée du Roi couvroit le fiége. On demeura trois femaines devant la
Place, & la tranchée avoit été ouverte près de quinze jours avant que les
ennemis changeaffent de pofture. Ils avoient toujours eu un Corps fous

 M. de Marfin, qui regardoit le Luxembourg, lequel ils firent rapprocher de la Flandre, & leverent trois ou quatre mille hommes de pied vers le Brabant : tout cela fe trouva prêt à marcher vers le tems que j'ai dit. Ils avoient au commencement de la Campagne un Corps de Cavalerie qui paffoit douze mille chevaux : ils l'eftimoient quatorze mille, lequel s'étant raccommodé, & ayant beaucoup de Régimens qui n'avoient pas été à la bataille de Dunkerque, leur armée s'affembla vers Bruges ; & s'approchant de la Lys pour s'éloigner du côté de Dixmuyde, où étoit l'armée du Roi, ils y joignirent M. de Marfin, avec une partie de fes nouvelles levées, pafferent par Ypres, où étoit le Corps de M. le Prince de Ligne, & s'avancerent vers Poperingue en Corps d'armée, où étoient tous les Généraux.

M. de Turenne voyant que le côté de Nieuport & d'Oftende fe dégarniffoit de troupes pour compofer l'armée, changea de pofture, & fit marcher M. le Marquis de Créqui avec fon Corps, qui étoit proche de Nieuport, à la Fintelle, pour fe tenir à la tête de l'armée de l'ennemi, qui étoit à Poperingue, & qui s'avançoit à Rofebrugh : ce Corps avoit ordre de renvoyer fes bagages au Camp, & étoit deftiné pour Dixmuyde, y tenant toujours la main par des Dragons & de la Cavalerie qui étoit à la Kenoque, de peur que l'ennemi, qui avoit tout fon bagage fous Ypres, ne dérobât une marche, laiffant Bergues à main droite, pour aller fecourir Gravelines, éloignée feulement de fix à fept heures.

M. de Turenne tenoit deux brigades de Cavalerie à Mardyck, qui avoient ordre de marcher à Gravelines dès qu'ils auroient langue des ennemis ; & lui avec peu de troupes fe tenoit auprès de Dunkerque, d'où il avoit répandu de petits Corps féparés jufques par-delà Furnes. On laiffoit toujours une garde devant Dixmuyde ; & de l'autre côté, ce qui étoit à Mardyck voyoit le Camp de Gravelines : il y a bien deux lieuës de l'un à l'autre, mais c'eft le pays qui fait que l'on peut fe gouverner de cette façon. L'ennemi ne pouvant le traverfer qu'en faifant des ponts, on étoit libre à fe feconder fur une grande digue : les bagages qui étoient à côté n'embarraffoient point ; & ces Corps à une demie heure, ou une heure les uns des autres, étoient auffi-tôt fecourus par-deffus la digue ; & la connoiffance du pays fait voir que l'on ne peut pas fe mettre entre deux.

On demeura en cette pofture-là jufqu'à la fin du fiége de Gravelines qui dura vingt-cinq ou vingt-fix jours de tranchée ouverte : M. le Marquis d'Uxelles y fut tué, qui étoit un homme de mérite,& qui étoit des premiers Lieutenans Généraux de France. Il y eut bien aussi huit ou neuf cens hommes de tués ou blessés au siége ; & comme c'est une des meilleures Places qui se puisse voir, quoiqu'il y eût fort peu de gens dedans, ils ne laisserent pas de faire une résistance qui donna assez de peine.

Les ennemis qui étoient à Rosebrugh ayant sçu que Gravelines capituloit, se retirerent vers Ypres, & de-là le long de la Lys. M. le Cardinal qui avoit demeuré durant tout le siége à Calais, & qui avec un grand soin faisoit fournir toutes choses, quoiqu'il ne parut pas qu'il y eut aucun préparatif au commencement, s'en vint à Dunkerque avant que de s'en retourner trouver le Roi. On est obligé de dire qu'il n'y a personne, ni qui travaille tant, ni qui trouve tant d'expédiens avec une grande netteté d'esprit pour terminer beaucoup d'affaires de différentes sortes. Beaucoup de personnes qui auroient été en sa place s'en seroient retournés avec le Roi après la prise de Dunkerque, où il s'en vint ainsi que j'ai dit, & où M. de Turenne le trouva.

M. le Maréchal de la Ferté, après la prise de Gravelines, laissa ses troupes à deux ou trois Lieutenans Généraux, & s'en retourna en France, où il avoit des affaires. On renvoya deux ou trois Régimens d'Infanterie auprès de Hedin, où il demeuroit un Corps d'armée de dix mille chevaux & de neuf à dix mille hommes de pied, & un assez bel équipage d'artillerie & de vivres pour la Campagne. M. le Cardinal resta un jour entier à Dunkerque, & le Roi qui s'étoit arrêté quelques jours à Compiégne, & qui étoit entiérement remis, le pressoit de l'aller trouver en diligence à Fontainebleau, où il s'en alloit avec la Reine & toute la Cour. M. le Cardinal dit à M. de Turenne de faire les choses qu'il trouveroit être le plus à propos ; souhaittant que l'on pût faire ensorte de laisser beaucoup de troupes dans le pays ; l'avertissant seulement qu'il avoit eu avis certain que les ennemis, après la prise de Dunkerque, s'attendoient assez à perdre Armentiéres.

M. de Turenne étoit toujours d'avis qu'on laissât quelques troupes auprès de Hedin ; afin que s'il ne réüssissoit à rien de considérable dans le pays, que l'on pût, en fortifiant ce Corps-là, faire un blocus à Hedin tout l'hiver ; & ce fut la raison pour laquelle on y envoya ces Régimens. On destinoit M. le Maréchal de Schulemberg pour avoir la direction de cette entreprise. Dans ces pensées, M. le Cardinal partit de Dunkerque pour s'en aller à Paris, & M. de Turenne retourna joindre l'armée qui étoit à quatre

 heures de Dunkerque. L'ambaſſadeur d'Angleterre demeura dans cette Place avec une grande garniſon. Il y eut au plus deux mille ſoldats Anglois
ſous M. Morgan qui ſuivirent l'armée, & M. de Turenne ordonna au Corps
de M. le Maréchal de la Ferté de le ſuivre à Dixmuyde.

L'embarras de la ſortie de Gravelines les retint un jour ; mais comme
c'eſt un pays étroit, où l'on ne fait que s'embaraſſer d'attendre trop de
troupes à un rendez-vous, il paſſa avec l'armée, & alla loger au-delà de
Dixmuyde, où ayant laiſſé ordre à M. de Schomberg de mettre enſemble ſept ou huit Régimens qu'il lui laiſſa pour demeurer ſous les Places
de Dixmuyde, Furnes & Bergues, il marcha avec l'armée à Thielt, qui
eſt à mi-chemin entre Bruges & Gand, avec deſſein de marcher ſur la
Lys & ſur l'Eſcaut ; laiſſant l'ennemi loin derriere lui, qu'il ſçavoit avoir
deſſein de couvir Armentieres & Courtrai ; afin qu'en donnant jalouſie de
ces grandes Places de Gand & de Bruges, il le fit ſéparer, ou prendre
une poſture qui lui donneroit occaſion de faire quelque choſe de conſidérable. L'ennemi, après la priſe de Gravelines, s'étoit logé au-delà de la Lys
& avoit laiſſé un grand Corps dans Ypres, à ſa téte. M. de Turenne, ayant
un grand Corps de Cavalerie à l'avant-garde, arriva à Thielt de bonne
heure, commanda que l'armée y logea, & paſſa outre, marchant droit à
Deynſe, où il ſçavoit qu'il y avoit un pont ſur la Lys : de-là il vouloit,
ſans s'arrêter avec cette avant-garde, marcher droit à Oudenarde, quoiqu'il
n'eût pas été dans le pays, le ſçachant très-bien & par les gens du pays
& par les Cartes : mais à l'entrée de la nuit le guide le perdit ; de maniere
qu'il fut obligé de retourner au quartier, bien marri d'avoir manqué le
deſſein d'Oudenarde. Il ne laiſſa pas néanmoins d'envoyer M. de Gallion
avec cinq ou ſix Régimens à Deynſe ſur la Lys, avec ordre d'envoyer
des partis vers Oudenarde, perſuadé qu'il n'y avoit pas d'apparence de
marcher plus outre, ſans attendre l'arriere-garde qu'il avoit laiſſée à huit
ou neuf heures de-là.

On ſéjourna deux jours à Tielt ; & comme M. de Turenne ſçut que ces
troupes de l'arriere-garde arrivoient à une heure de-là, il partit de grand
matin avec toute l'armée, laiſſant le bagage à Tielt, & ce Corps de M. le
Maréchal de la Ferté qui faiſoit l'arriere-garde, le venant joindre à la pointe
du jour avec la réſerve de l'armée qui y demeura, il commanda à tout ce
Corps d'y camper, ayant fait ſeulement changer le Camp ; enforte qu'il
pût être plus ſûr & plus prêt à déloger, pour le venir joindre au premier
ordre : & marchant lui-même à la pointe du jour avec une partie de l'ar-

mée, fans bagage, il paffa la riviere de la Lys à Deynfe, où il apprit qu'il An. 1658.
étoit arrivé un Corps de cinq ou fix Régimens de l'ennemi à Oudenarde.
Ayant envoyé beaucoup de partis pour donner jaloufie à l'ennemi de tous
les côtés, & laiffé encore quelques Régimens fous M. de Gaftion à Deynfe,
il marcha le même jour à Gavre, qui eft un Château fur l'Efcaut à trois
heures de Deynfe, où il arriva encore de fort bonne heure. L'ennemi
n'ayant pas eu le tems de s'affembler derriere l'Efcaut, il n'y parut que cinquante chevaux. Il s'y devoit trouver beaucoup de payfans ; mais les marches promptes ne donnent loifir qu'aux raifonnemens, fans laiffer de temps
pour apporter les remedes. De quatre ou cinq mille payfans qui avoient
ordre de fe trouver à ce paffage, il n'y en eut que deux ou trois cens qui
s'enfuirent auffi-tôt, à la réferve de cinquante qui fe mirent dans le Château qui étoit de l'autre côté de l'eau.

Comme les Dragons de l'armée du Roi arriverent fur le bord de l'eau,
& la Cavalerie de l'avant-garde, il y eut d'abord près de deux cens chevaux qui pafferent la riviere à la nage fous le Château, dont ceux de dedans furent fi effrayés, qu'ils fe rendirent tous auffi-tôt. M. de Turenne fit
paffer enfuite quatre Régimens de la brigade de Podwitz avec tous les
Corps des Régimens, & on courut jufqu'à quatre lieuës de Bruxelles.
Quelques Régimens de l'ennemi, qui paffoient vers Gand, laifferent leur
bagage ; & cela mit une telle confufion, que les Régimens qui étoient
fous Oudenarde marcherent auffi vers Bruxelles. C'étoit Dom Antoine de
la Cueva qui les commandoit, qui en eut l'ordre. On fit travailler auffi au
pont de batteaux fur l'Efcaut, & M. de Turenne n'étoit pas encore réfolu
à rien, quand le lendemain de grand matin il fçut par un homme qui étoit
envoyé du Gouverneur d'Oudenarde, pour demander des fauves-gardes,
comme la Cavalerie en étoit fortie. Il prit auffi-tôt mille chevaux & deux
cens Dragons & paffa l'Efcaut, envoya dire au Gouverneur par M. de Ma-
daillan, qui fervoit d'Aide de Camp près de lui, qu'il alloit l'affiéger, &
qu'il fe décidât à demeurer neutre & à donner paffage à l'armée. Il s'approcha de la ville avec cette Cavalerie, & fit faifir par fes Dragons quelques maifons tout proche de la porte. Il y eut un tems que l'on crut que
le Gouverneur fe rendroit ; mais voyant le peu de gens qu'il y avoit, il
recommença à tirer. M. de Turenne, après avoir demeuré trois ou quatre
heures proche de la Place, & voyant qu'il y avoit fi peu de gens dedans,
réfolut de s'y en venir avec l'armée, & commanda à un parti de trois cens
chevaux fous le Lieutenant Colonel de Bouillon, d'aller de l'autre côté

 de l'eau, pour empêcher qu'on y jettât des troupes par Courtrai. Il s'en alla lui-même à l'armée, ayant envoyé querir sept ou huit cens mousquetaires, pour fortifier M. d'Humieres qui n'avoit que ces deux cens Dragons. Comme il étoit à une heure de-là, ceux de la ville ne voyant que fort peu de gens près de leurs portes, firent une sortie sur les Dragons, & en tuerent quelques uns, mirent le feu aux maisons & les en chasserent. M. de Turenne pensa en chemin qu'il y avoit quelque danger de laisser ce Corps-là si proche de la ville, & que les ennemis auroient le tems de faire passer un Corps par Tournai : c'est pourquoi il renvoya S. Martin, Maréchal des logis de la Cavalerie, dire à M. d'Humieres qu'il se retirât à moitié chemin de la ville à l'armée ; ce qu'il fit à l'entrée de la nuit : & le lendemain de grand matin, ayant travaillé à défaire le pont toute la nuit, l'armée marcha tout le long de l'eau, en remontant droit à la ville, & faisant tirer le pont après soi.

Ce Lieutenant Colonel de Bouillon battit à la pointe du jour deux Régimens qui vouloient entrer dans la ville. La Cavalerie de l'un des deux fut toute prise ; mais les Dragons y entrerent qui n'étoient pas plus de cent. L'armée arriva de bonne heure devant la ville du côté de Courtrai, & le Corps qui avoit été le jour auparavant de l'autre côté, eut ordre de s'avancer à son même poste : & M. de Turenne ayant passé l'eau en batteau, le pont n'étant pas fait, alla visiter les postes ; & étant descendu le long de la côte, il y vit un lieu où il pouvoit venir des gens tout à couvert de Courtrai : il y fit venir les Dragons du Roi. Comme il visitoit ces lieux-là avec trente ou quarante chevaux, s'étant un peu éloigné du lieu où il avoit laissé les Dragons, trois Régimens de Cavalerie, sous M. de Chamilli, que M. le Prince avoit commandé pour entrer dans la ville, arriverent en plein jour au lieu où on ne faisoit que de mettre les Dragons. M. de Péguilain, qui les commandoit, s'y étant rencontré, ils tinrent ferme dans une rüe ; ce qui arrêta tout court cette Cavalerie, laquelle prit aussi-tôt l'épouvante. Il n'y en entra pas un dans la ville, & M. de Chamilli fut pris avec la moitié de ses gens. C'étoit le Régiment de Condé & deux autres Régimens, lesquels ayant voulu venir de l'autre côté de l'eau, le Gouverneur de la Place les avoit envoié avertir qu'il n'y avoit personne du côté qu'ils aborderent, comme en effet les troupes ne faisoient que d'y arriver un quart d'heure auparavant. On sçut par les prisonniers comme les ennemis s'étoient fort séparés ; & ainsi on vit bien que sans lignes, ni presque de communication sur l'Escaut, que par un petit pont que l'on fit la nuit, que l'on pourroit aisément prendre la Place. M.

M. de Turenne avoit mandé le jour auparavant à tout le Corps qui étoit demeuré à Tielt avec le bagage, de marcher droit à Oudenarde, de façon qu'il y arriva le soir même : & ayant ouvert la tranchée la nuit en trois endroits différens, & approché en deux heures d'une demi-lune que l'on alloit prendre, ceux de la ville demanderent à capituler : on les reçut comme les bourgeois le demandoient ; mais trois Régimens qui étoient entrés de Courtrai le jour qu'on s'étoit approché de la ville, de l'autre côté de l'eau, ne furent point reçus à autre compofition que prifonniers de guerre.

Oudenarde étoit une ville où il y avoit un très-grand peuple ; mais où il manquoit de tout pour fa defenfe : auffi eft-elle fi fort au milieu du pays, qu'elle n'étoit pas eftimée comme une ville de guerre. Comme c'étoit une conquéte fort avancée, la confervation en paroiffoit affez difficile durant l'hiver, & M. de Turenne fut en doute un peu de tems s'il s'avanceroit vers Bruxelles avec l'armée, ou s'il retourneroit fur la Lys, où il fçavoit bien que Menin étoit une Place à pouvoir accommoder, & dont la fituation donnoit beaucoup de facilité pour la communication de Dixmuyde à Oudenarde. Auffi il ne fçavoit fi en marchant promptement fur la Lys, il ne trouveroit pas occafion d'entreprendre fur Courtrai. Ce qui l'empécha d'avancer vers Bruxelles, qu'il eut efpéré pouvoir prendre, c'eft, que n'ayant qu'un équipage de campagne, & pour deux ou trois jours de vivres, il ne pouvoit faire un fiége : de maniere que la moindre réfiftance qu'il eût trouvé, étant obligé d'épuifer tout ce qu'il y avoit de vivres dans Oudenarde, & la ville n'étant point fortifiée, il eût fallu fe retirer en arriere & quitter le pays audevant d'Oudenarde, & Oudenarde même : au lieu que fe mettant en arriere, il vivoit par ce qui lui venoit de la mer, & prenoit des mefures plus fûres pendant fix femaines ou deux mois pour la confervation d'Oudenarde. Il y laiffa feulement deux Régimens de Cavalerie & quatre cens hommes de pied fous M. de Rochepaire, & marcha le lendemain que la ville fut renduë ; en remontant l'Efcaut qu'il laiffoit à gauche, il fit fuivre des batteaux, comme s'il eût voulu faire un pont pour affiéger Tournai, ou pour entrer dans le Brabant. Il avoit toujours laiffé M. de Gaffion avec douze ou quinze cens hommes pour garder le pont de Deynfe fur la Lys ; il lui envoya ordre de le venir joindre au Camp à une heure & demie d'Oudenarde, d'où il vouloit partir à minuit, efpérant que par une marche prompte & qui ne feroit pas vûë, il trouveroit quelque chofe d'important à faire fur la Lys.

On n'eut nouvelle que quatre heures devant le jour que M. de Gaffion arrivoit ; & comme on ne vouloit pas marcher fans favoir où il étoit , pour ne le pas laiffer trop en arriere , on partit feulement deux heures devant le jour, en prenant affez long-tems le chemin de Tournai, où étoit M. le Prince. Dom Juan & une partie des troupes étant marché vers Bruxelles, on fut environ à midi auprès de Menin. C'étoit au commencement de Septembre ; M. de Turenne ayant envoyé trente chevaux de fa garde pour fçavoir fi les ennemis étoient à Menin , ils lui amenerent deux prifonniers qui lui dirent que M. le Prince de Ligne étoit à une heure & demie de-là avec deux mille hommes de pied , & quinze ou feize cens chevaux du même côté de la riviere. Il commanda les Régimens de Cavalerie qui étoient à l'avant-garde , pour les engager. C'étoit celui du Comte de Roye & de Melun ; & comme il y avoit beaucoup d'Officiers qui venoient au logement , ils pousserent auffi avec les premieres troupes commandées. On les fuivit au grand galop avec la Cavalerie qui ne marchoit pas ce jour-là en trop bon ordre. M. le Prince de Ligne avoit toujours été avec ce Corps dans Ypre , & comme l'ennemi crut que l'armée du Roi vouloit aller vers Bruxelles , ce Prince devoit entrer dans Tournai , quand M. le Prince en partiroit pour joindre Dom Juan vers Bruxelles , il étoit en alte dès le matin en campagne pour fe gouverner fuivant ce qu'il apprendroit par Tournai, ou par des partis qu'il avoit envoyés vers l'armée du Roi, qui retournerent fans aucune langue , hors une feule qui arrivoit dans le tems qu'on commençoit à pouffer. Si on avoit attendu que quelques troupes fuffent enfemble pour charger , il eft fûr que les ennemis auroient eu le tems de fe retirer ; mais M. de Turenne ayant commandé aux premiers de s'engager fans attendre ni Dragons ni Infanterie , il leur ôta tout moyen de fonger à autre chofe qu'à faire tête comme ils fe trouvoient difpofés le long du chemin ; tout ce pays-là étoit fait de façon que l'on ne peut y aller que deux ou trois de front. Les premiers qui aborderent furent des Officiers qui avoient pouffé à la tête , dont quelques-uns furent tués. Les Regimens de l'ennemi de Droot & de Louvigny ayant monté à cheval, repoufferent au commencement les premieres troupes de la garde. Le Comte de Roye fe trouva à la tête de fon Regiment qui fit fort bien , & chargea le Regiment de Louvigny dont le Meftre de Camp fût très dangereufement bleffé & fait prifonnier. Le Comte de Roye y reçût deux coups de piftolet aux deux jambes & rompit les premiers efcadrons de l'ennemi : les Regimens de la Reine Rennel & Crequi fuivoient , à la tête defquels M. d'Humieres & M. de Gadagne se mirent , & le Regiment de Dragons de la Ferté. Les ennemis voyant que les troupes se secondoient les unes les autres de si près , commencerent à se mettre en confusion. Leur Infanterie qui étoit dans des camps fermés , ne fit qu'une mechante décharge , & commença à jetter les armes. On les suivit jusqu'à un Pont sur la Lys qui est à un Château que les ennemis tenoient nommé Commines. Ils avoient quelque bagage & des chariots de vivres qui leur étoient venus de Lille , qui aiderent encore à les mettre en confusion. Ainsi on prit presque toute leur Infanterie , leurs armes & leurs drapeaux ; & pour la Cavallerie il ne s'en sauva que trois ou quatre cens chevaux à Ypres avec le *Prince de Ligne* , & quelque cent ou cent cinquante se retirerent à Lille de mille ou douze cens chevaux qu'ils étoient , & de douze ou treize cens hommes de pied dont presque tous les Officiers furent pris , mais beaucoup de soldats dans les haies sans armes. Comme chacun est d'ordinaire bien aise de parler , quoique ce soit au désavantage de son parti , il y eut divers prisonniers qui dirent que la ville d'Ypres étoit dégarnie. M. de Turenne voulut au commencement faire avancer du canon pour prendre le Château de Commines , mais il changea après de pensée , M. d'Humiere lui ayant dit que l'on pouvoit faire quelque chose à Yp es. Ainsi l'on y marcha de peur que dès la même nuit il n'y entrât des gens d'Armentieres , ou de la garnison ordinaire qui étoit renforcée par les troupes de S. Omer & Aire , arrivez depuis deux jours , ou par celles de M. le Prince à Tournai qui n'en est qu'à cinq heures. D'ailleurs un Secretaire de M. le Prince de Ligne ayant été pris , ou trouva sur lui diverses lettres de M. le Prince , écrites de Tournai le jour auparavant , & la nuit avant le combat , par lesquelles il mandoit la marche de M. de Turenne en remontant l'Escaut : mais quoique beaucoup de gens ayent dit qu'il l'avoit averti de repasser la Lys , & de se mettre en lieu pour pouvoir entrer dans Ypres , cela ne paroissoit pas par ces lettres. En effet dans des guerres de campagne , il est impossible de pouvoir prescrire justement à un Corps separé , comme il doit se gouverner dans chaque action , parce que tous les differens mouvemens de l'ennemi , & les diverses connoissances que l'on en a , doivent faire changer de conseil , & on ne peut donner à un homme qui commande que certaines regles generales , le reste dependant de sa conduite & de la fortune. Ainsi M. le Prince , à ce que je croi , n'avoit rien prescrit determinement à M. le Prince de Ligne , qui avoit envoié divers partis pour prendre langue de l'armée du Roi : mais ceux de Menin fermerent la porte à un de ces partis , de peur qu'il ne pillât la ville , & un autre n'ayant pris aucune langue, n'arriva dans le camp des ennemis qu'un moment avant que nos premieres troupes commencerent à les charger. Ce fut la grande diligence avec laquelle on marcha aux ennemis , qui les empecha d'avoir nouvelles par leurs partis.

Afin donc d'empêcher qu'il ne se jettât personne dans Ypres , M. de Turenne envoia promptement dire à la brigade de M. de Podwitz qui étoit composée de huit ou dix escadrons,& qui n'étoit pas ce jour-là à l'avant-garde, de faire rafraichir leurs chevaux une heure ou deux , pendant lequel temps il s'en alla à Menin pour demander le passage pour les troupes ; & comme c'étoit une Place à demi rasée , les bourgeois n'en firent aucune difficulté. Il y a un pont sur la Lys où ayant fait raccommoder quelque peu de chose , M. de Podwitz passa avec douze ou quinze cens chevaux le jour même du combat,& fut presqu'à l'entrée de la nuit, ou au moins avant qu'elle fut finie, devant Ypres sur le chemin qui venoit d'Armentieres. En y arrivant il vit un Regiment de deux ou trois cens Dragons qui venoit d'Armentieres pour y entrer, & leur fit couper en diligence le chemin , de sorte qu'il n'y entra que sept ou huit hommes , le reste fut pris ou se retira à Armentieres. M. de Turenne avoit aussi envoié M. de S. Lieu dès le soir avec une brigade de Cavalerie pour se mettre sur le chemin de Gand à Ypres , mais ils ne rencontrerent personne.

L'armée campa cette nuit-là auprès de Menin , qui est à quatre heures d'Ypres : M. de Turenne commanda que l'on se tint prêt sans marcher, en attendant qu'un Corps qu'il avoit laissé pour faire tête à Tournai, & pour couvrir les bagages de l'armée, l'eût joint , ou au moins qu'il sçût qu'il étoit en marche. Le matin on entendit grand bruit au Camp , comme d'un magazin qui avoit sauté , & on apprit par des gens qui étoient sur un clocher, que c'étoit à Ypres ; cela fit encore hâter la résolution d'y aller. M. de Turenne laissa dans Menin mille hommes de pied & cinq cens chevaux , envoya ordre à M. de Gassion (qui avec huit cens hommes de pied & cinq cens chevaux, étoit parti de Deynse , & avoit rejoint le Corps qui étoit auprès de Tournai) d'aller à Oudenarde, ce qui y étoit resté de troupes étant trop foible. Il marcha lui-même droit à Ypres , commandant que tout , excepté ce qui étoit demeuré à Menin , & ce qu'il avoit envoyé à Oudenarde, marchât avec le bagage. L'armée ne put arriver que fort tard devant Ypres. Douze ou quinze cens hommes étoient aussi demeurés sous M. de Schomberg, pour garder les Places de Bergues , Furnes & Dixmuyde, à qui ordre fut envoyé de venir à Ypres ,

& de s'approcher de l'armée, mettant ces Places en sûreté. M. de Turenne étoit fort foible arrivant devant Ypres ; & il vouloit conferver Oudenarde, qui n'étoit point en état de défenfe, & Menin, qui étoit le feul paffage qu'il eût fur la Lys. Comme M. le Cardinal étoit parti de Dunkerque, il avoit trouvé à propos, & M. de Turenne en étoit d'avis, de laiffer quelques Régimens d'Infanterie à M. le Maréchal de Schulemberg, pour voir fi on pourroit faire un blocus à Hedin. On fçavoit bien que l'on pouvoit faire état d'avoir encore deux ou trois mille hommes d'Infanterie de ce côté-là ; & l'ennemi étoit en fi mauvais état par la bataille des Dunes, par le combat du Prince de Ligne, & par tant de Régimens défaits, & tant de partis battus, que l'on pouvoit hazarder d'attaquer une grande Place avec peu de gens. Il n'y avoit pas d'outils pour fe retrancher ; & M. de Turenne avoit commandé à quelques Régimens de Cavalerie d'en chercher, en marchant par les maifons abandonnées des payfans.

Le foir que l'armée arriva devant Ypres, on ne trouva point du tout de fourage ; mais le matin M. de Turenne fit le tour de la Ville, & toutes les troupes arriverent. On rompit quelques avenuës le mieux que l'on pût ; & quoique l'on apprît qu'il y avoit fix ou fept cens chevaux dans la Ville avec le Prince de Ligne, on fe flatta un peu fur le nombre d'Infanterie, que l'on crut n'être que de trois ou quatre cens hommes, mais que l'on vit de mille ou douze cens, dont, à la verité, il y avoit beaucoup de milice ; & ainfi on s'engagea à s'y attacher. M. Talon, Intendant de l'armée, fut envoyé à Dunkerque & Gravelines, pour faire venir des outils & des munitions de guerre & du canon, n'y ayant rien de tout cela en la quantité qu'il faut pour un fiége dans une armée de campagne. M. de Turenne n'avoit pas deffein de s'attacher à Ypres, comme pour y borner toute la campagne, & d'abandonner Menin & Oudenarde : il fçavoit bien que la foibleffe de l'ennemi arrivée par tant de pertes, l'avoit mis en état de n'être plus craint, comme l'eft une armée qui peut entreprendre, quand celle qui lui eft oppofée eft engagée à un fiége. Le commencement du fiége d'Ypres étoit comme une efpece de blocus, tant parceque les outils & munitions manquoient, que parcequ'il étoit réfolu d'en partir avec une partie de l'armée, fi l'ennemi entreprenoit quelque chofe. Pour être plus affuré de Menin, qui étoit le feul paffage pour aller à Oudenarde, dès que M. de Schomberg fut arrivé avec douze ou quinze cens hommes qu'il avoit auprès de Dixmuyde, il l'envoya avec deux Régimens de Cavalerie & deux d'Infanterie, pour renforcer la garnifon de Menin, qui

 étoit une Place qui ne-pouvoit être maintenuë que par beaucoup d'homme : il y avoit toujours eu mille ou douze cens chevaux détachés qui
avoient été à S. Venant. Ils reçûrent les ordres de M. le Maréchal de
Schulemberg, Gouverneur d'Arras, que M. de Turenne pria de s'avancer
fur la Lys pendant qu'il feroit le fiége d'Ypres. Ce Maréchal marcha avec
cette Cavalerie & quelques Régimens demeurés auprès de Hedin ; & tirant près de deux mille hommes de pied de fa garnifon d'Arras, il vint
camper à deux heures d'Ypres, & le lendemain marcha à Menin. M. de
Turenne laiffa auffi fous fes ordres les troupes qui y étoient, en ayant feulement retiré M. de Schomberg avec deux Régimens d'Infanterie, en ayant
fort peu pour le fiége.

Deux jours après, il vint quelques outils du côté de Calais ; & M. le
Maréchal de Schulemberg en mena auffi deux ou trois mille. Après avoir
fait quelques foffés devant les avenuës les plus aifées, on commença le
fiége, ouvrant la tranchée à la faveur d'une grande hauteur qui eft à
cinq cens pas de la Place, & derriere laquelle on peut mettre beaucoup
de troupes à couvert : on ouvrit deux tranchées, dont les Gardes eurent
la tête d'une, & les troupes de M. le Maréchal de la Ferté, qui étoient
fous deux ou trois Lieutenans Géneraux, eurent la tête de l'autre. J'ou-
bliois à dire que la Cavalerie de la Ville avoit fait le foir auparavant une
fortie, où M. de Charoft fut fort bleffé, & quelques Officiers ; mais la
fortie n'eut point d'effet, les affiégés ayant été repouffés jufques fur les
paliffades de la contrefcarpe. Toutes les perfonnes de condition y coururent, & y firent très-bien. Le fecond jour de la tranchée on s'approcha
fort de la contrefcarpe ; & le troifième, croyant qu'il falloit diligenter,
de peur que les ennemis n'euffent le loifir de fe reconnoître, & de faire
quelque entreprife ou pour le fecours de la Place, n'y ayant point de circonvallation, ou par quelque diverfion, M. de Turenne réfolut de faire
emporter la contrefcarpe, & renforça les deux attaques de cinq cens Anglois, dont il y avoit environ quinze cens dans le Camp. A l'entrée de la
nuit, les ayant mis derriere cette hauteur entre les deux attaques, ils marcherent en même-tems que les François, & aborderent la contrefcarpe par
un front de trois cens pas, avec beaucoup de grenades. Les ennemis ne
firent pas beaucoup de réfiftance, ayant mis une partie de leurs forces
dans les demi-lunes, dans l'une defquelles étoit M. le Prince de Ligne avec
beaucoup d'Officiers. Les François & les Anglois ne fe contentant pas
d'être maîtres de la contrefcarpe, attaquerent les demi-lunes, & en pri-

rent trois : quelques Officiers de l'ennemi ayant été pris prifonniers, M. le Prince de Ligne fe fauva avec peine dans la Ville, fur une planche qui traverfoit le foffé plein d'eau. Il y eut un Capitaine Anglois qui les fuivant dans la Ville, & croyant l'être des fiens ou des François, fut pris, y étant entré affez avant. Au point du jour, toutes les contrefcarpes du front des attaques & trois demi-lunes étant prifes, on s'y trouva logé, quoiqu'avec peu de communication pour y aller. M. de Schomberg, M. de Gadagne & M. d'Humieres fervirent à l'attaque des Gardes, qui agirent toutes les nuits avec beaucoup de vigueur ; & M. de Bellefons, M. du Coudrai Montpenfier & M. du Brezis fervoient à l'attaque de Piémont, qui firent auffi très-bien leur devoir.

La quatrième nuit fe paffa à faire les communications pour aller aux contrefcarpes & aux demi-lunes, & à defcendre au foffé de la Place. La cinquième, la Cavalerie ayant porté beaucoup de fafcines, & le foffé de la Ville commençant à fe remplir à l'attaque des Gardes, ceux de la Ville demanderent à capituler ; & M. le Colonel Droot fut envoyé à M. de Turenne avec quelques-uns des principaux Bourgeois. Il accorda une capitulation fort honorable à M. le Prince de Ligne, qui fortit le lendemain avec deux piéces de canon, fix ou fept cens chevaux, & onze ou douze cens hommes de pied, qui furent conduits à Courtrai. Comme le fiége alla fort vîte, on y perdit mille hommes, qui furent tués ou bleffés avec beaucoup d'Officiers. Le fiége ne dura que cinq jours ; & durant les fept ou huit que l'on avoit demeuré devant la Place avant que d'ouvrir les tranchées, les ennemis ne croyant pas que l'on fe réfoudroit à l'attaquer, n'avoient pris aucunes mefures pour la fecourir, ni même pour être en état de fe trouver en bonne pofture quand elle feroit prife : de forte que M. le Prince de Ligne & Dom Juan d'Autriche fe trouverent à Tournai auffi empêchés après le fiége d'Ypres que devant, voyant bien que la faifon n'obligeroit pas fi-tôt l'armée du Roi de fortir de la Flandre. M. de Turenne pour ne pas perdre de tems, envoya dès le jour de la capitulation deux mille hommes, pour attaquer le Château de Commines fur la Lys, qui eft fort bon, & un paffage confidérable ; & le lendemain que la garnifon fut fortie d'Ypres, il marcha avec toute l'armée, en s'avançant fur la Lys pour favorifer le fiége. C'étoit le Colonel des Gardes Ecoffoifes, nommé Rutherfort, qui commandoit, & qui en trois jours obligea ceux du Château à fe rendre, dont il fortit quatre-vingt hommes.

M. de Turenne y ayant laiffé garnifon, paffa le lendemain la Lys avec l'armée, dont la Cavalerie étoit fort fatiguée, ayant beaucoup manqué de fourage devant Ypres : il s'arrêta entre la Lys & l'Efcaut, dans un lieu nommé Turcoin, où il demeura cinq ou fix jours, y ayant trouvé beaucoup de grain : il donna durant ce tems des ordres pour la fortification de Menin & d'Oudenarde. C'étoit à la fin du mois de Septembre ; & quoique la faifon fut fort avancée, il falloit mettre Oudenarde, où il n'y avoit rien de commencé, en état de défenfe, étant, comme chacun fçait, à quatre heures de Gand, & à fept de Bruxelles ; les maifons de deux ou trois fauxbourgs venans fur le bord des foffés, & y ayant une montagne du coté de Bruxelles, qui commande à une demie portée de moufquet tout un côté de la Ville, perfonne ne fçauroit demeurer hors des murailles ni de l'autre côté du foffé, qui eft plein d'eau.

M. le Maréchal de Schulemberg aïant demeuré à Menin jufqu'à cinq ou fix jours après la prife d'Ypres, s'en retourna à Arras, à caufe de l'incommodité de fes gouttes, laiffant toutes les troupes qu'il avoit emmenées, même celles de fa garnifon, à Menin. M. de Turenne après avoir demeuré quelques jours à Turcoin, & laiffé feulement mille ou douze cens hommes dans Ypres, fans défarmer aucuns habitans, fe fiant fur l'armée qui reftoit toûjours oppofée à celle de l'ennemi, marcha fur l'Efcaut à un lieu nommé Epiere, entre Oudenarde & Tournai ; & ayant fait remonter des batteaux d'Oudenarde, il y fit deux ponts, fe voulant appliquer principalement à la fortification d'Oudenarde, & à le pourvoir de munitions de guerre, dont il manquoit beaucoup. Pour cet effet, il en fit venir de France par Dunkerque à Ypres ; M. le Cardinal à qui il avoit mandé toutes chofes, étant bien aife des bons fuccès, donnoit les ordres néceffaires pour cela.

La marche de l'armée du Roi fur l'Efcaut remit les ennemis dans leur première confufion : M. le Prince demeura à Tournai ; Dom Juan d'Autriche & le Marquis de Caracène s'en allerent avec quelque partie des troupes à Bruxelles & à Tenremonde, qui eft un lieu fur l'Efcaut entre Anvers & Gand, pour lequel les ennemis craignoient extrémement : ils mirent quelques troupes fur la riviere du Tenre pour couvrir Bruxelles, en attendant (faute de fçavoir ni de pouvoir rien faire de mieux) que les mauvais tems obligeaffent l'armée du Roi de fe retirer. Le lieu où elle étoit campée étoit fort plein de fourage, tant en deçà qu'au delà de l'eau ; & le pain de munition qui venoit par Ypres, remontoit fur l'Efcaut par Oudenarde. Ce fut feulement dès lors que l'on commença à travailler de bonne

An. 1658.

bonne façon aux fortifications d'Oudenarde. M. de Rochepaire que M. de Turenne avoit laissé pour y commander, étoit un homme très-intelligent ; de maniere qu'il trouva beaucoup de payfans ; & le Chevalier de Clerville fort entendu aux fortifications , y étant envoyé , on commença de grands travaux , qui dans l'opinion d'un chacun , ne pouvoient pas être en état avant que l'armée fe retirât ; mais les ouvrages avançoient au-delà de toute attente : il y avoit plus de mille payfans qui travailloient tous les jours , outre les Soldats , & l'armée étoit à quatre ou cinq lieuës d'eux , pour couvrir les travaux : c'étoit une diftance affez grande pour ne pas ruiner les environs , & par là incommoder la garnifon durant l'hiver. L'armée demeura près de quatre femaines dans ce Camp fur le bord de l'Efcaut ; & comme elle étoit à trois heures de Tournai , où étoit M. le Prince avec peu d'Infanterie , mais deux ou trois mille chevaux , & à quatre de Courtrai , où il y avoit un grand Corps de Cavalerie , il fe paffoit tous les jours de petites actions & aux fourages & aux partis qui fe rencontroient , dans lefquels l'armée du Roi avoit toûjours de l'avantage.

Dans le commencement de Novembre , Dom Juan d'Autriche ayant eu avis que l'armée du Roi vouloit décamper d'Epiere , où elle avoit demeuré quatre femaines , s'en vint à Courtrai avec le Marquis de Caracêne & quelque Cavalerie qu'il avoit amenée d'auprès de Gand , croyant par-là hâter davantage par fon approche la retraite de l'armée. M. de Turenne avoit réfolu de demeurer tout le tems qui fe pourroit dans ce Camp , & après de paffer au-delà de l'Efcaut , du côté de Bruxelles , quoique la faifon étoit fi avancée que cela parût fort difficile. Ce qui l'obligeoit ainfi à allonger le plus qu'il pourroit la Campagne , c'eft qu'il avoit reçû des lettres de M. le Cardinal , qui lui mandoit que le Roi & la Reine partoient de Paris pour aller à Lyon , ayant vû les affaires de Flandre fi bien établies , & y ayant quelque tems qu'il avoit promis à Madame de Savoye que le Roi feroit ce voyage , pour voir Madame la Princeffe Marguerite , du mariage de laquelle avec Sa Majefté on lui avoit donné efperance depuis quelque tems : M. de Turenne voulant donc continuer le plus qu'il pourroit la Campagne , quoique dans une très-mauvaife faifon & fort avancée , il paffa l'Efcaut , & apprit le foir avant que de paffer le pont , que Dom Juan étoit arrivé à Courtrai : ce qui ne lui fit pas changer de réfolution ; au contraire , lui en donna plus d'envie , afin de le faire retourner à Bruxelles. Dès

 la pointe du jour , l'armée commença à paffer le pont. Il avoit commandé à l'entrée de la nuit M. de Podwitz avec deux mille chevaux &
quelques dragons, pour aller paffer la riviere de Tenre , qui eft à quatre heures de l'Efcaut, & à pareille diftance de Bruxelles. Les ennemis
avoient deux ou trois Régimens derriere , plutôt pour avertir du paffage
que pour le défendre. M. de Podwitz prit une partie d'un Régiment d'Infanterie qui vouloit fe retirer, & fe logea dans Gramont, que les Efpagnols abandonnerent. M. de Turenne après avoir paffé l'Efcaut , ne s'éloigna pas de la riviere avec l'Infanterie & le bagage de l'armée , avec lequel il laiffa auffi quelque Cavalerie pour obferver Tournai, où étoit toujours M. le Prince : il s'en alla avec une partie de la Cavalerie vers Ninove , & envoya M. de Lillebonne avec deux mille chevaux & deux cens
hommes de pied, pour voir fi on pourroit obliger ceux d'Aloft d'ouvrir
fes portes. Deux cens fantaffins que les ennemis avoient mis dans la Place,
ayant empêché les Bourgeois de fe rendre , M. de Turenne manda à M. de
Lillebonne de le venir joindre à Ninove , ne voulant point dans cette faifon entreprendre , avec quelque danger de n'y pas réüffir , des chofes qu'il
croyoit inutiles, n'ayant pas intention de conferver cette place. Le mois
de Novembre étant déja avancé , on ne fongea plus à rien entreprendre ;
parcequ'il falloit fe reftraindre à ce que l'on avoit pris , de peur de tomber dans l'inconvenient que l'hiver eût produit, qui étoit que le Corps de
l'armée fortant du pays , où il étoit impoffible qu'elle hivernât toute entiere , fi on eût voulu conferver des poftes où il ne falloit pas un fiége
pour les reprendre , ne pouvant plus être fecourus par l'armée , on les eût
perdu fans doute avec les gens qu'on y auroit mis , & en même-tems fa
réputation, pour avoir fi mal pris fes mefures : ainfi , quoique l'ennemi crût
que l'on fongeât à garder Ninove & Gramont, M. de Turenne n'a jamais
eu cette penfée : il vouloit feulement y laiffer des troupes, pendant que
l'armée feroit en des lieux où elle pourroit les foutenir , jugeant auffi fort
néceffaire de faire ruiner autant qu'il pourroit ces lieux , afin que l'ennemi
n'y pût pas tenir des troupes durant l'hiver , ou que s'il le faifoit, ce fût en
petit nombre & avec incommodité : d'ailleurs ce Corps de trois ou quatre
mille chevaux étant hors de l'armée , cela donnoit plus de commodité pour
les fourages , reff rroit Dom Juan & le Marquis de Caracêne dans Bruxelles , avec un Corps de troupes, où ils ne fe tenoient pas en grande fûreté ;
réduifoit leur armée dans leur propre pays , à fouhaitter autant le quartier
d'hiver que celle du Roi , & les rendoit ainfi incapables de rien entrepren-

dre fur les Places conquifes quand on feroit retourné en France. Les troupes qui étoient dans Tournai & Courtrai étoient tellement incommodées, qu'elles avoient plus befoin de s'en aller vers la Meufe, & de fortir de Flandre pour fe rafraîchir, que celles du Roi de s'en aller en France.

On demeura tout le mois de Novembre dans ces lieux, & cependant on travailloit à Menin, mais avec moins d'application qu'à Oudenarde, dans laquelle Place M. de Turenne laiffa fept ou huit cens chevaux, & deux ou trois mille hommes de pied. Au commencement de Décembre, l'armée paffa la Lys à Harlebeck, à une heure de Courtrai au-deffus d'Ypres ; les Places de Dunkerque, Gravelines, Bergues, Furnes & Dixmuyde fe trouvoient fi éloignées de l'ennemi que l'on ne fongeoit à les maintenir qu'avec des garnifons ordinaires. Le Roi étoit alors à Lyon ; & M. de Turenne pouvoit retenir en Flandre ou envoyer en France toutes les troupes qu'il jugeoit à propos ; parceque le Roi & M. le Cardinal avoient trouvé bon qu'il fît ce qu'il décideroit. Il laiffa fix à fept cens chevaux, & quinze cens hommes de pied dans Menin, aufquels commandoit M. de Bellefons : il s'en alla à Ypres, y menant douze Compagnies des Gardes Françoifes, & fix Régimens de Cavalerie. Il laiffa en tout cent Compagnies de Cavalerie dans les Places conquifes, & bien la moitié de l'Infanterie, qui confiftoit en cinq mille hommes. Il conduifit l'armée jufqu'à Etaire, d'où elle retourna en France fous la conduite de M. de Liflebonne, de M. de Wirtemberg & de M. du Coudrai, qui ramenoit le Corps de Lorraine. Il revint à Ypres, où il demeura jufqu'au commencement de Février : alors il laiffa M. d'Humieres à Ypres, à qui le Roi en avoit donné le commandement à fa priere ; M. de Bellefons dans Menin, avec ordre d'avoir l'œil à Oudenarde ; & M. de Schomberg à Bergues, Furnes & Dixmuyde. La communication demeurant libre entre toutes ces Places, le Corps Anglois qui pouvoit être de quinze cens hommes, fut renvoyé à Amiens, & la garnifon de Dunkerque demeuroit forte de près de trois mille hommes de pied, avec trois cens chevaux. M. de Turenne voyant que les chofes pouvoient aifément fubfifter de cette façon, les Places étant pourvûës de toutes chofes durant l'hiver, & le commerce étant libre par tout le pays, revint enfin à Paris, où il arriva deux jours après le retour du Roi de Lyon.

Fin des Mémoires de M. de Turenne.

BIBLIOTHEQUE   NATIONALE

SERVICE DES NOUVEAUX SUPPORTS

58, rue de Richelieu, 75084 PARIS CEDEX 02 Téléphone 266 62 62

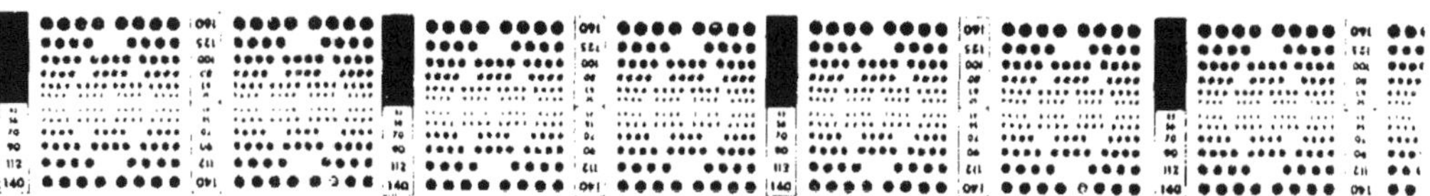

Achevé de micrographier le :

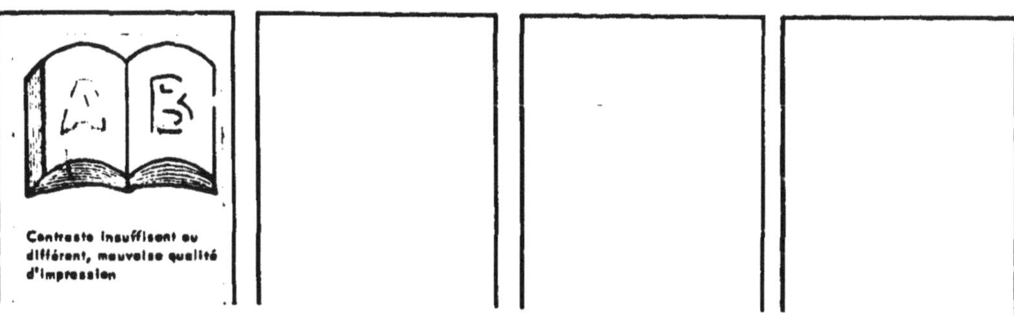

Défauts constatés sur le document original